협동조합의 오래된 미래

선구자들

협동조합의 오래된 미래

선구자들

윤형근 엮고 씀

그물코

협동조합운동이 세계인들의 주목을 받고 있다. 신자유주의 세계화가 초래한 금융위기, 경제위기로 인해 세계는 한치 앞을 전망하기 어려울 정도로 가시밭길을 걷고 있다. 정작 문제는 사람들의 삶이 갈수록 피폐해지고 고단해지고 있다는 점이다. 인간의 삶을 가장 우선시하는 살림의 경제 시스템으로서 협동조합이 주목을 받는 것은 어찌 보면 당연한 일일지도 모른다.

한국사회에도 협동조합의 열풍이 불고 있다. 협동조합기본법이 제정되고, 정부, 지자체들이 협동조합 설립을 지원하고 사회서비스 분야에 협동조합을 도입하려고 앞을 다투고 있다. 민의 자발적이고 자치적인 협동을 통해 전개되어야 할 협동조합운동이 이래도 될까 싶은 걱정마저 들 정도다.

20년 전에 썼던 책을 다시 펴낼 생각을 한 것은 이런 열풍에 대한 우려 때문이었다. 협동조합이 꿈꾸는 이상은 뒷전이 되어 버리고 법적 제도적 지원만을 기대하거나 사회적 의미와 무관하게 협동조합이 한 시절 유행으로 끝나 버리지나 않을까.

아무리 많은 협동조합이 생겨나더라도 협동조합이 어떤 전망을 가지고 어떤 정신을 가져야 하는지, 끊임없이 정체성을 묻는 노력 없이는 사회적 의미를 획득할 수 없을 것이다. 또한 협동조합의 정신과 사상을 바로 세워야만 화폐 만능의 자본주의 체제의 대안도 될 수 있을 것이다.

이 책은 협동조합이 세상에 등장하던 시절부터 최근까지 선구자들이 협동조합운동을 통해 무엇을 성취하려고 했는지, 그들의 생각과 사상, 실천을 추적한 것이다. 20년 전 책을 고쳐쓰고, 추가로 레이들로 박사와 무위당 장일순 편을 넣어 정리하고 나서도 더 많은 선구자들의 이름이 떠오르는 아쉬움이 남는다.

20년 전 책을 펴낼 때처럼 이 책은 두 가지 의도로 구상되었다. 우선, 지난 날 협동조합 선구자들의 사상을 되새김으로써 오늘 우리에게 필요한 새로운 사상을 도출해 내고 협동조합의 참다운 가치를 정립하는 데 도움이 되기를 바란다. 또한 사람들이 쉽게 접할 수 있는 입문서로서 협동조합 관계자들뿐만 아니라 일반인, 학생에 이르기까지 광범위하게 읽혀 협동조합운동을 이해하는 데 도움이 되기를 기대해 본다.

이 책은 본격적인 연구서가 아니라 여러 자료들을 종합하여 펴낸 입문서라고 할 수 있다. 협동조합에 대해 관심이 일천했던 시절 열정과 의지로 펴낸 우리 학자들의 책과 번역서들, 그리고 일본의 관계서적들에 기댄 바 크다.

이 책이 쓰일 수 있게 직간접적으로 영향을 미친 수많은 사람과 사건들, 협동조합의 선구자들, 초고를 일독해 거친 표현을 수정해 주신 한살림성남용인 우미숙 이사장, 그리고 한국 협동운동의 한 거점인 홍성군 홍동면에서 협동운동과 생태환경에 관한 양서들을 출판하면서 이 책을 다시 펴내는 데 도움을 준 그물코 장은성 대표와 김수진 씨에게 감사 인사를 전한다.

2013년 5월
윤형근

7

차례

들어가는말 004

협동조합운동의 새벽–협동촌을 꿈꾸며

산업혁명과 협동조합의 여명기 012

협동조합운동의 아버지 로버트 오언 021

오언주의 협동조합운동의 전개 042

윌리엄 톰프슨의 공동체 사상 057

로치데일의 성공과 실패

윌리엄 킹의 협동조합 사상 068

영국 협동조합운동의 아버지 홀리요크 083

로치데일 선구자와 찰스 하워스 093

기독교 사회주의운동과 베아트리스 웹 126

생산자협동조합의 꿈과 현실

빈곤과 고독 속의 유토피아 사회주의자들 생시몽과 푸리에 142

프랑스 생산자협동조합의 선구자 필립 뷔셰 161

프랑스 소비조합운동과 샤를르 지드 169

신용협동조합의 탄생과 독일의 소비조합

슐체와 도시형 신용협동조합 180

라이파이젠과 농촌형 신용협동조합 203

후벨과 독일 소비자협동조합의 발전 223

협동조합의 변신과 진화

마르크스주의와 협동조합 240

북미 대륙의 신용협동조합운동 253

일본의 생활협동조합운동과 가가와 도요히코 269

변화의 물결과 21세기의 협동조합운동

생산자협동조합의 찬란한 부활

– 몬드라곤 호세 마리아 신부의 협동조합 사상 290

협동조합의 제3세대와 레이들로 보고서 316

한살림, 원주 그리고 무위당 장일순 338

맺음말 다시 협동촌으로 – 21세기 협동과 공생의 지역 네트워크 359

참고문헌 371

협동조합운동의 새벽
협동촌을 꿈꾸며

산업혁명과 협동조합의 여명기

협동조합운동의 아버지 **로버트 오언**

오언주의 협동조합운동의 전개

윌리엄 톰프슨의 공동체 사상

산업혁명과
협동조합의 여명기

우리는 지금부터 산업혁명으로 인해 일그러지며 변해가는 인간사를

협동조합의 선구자들이 바로잡고자 했던 역사의 현장으로 떠나려고

한다. 협동조합이 처음 싹튼 곳은 산업혁명이 가장 먼저 일어난 영국

이었다. 협동조합운동은 산업혁명이 초래한 문제들을 극복하려는 운

동으로 출발했다.

산업혁명

산업혁명은 인류의 모든 생활상을 바꾸었다. 손으로 혹은 동물의 힘을 빌어 농사를 짓고 옷을 만들고 집을 짓던 사람들은 기계를 이용해 이전보다 더 많은 것을 훨씬 빠른 시간에 만들 수 있게 되었다. 사람들이 필요한 물자를 만드는 생산력은 비약적으로 발전하여 세상은 이전과 전혀 다른 모습으로 바뀌었다.

산업혁명이 가져온 생산력의 발전은 아담 스미스$^{Adam\ Smith}$가 〈국부론國富論〉에서 말한 것처럼 나라의 부富를 가져오고 도시를 부흥시킨다. 그렇다고 이렇게 늘어난 부가 희망에 찬 장밋빛 미래를 보증한 것은 아니었다. 18세기 말에는 사회 경제적 불평등과 대중의 빈곤이 큰 사회 문제로 떠올랐다. 부의 분배를 둘러싼 논쟁도 격화되었다.

양떼들이 농토에서 농민들을 쫓아낸다는 엔클로저운동은 18세기 말이 되면 절정에 이른다. 양털로 옷을 만드는 공장이 수도 없이 들어섰다. 양털 생산을 더 많이 늘리기 위해 지주들은 농지에 울타리를 치고 대규모 목장을 만들었다. 수백 년 간 지주에게 기대 농사를 짓고 살던 농노들은 한순간 삶의 터전을 잃어버렸다.

농민들은 이제 막 형성되기 시작한 도시에 빈손으로 흘러들었다. 그들을 기다린 것은 자신들을 땅에서 몰아낸 근본 원인이었던 방직공장이었다. 하루 14시간이 넘는 노동과 터무니없이 낮은 임금, 굶주림과 더러운 빈민가, 당시의 도시는 사람 살 곳이 못되었다. 시커먼 매연과 쓰레기 더미, 빈곤은 악덕과 질병을 가져왔다. 콜레라와 장티푸스가 만연했고 수많은 부랑아, 범죄자가 양산되었다. 아이들과 여성들은 자본가들에게는 더없이 부려먹기 좋은 상대였다. 그들은 아침 6시부터 시작되는 14시간 이상의 노동과 최악의 근로조건에 아무런 저항도 할 수 없었다. 인류를 신세기로 이끈 산업혁명은 수많은 사람들을 '문명화된 야만' 상태로 내몰고 있었다.

새로운 기계의 발명은 노동자들에게는 재앙이었다. 기계들은 노동자들을 지루하고 단순하고 규격화된 노동만 반복하는 부속물로 만들었다. 견디다 못한 노동자들은 공장과 기계를 때려 부수고 폭동을 일으켰다. '러다이트운동'이라 부르는 이 기계파괴운동은 18세기 말부터 19세기 중엽까지 계속되었다. 하지만 그것은 노동자들의 절규만을 의미했을 뿐, 정작 그들에게 아무런 변화도 가져다주지 못했다.

19세기 들어서면서 노동자들은 열악한 삶을 벗어나려는 생존의 실험들을 시작한다. 노동조합운동과 사회주의운동, 그리고 협동조합운동이 등장한 것이다. 초기에 이 운동들은 서로 얽혀 명확하게 구분되지 않았다.

이런 실험이 가능해진 것은, 프랑스혁명이 가져온 정치적인 의식의 고양, 자본주의 성장에 따라 나타난 변화와 혼란, 그리고 산업혁명이 만들어낸 공장의 노동자계급 형성이었다. 노동조합운동과 사회주의운동, 협동조합운동은 모두 산업혁명으로 자본주의가 맨 처음 발전한 영국에서 시작되었다.

이들 운동의 싹들을 찾아 시대를 더 거슬러 올라가 보자.

협동조합 사상의 형성

국왕이 교회를 좌지우지하는 데 반대했다는 이유로 처형을 당한 토마스 모어Thomas More, 1477-1535는 산업혁명이 싹트기 전인 16세기 초에 영국에서 하원의장과 대법관을 지냈다. 하지만 그가 후손들에게 유명해진 것은 소신과 지위 때문이 아니라 그의 무궁무진한 상상력이 집약된 〈유토피아Utopia〉 덕택이었다.

이 책에서 그는 당시 한창 진행 중이던 초기 엔클로저운동을 맹렬히 비난하면서, 사유재산 제도를 폐지해야 인간이 평등과 복지에 이를 수 있다는 과감한 주장을 한다. 하지만 그보다 더 사람들을 놀라게 한 것은 책 2부에 그가 그린 이상향이었다.

"모든 재산이 공동 소유이며, 국민은 도시에 살면서 수공업에 종사한다. 하루에 6시간 노동하고 모두가 원하는 공부를 하면서 농사도 짓는다. 모든 생산물은 필요에 따라 나누며 식사는 공동식당에서 한다. 아이들은 집단적으로 교육받고 모든 공무원은 선거로 뽑는다."

그가 그린 이상 사회는 훗날 사회주의자들이 꿈꾸던 모습과 일치했다. 하지만 무려 3백 년이 지난 후에야 비로소 그 제자들이 나타났다. 공산주의자, 협동조합 사상가들은 모두 모어의 제자였다. 마르크스가 '유토피아 사회주의자'라고 불렀던 오언과 푸리에, 생시몽도 마찬가지였다. 그들이 꿈꾸던 사회는 모어가 그린 유토피아와 같은 공통적인 모습을 갖고 있었다.

지금까지 일반적으로 알려진 협동조합은 자본주의 체제에 적응하여 살아남기 위한 경제적 약자들의 경영조직이라는 타협적인 성격을 지니고 있었다. 하지만 초기 사상가들이 꿈꾸던 것은 자본주의를 부정하고 경쟁을 배제하며 모든 구성원들이 평등하게 살아가는 공동체였다. 한곳에 모여 살면서 생산이나 소비뿐만 아니라 모든 생활을 협동하는 협동촌, 무소유의 공동체를 상상하고 있었던 것이다.

토마스 모어 이후에도 많은 사람들이 협동조합적인 생각을 갖고, 그것을 현실에 구현하고자 했다. 레벨레와 디거는 토지 공유를 강력하게 주장하였고, 농민운동의 지도자였던 윈스턴리 G. Winstanley는 사유재산과 계급, 특히 토지사유화에 반대하며 지주와 성직자를 공격하였다. 생산적 노동을 중시하며 필요에 따른 소비를 주장하면서 가난한 농민들과 함께 땅을 개간하기도 하였다. 그의 주장과 실천은 상품 생산이 늘어나면서 점차 붕괴되어 가던 농촌공동체를 부활하려는 복고적인 성격을 띠고 있었고, 신비적인 종교의 옷을 입고 있다는 한계를 지니고 있었다. 하지만 빈농의 입장에서 사유재산을 비판하면서 자유로운 공동체를 형성하려는 의지와 실천을 보여주었다는 점에서 근대 사회주의, 협동조합 사상의 기원으로 평가된다.

종교 논쟁에서 벗어나기 위해 영국으로 건너온 네덜란드인 플로크호이P. C. Plockhoy는 1659년 출간한 〈빈민들을 행복하게 하기 위한 방법〉에서 빈민에게 일자리를 마련하고 복지를 증진시키기 위한 방법과 함께 '소공화국Little Commonwealth'이란 공동체 건설을 제안한다.

소공화국은 일종의 협동조합 회사로, 참가자는 자본이나 가축, 상품을 가지고 이곳에 들어와 공동생활을 하면서 공동노동을 한다. 공동노동을 통해 생산된 생산물을 외부 사회와 교역하여 이윤을 얻어 출자자에게는 배당을 하고 참가자에게는 평등한 생활을 보장해 준다. 플로크호이가 제안한 청사진은 사유재산을 부정하지 않는 온건한 개혁안이었다. 하지만 협동의 정신을 기초로 한 공동체의 번영과 행복이 사회의 개혁을 촉진할 수 있다는 것을 보여주었다는 점에서 협동조합사에서 특별한 의미를 갖는다.

그는 1663년 스물 네 가족과 함께 직접 미국으로 건너가, 네덜란드 식민지였던 뉴암스텔담에 미국 최초의 코뮌식 공동체를 건설하였다.

그러나 이 협동촌은 이듬해 영국이 뉴암스텔담을 공격하자 1년도 버티지 못하고 무너지고 말았다.

1817년 오언은 주위 사람들에게 자신이 영향을 받았다면서 한 소책자를 나눠주었다. 실제 오언의 생각에 큰 영향을 미친 것으로 보이지는 않지만, 빈민 구제에 힘쓴 박애주의자였던 영국의 직물상인 벨러즈J. Bellers, 1654-1725가 쓴 소책자 〈산업학교 설립을 위한 제안〉은 예리한 사회 비판을 바탕으로 노동자와 그 가족들을 수용하는 산업학교 설립을 제안한다. 이 학교는 약 300명 정도의 사람들이 함께 사는 공동체로 생산과 교육을 중심으로 구성된다. 부자들은 이곳을 경영하여 이윤을 얻고, 빈민들은 일과 풍요로운 생활을, 그리고 청년들은 더 나은 교육을 받을 수 있다. 분업의 악영향을 배제하고 협동을 통해 비용을 절감함으로써 생산력을 높여 출자자에게 이윤을 배분하자는 취지였다. 이 책에는 그밖에도 교육과 노동의 중시, 노동가치설, 도농都農공동체에 대한 제안도 담고 있었다.

이밖에도 공동체에 대한 구상과 실험은 수도 없이 이루어졌다. 빈민 구제를 위하거나 종교적인 배경을 가진 공동체들이 특히 많았다. 그중 가장 주목할 것이 셰이커와 랍프 파가 만든 공동체다.

셰이커Shakers는 퀘이커 교에서 갈라져 나온 기독교 급진파로 1774년 미국으로 건너가 각지에 공동체를 만들어 1830년 무렵에는 18개나 되는 협동촌을 형성했다. 오언은 〈자서전〉에 언급할 정도로 비교적 일찍부터 이들에 대해 관심을 가졌고, 미국으로 건너간 후에는 직접 셰이커 마을을 방문하기도 하였다. 셰이커 마을의 성공은 협동촌이 경쟁 원리의 사회보다 경제적, 도덕적으로 뛰어날 수도 있다는 사실을 증명한다는 점에서 큰 의미를 가졌다.

랍프 파^{Rappites}는 독일의 종교지도자였던 랍프^{G. Rapp, 1757~1847}를 따르던 일군의 무리였다. 그는 예수 재림을 맞이한다면서 미국으로 건너가 사유재산이 없는 조화로운 공동체를 건설하였다. 이 공동체를 하모니라고 불렀는데, 처음에는 펜실베니아에 있다가 1815년 인디애나로 옮겼다. 오언이 세운 뉴하모니는 이 인디애나 하모니 공동체의 건물과 땅을 사서 시작한 것이었다.

이 공동체들은 협동조합운동에 몇 가지 사상적 단초를 마련해 주었지만, 현실적이지 못해 오래 지속되지 못했다. 일부 지금까지 존속하고 있는 것들도 있지만, 종교적 색채가 강해 대중적이고 보편적이지 못한 한계를 지니고 있었다.

같은 공간에서 함께 자급자족 생활을 하는 협동촌 성격의 공동체들과 달리 노동자 계급의 자조적인 협동조합 점포들도 여기저기 문을 열기 시작했다. 최초의 것은 1760년 조선소 직공들이 제분업자들의 독점 가격에 대항하기 위해 자금을 모아 런던 근교의 항구 울리치^{Woolwich}와 차탐^{Chatham}에 설립한 제분소였다. 이곳에서는 빵을 직접 구워 노동자들에게 팔았는데, 1795년에는 할에, 이듬해에는 바함에 이와 유사한 제분소가 세워졌다.

1803년 나폴레옹 전쟁이 터져 곡물 수입이 중단되자 영국 곳곳에는 많은 제분소와 빵 조합이 설립되었다. 하지만 이 움직임들은 확고한 사회적인 인식이나 사상을 토대로 한 것이 아니었기 때문에 대부분 고립된 모습으로 일시적인 현상에 머물고 만다.

현실사회에 대한 정확한 판단을 근거로 한 과학적이면서도 세속적인 협동사상과 실험은 19세기로 접어들면서 비로소 등장한다.

협동조합의 오래된 미래, 선구자들

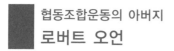

협동조합운동의 아버지
로버트 오언

1760년에서 1840년에 이르기까지 영국 사회는 다른 어느 사회보다 격렬한 변화를 겪었다. 산업혁명의 진전에 따라 계급이 확립되었고, 계급 간 대립도 본격화되었다. 노동자 계급 내에서는 산업혁명이 초래한 여러 가지 모순에 대응하는 체제 비판의 사상적인 무기가 만들어졌다. 협동조합 사상은 그 중 하나였다. 자본주의적 상품 생산의 확립과 발전에 따라 상품경제에 의해 소외되고, 한편에서는 상품경제 속으로 점점 빨려들어가고 있던 노동자 계급은 협동의 원리를 바탕으로 이상 사회를 건설하려고 했다. 여기에 사회운동이 가져야 할 이념과 대중적 기반을 마련한 사람이 바로 로버트 오언 Robert Owen, 1771-1858이었다.

출세의 길목에서

　　　　　로버트 오언은 1771년 웨일즈 몬트고메리셔 뉴타운에서 태어났다. 지금은 공장지대가 들어선 세번 강변의 뉴타운은 오언이 태어나 자라던 시절에는 전원지대였다. 안장공, 직물상 등 여러 가지 일을 하던 그의 아버지는 가난하지는 않았지만, 일곱 아이들에게 모두 공부를 시킬 수 있을 만큼 풍족하지는 못했다.

　일곱 형제 중 여섯째였던 오언은 4세에 초등학교에 들어가 세상을 살아가는 데 불편함이 없을 정도의 기본적인 지식을 터득하고는 7세에 학교를 졸업한다. 특별한 것은 어릴 때부터 책 읽기를 무척 좋아했다는 것이었다. 졸업 후 그는 당시 여느 아이들처럼 이웃의 잡화상점 일을 도왔다. 그리고 10세가 되자 맏형이 있던 런던으로 가서 스탠포드의 잡화상에 취직하여 부모의 도움 없이 생활하게 되었다.

그는 10대의 거의 대부분을 런던과 맨체스터 등지에서 섬유 관계 상점 점원 노릇을 하며 보냈다. 이때부터 그의 출세가도는 시작되었다. 그렇다고 그 길이 순탄한 것만은 아니었다. 상점 점원 노릇을 하며 산업혁명이 양산한 공장노동자에게 뒤지지 않을 만큼 격렬한 노동을 체험할 수 있었다. 이 체험은 그에게 많은 지식을 쌓게 해주었다. 섬유제품의 처리, 품질 관리, 재고 관리나 부기 등 경영에 대한 훈련, 노동 경험, 그리고 귀족, 하층민, 신흥 상공인 등 여러 고객군에 대한 심리 파악과 대응 등은 그가 이후 기업가로 성공하는 데 든든한 밑천이 되어주었다.

　당시 영국은 엔클로저운동으로 특히 면방직공업이 비약적으로 발전하여 많은 공장들이 건설되고 있었다. 당시 면공업의 중심지였던 맨체스터로 이주한 오언은 18세 때 런던의 맏형에게 100파운드를 빌려 방적기 전문기사 존스와 손을 잡고 40여 명이 일하는 작은 공장을 차렸다. 경영자로 첫발을 내디딘 것이었다. 하지만 얼마 지나지 않아 동업자에게 버림받은 그는 직접 세 명의 직공을 거느린 독립 자영업자가 되었다.

　몇 년 후인 1792년 그는 랭커셔 최대의 방적공장에서 지배인을 구한다는 신문광고에 응모해 일약 500명이 일하는 드링크워터 공장의 경영을 맡게 되었다. 증기기관, 조명, 환기시설, 위생시설 등 최신 설비를 갖춘 이 공장을 경영하기에는 아직 어리숙한 21세의 풋내기 오언은 오직 근면과 성실만으로 짧은 기간 사이에 경영자로서 자리를 잡을 수 있었다. 뿐만 아니라 점원 시절 습득한 경험을 바탕으로 면사의 섬세도를 높이는 등 작업공정을 개선하여 품질을 높이고 생산물의 판로를 확대하는 등 여러 가지 주목할 만한 성과를 거두었다.

오언의 성공은 작업공정 개선을 통한 품질 향상에만 있었던 것은 아니었다. 기계를 만지는 직공들을 다루는 뛰어난 노무관리 체계가 뒷받침되었다. 그는 놀라울 정도로 사람을 다루는 재주가 뛰어났다. 취업 규칙과 업무 규정 등을 작성하여 그에 맞는 규율, 훈련을 통해 엄격하게 노무관리를 하였다. 또한 노동 조건과 노동 환경을 대폭 개선하여 높은 임금과 자율적인 작업환경을 만들어 직공들의 마음을 사로잡았다. 이것을 바탕으로 노동생산성을 높이고 제품의 품질을 개선할 수 있었다.

오언이 의식적으로 시도한 작업환경 개선은 직공들의 내면을 움직여 작업 의욕을 불러일으켰고, 그것이 제품의 품질 개선으로 이어져 판로 확대가 가능했던 것이다. 이 실험은 '성격 형성론'이란 오언의 사상으로 집약되었다.

사실 이 무렵 오언은 박애주의자도 인도주의자도 아닌 일개 재능 있는 기업가였을 뿐이었다. 그렇지만 외형적인 성공과 함께 그의 마음속에는 내면적인 성장도 이루어지고 있었다.

그때까지 세상을 살아가고 인생을 경영하는 지혜를 주로 책에서 얻고 있었던 오언은 사업의 성공 덕분에 많은 사람들과 교류할 수 있었다. 그는 신흥도시 맨체스터의 지식인들과 어울려 갖가지 문제에 대

협동조합의 오래된 미래, 선구자들

해 토론하면서 자신의 생각을 정리할 수 있었다. 또한 기업을 경영하면서 사회의 모순을 경험하는 과정은 그에게 자신만의 독특한 인생관을 만들어 주었다.

드링크워터 공장을 경영한 지 4년이 지난 어느 날 공장주인 드링크워터는 오언에게 처음 약속을 깨고 사업 제휴 조건을 바꿀 것을 강요했다. 어쩔 수 없이 오언은 1796년 두 실업가와 동업으로 '골든 방적회사'를 세우고 그 지배인이 되었다. 랭커셔, 스코틀랜드 등을 누비며 원면을 매입하고, 기술을 직접 개발한 정교한 면제품의 생산과 판매를 통해 회사는 날로 발전하여 마침내 드링크워터를 앞지른다.

그러던 중 업무를 위해 방문한 글래스고에서 캐롤라인 데일을 만나 결혼에 이르렀다. 오언은 연애 중에 데일의 아버지가 공장을 처분하려 한다는 사실을 알고, 여기저기서 돈을 모아 아내와 공장을 한꺼번에 손에 넣었다. 오언은 스코틀랜드의 목화 왕이며 상인, 은행가였던 캐롤라인의 아버지 데이비드 데일이 경영하던 뉴라나크의 방적공장을 두 사람의 공동 경영자와 함께 6만 파운드에 사들였다. 그는 얼마 후 맨체스터의 공장을 폐쇄하고 2500여 명의 노동자가 일하고 있는 뉴라나크 방적공장의 경영에 뛰어들었다.

뉴라나크의 기적

오언은 뉴라나크 공장의 경영에 전력을 다했다. 이

미 여러 공장을 경영해 본 그는 1800년부터 1825년까지 20여 년 간 뉴라나크에서 재능을 한껏 발휘할 수 있었다. 뉴라나크는 위대한 실험실이었다.

오언은 불과 1년도 안 되어 공장을 이전과는 딴판으로 바꾸어 놓았다. 그는 공장을 경영하는 일을 '통치government'라고 표현했는데, 그것은 단순히 공장을 관리하는 것만이 아니라 '성격 형성 원리'에 따라 유해한 환경을 개선함으로써 공장노동자들의 성격을 변화시키려 했기 때문이다. 당시 공장노동자들은 사회의 이방인으로 여겨질 만큼 술 마시고 싸우고 거짓말하고 훔치는 일을 밥 먹듯이 하는 존재였다.

그는 먼저 공장 경영에 생산관리와 노무관리를 하나로 연결하는 혁명적인 발상을 도입하였다. 장시간 노동과 저임금, 심지어는 6~7세 아이들에게 노동을 시켜서라도 많이 생산만 할 수 있다면 이득이 된다는 당시의 사고방식을 철저히 거부하였다. 노동자의 복지에 투자하는 비용은 경영자, 자본가에게도 이익을 가져온다는 생각을 경영에 도입한 것이었다. 과잉 노동과 빈곤은 노동생산성의 하락을 가져올 뿐이며, 오히려 노동자에 대한 복지가 생산성의 향상과 직결된다는 생각이었다.

그가 시도한 것은 자율적인 노동방식, 노동시간의 단축, 유년노동의 제한이었다. 그리고 저임금을 보완해 주는 복지 시설로 협동조합의 원형이라고 할 수 있는 점포 – 공장 내 노동자들이 식량 및 생필품을 구입할 수 있는 점포를 만들었다. 이 점포를 이용함으로써 노동자들은 생활비를 줄일 수 있었다. 또한 주택을 마련하여 노동자들에게 제공하고, 청소년들을 위해서는 학교를 개설하였다. 그는 당시 관행처럼 여겨지던 17시간 노동을 10시간 반으로 줄이고, 10세 이하 어린이들은 노동에서 제외했다.

"어린이들은 탄광에서 채탄장의 작은 말 대신에 석탄차를 끌기 위해 고용되었다. 아이들 허리를 끈으로 묶어 이륜차에 쇠줄로 잇고, 그 쇠줄을 두 다리에 연결했다. 이렇게 벌거벗은 소년 소녀가 4인 1조가 되어 이륜차를 끌었다." 인권이 유린되던 암흑의 시대에 오언의 실험은 가히 혁명적이었다. 그는 이 획기적인 시도를 통해 엄청난 수익을 올렸다. 그런데 많은 이익을 나누어 받은 동업자들은 돈만 알았지, 그것을 가져다 준 원인을 깨닫지는 못했다. 오언은 결국 청소년 교육을 둘러싸고 동업자들과 세 차례나 다투고 결국 결별하고 만다. 그 후 다른 동업자를 만났지만, 돈만을 목적으로 투자자로 나섰던 그들도 교육 따위에는 전혀 관심이 없었다. 결국 공장은 경매에 부쳐졌다. 다행히 오언은 철학자 벤담, 당시 런던시장 깁스 등의 도움을 받아 11만 4천 파운드에 공장을 인수할 수 있었다. 그는 노동자들의 생활에서 빈곤과 나태와 타락, 자본주의가 가져온 무지와 미신, 부도덕한 행위와 악습, 장시간 노동, 나쁜 품질의 일상 필수품과 부당한 가격, 열악한 거주 환경을 추방하는 갖가지 실험을 실행에 옮겼다.

오언의 실험은 성공적이었다. 깨끗하고 질서정연한 거리, 하루 10시간 반의 노동, 세계 최초로 설립된 유치원과 학교에서 공부하는

300여 명의 아이들, 강제적인 질타 없이도 열심히 일하는 노동자들, 민주적인 근로 규칙, 생필품 판매점과 주방·식당 등 공동시설은 예전에는 어디에서도 찾아볼 수 없는 놀라운 성공을 가져왔고, 이로 인해 뉴라나크는 사회 개량의 근거지가 되었다. 1815년에서 1825년 사이 유럽 각국에서는 왕족과 귀부인들, 실업가와 작가들, 성직자와 개혁주의자 등 2만여 명의 사람들이 뉴라나크를 찾아와 이 희귀한 사회 개혁의 실험실을 둘러보았다.

1814년 오언은 공장에서 거둔 성과를 정리해 '성격 형성론'이란 부제가 붙은 〈사회에 대한 새로운 견해A New View of Society; or, Essays on the Principle of the Formation of the Human Character, and the Application of the Principle to practice〉를 발표한다. 이 책에서 그는 뉴라나크를 모델로 환경에 의한 성격 형성과 환경 개선을 통한 성격 개량의 가능성을 제시하면서 정부와 상류층 인사들에게 이 모델을 전 사회에 보급하도록 요청하였다.

'성격 형성론'이란, 노동자들의 성품을 비천하게 만들고 있는 것은 타고난 천성 때문이 아니라 사회적 환경 때문이라는 이론이었다. 사회적 조건만 정비하면 그들을 절망 상태에서 벗어나게 할 수 있다. 그러면 누가 그 조건을 정비하고 환경을 개선할 것인가, 오언은 그 책임을 사회 지도층에게 요구하였다. 자신도 뉴라나크 공장주로서 노동자를 둘러싼 환경의 개선과 노동자의 교육에 힘을 쏟았던 것이다.

사회교육자 오언

기업가 오언은 동시에 교육자였다. 〈사회에 대한 새로운 견해〉의 핵심은 '성격 형성론'을 기초로 한 교육원리였고, 그것을 실천으로 옮긴 것이 뉴라나크에 대한 '통치'였다. 그 중심에는 세계 최초의 유치원, 이른바 유아학교가 있었다. 그의 교육에 대한 생각과 실천은 독창적일 뿐만 아니라 인간에 대한 사랑을 담고 있었다.

1816년 '성격 형성 학원'이 개설되었다. 낮에는 유치원과 초등학교, 밤에는 노동자를 위한 야간학교가 열렸다. 당시 뉴라나크를 견학한 많은 사람들이 이 학교와 학생들에게 찬사를 보냈다. 산업혁명이 낳은 공업적 생산노동과 직결되는 교육의 사회 개량 수단으로서의 의미와 위력은 강력한 것이었다.

교육은 협동사회에 대한 각종 실험에서도 기본적인 원동력이었다. 오언의 교육에 대한 중시는 로치데일 공정선구자협동조합에 계승되어 조합원 교육을 강조하는 협동조합 원칙으로 정립되었다. 뿐만 아니라 그것은 계급적 유물론의 기반으로도 이어졌다.

〈사회에 대한 새로운 견해〉는 큰 반향을 불러일으켰다. 고매한 인격을 가진 박애주의자 오언이라는 방적업계의 거물이 낸 책이었기 때문이다. 그의 사상은 아직 미숙한 부분이 많았지만, 실제적인 기업 경험이 낳은 살아있는 생각이었다.

오언은 이제 실험 단계를 넘어서 사회 개량의 메카로 뉴라나크 방적공장을 정착해 갔다. 기계의 정비, 제품 운반의 기계화, 가스 조명의 도입, 원료 구입에서 제품 판매까지 전 과정의 분업화가 이루어졌다. 더 질 좋은 제품이 생산되었고, 제품에 대한 수요는 날로 늘어갔다. 2천 명이 넘는 노동자들에게 많은 임금이 제공된 것은 아니었지만, 좋은 노동 조건과 복지 시설로 충분한 보상을 해주었다. 노동자에 대한 진료, 질병 공제 기금의 적립, 공동화에 드는 모든 경비를 제하고도 뉴라나크 공장은 초기에는 매년 2만 5천 파운드, 이후에는 매년 1만 9천 파운드의 이윤을 냈다. 엥겔스는 〈사회주의의 발전〉에 다음과 같이 쓰고 있다.

"오언은 여기에 만족할 수 없었다. 그가 노동자를 위해 마련해 주었던 생활환경도 아직 인간다운 모습으로 보이지 않았다. 그가 만든 환경은 다른 곳과 비교하면 양호했지만, 노동자들의 성격과 지혜를 전면적이고 합리적으로 발전시키는 데에는 아직 충분하다고 말할 수 없었다."

오언은 산업혁명이 가져온 새롭고 거대한 생산력은 사회개조의 기초가 되어야 하며, 그것은 만인의 공동재산으로서 당연히 만인의 공동복리를 위해서만 쓰여야 한다는 신념을 갖고 있었다. 엥겔스에 따르면 이 신념으로 인해 "오언의 삶은 전환되었다."

오언은 유럽의 모든 나라에서 자신이 주장한 원리에 기초한 새로운 정치가 이루어질 날이 가까워졌다는 환상에 빠졌다. 그는 전 인류사회가 뉴라나크와 같은 식민지('자급자족의 공동체'를 이렇게 표현하였다)로 재편되어야 한다는 생각에 집중하고 있었다. 그는 박애적인

　　　　　　　　협동조합의 오래된 미래, 선구자들

공장주의 지위에서 한 발 더 나아간 광대한 세계로 도약하려는 충동에 이끌렸다. 마거릿 콜이 말하는 '불행한 모험'이 시작된 것이다. 이 불행한 모험에서 오언의 후반기 인생은 출발했다.

실패로 끝난 뉴하모니 공동체

1824년 53세의 로버트 오언은 작은 아들에게 뉴라나크 공장을 맡기고 큰 아들 윌리엄스와 함께 미국으로 건너갔다. 앞에서 말한 랍프 파 출신의 농부가 개척한 인디애나 주 해안 8천여 헥타르의 농지를 사들여 유토피아를 건설하기로 마음먹었다. 그는 그곳을 '뉴하모니New Harmony'라고 불렀다.

오언에게 공감하는 800여 명의 사람들이 모여 뉴하모니 공동체를 건설했다. 그는 회원의 성격과 생활을 개선하고, 그들이 자립적으로 공산주의적인 협동촌을 만들어가는 것을 꿈꾸고 있었다. 성의 차별도, 신분의 구별도 없는 평등한 권리, 육체적 정신적 능력에 따르는 평등한 의무, 재산의 공유, 노동의 협동과 충분한 휴식을 외쳤던 새로운 조화의 마을이었다.

1826년 2월 5일 이 마을은 공산주의적 공동사회가 된 것을 선언하였다. 뉴하모니의 공동체 헌법은 ① 평등한 권리 ② 생활 전체의 협동적 결합 ③ 재산의 공유 ④ 언론의 자유 ⑤ 성실 ⑥ 친절 ⑦ 예의를 갖춘 교류 ⑧ 질서 ⑨ 건강 ⑩ 지식의 획득 ⑪ 생산과 소비의 경제 실현 ⑫ 법률의 준비를 내용에 담고 있었다.

하지만 이 조화의 마을은 시작도 제대로 해 보지 못한 채 무너져 버렸다. 어중이 떠중이가 다 모여 일은 하지 않고 – 실제 일할 수 있는 사람은 800여 명 중 110명에 불과했다 – 갑론을박만 일삼았고, 나중에 몰려든 회원들은 주거할 집도 마련할 수 없었다. 이곳은 아무런 계획 없이 무작정 몰려든 천사와 뱀이 공존하는 마을이었다.

뉴하모니의 실험이 실패로 끝난 원인으로 몇 가지를 지적할 수 있다. 특히 거기 모였던 800여 명의 사람들이 각각 책임을 져야 할 점도 많았다. 그러나 더 큰 원인은 오언의 계획 자체가 사회의 발전과 경제학의 확고한 기초 위에 세워진 것이 아니었다는 점이다. 즉, 뉴하모니는 자급자족의 경제를 지향하고 있었는데, 당시 경제 규모로 보았을 때 협동촌의 규모가 너무 작아 800여 명의 주민이 필요한 물자를 스스로 생산하는 것이 불가능했다. 자급자족 경제에 필요한 생산적 노동력과 조직, 설비에 관한 기술이 필요함에도 어느 것 하나 제대로 갖추고 있지 못했다. 출발하기 전부터 뉴하모니는 이미 좌초의 운명을 안고 있었다.

또한 오언의 '성격 형성론'이 지닌 결함을 들 수 있다. 물론 당시 사회적 정황으로 보았을 때 사회 환경의 개선은 분명히 노동자들의 성격을 곧게 할 수 있는 가장 큰 요인이라고 할 수 있었지만, 그렇다고 그것이 전부라고는 할 수 없었다. 이상적인 사회는 그것을 구성하는 구성원들, 즉 주체들의 노력이 없이는 불가능하다. 자본을 형성하는 데서 시작하여 노동하고 공동체의 방향을 찾아가는 것 모두에서 구성원들의 협동과 주체적 노력이 쌓여야 그 공동체는 성공할 수 있다. 하지만 오언의 공동체는 위로부터 주어진 것이 너무 많았다. 이 점이 오언의 공동체와 이 무렵 현실에서 정착하고 있었던 점포형 소비조합운동과 다른 점이었다. 뉴하모니는 현실성 없는 유토피아였다.

공동체에서 소비조합으로

우리는 오언의 꿈을 되새길 필요가 있다. 그가 설립하려던 공동체는 자본주의 시장경제를 극복하는 자급자족의 공동체적 경제체제였다. 이 체제는 통일된 현장에서 생산과 소비가 함께 이루어지고, 그 생산과 소비 사이에 있는 분배와 교환이 평등과 상호부조의 원리를 통해 이루어지는 곳이었다. 이 공동체는 사람들의 자주적인 관리, 자치를 통해 운영되는 곳이었다.

오언이 지향했던 것은 생활의 한 부분을 분리해서 만든 협동조합이 아니라 생산, 유통, 소비, 교육, 문화 등 인간의 모든 생활을 통합하는 협동체, 참 의미의 협동조합이었다. 그는 비인간적인 자본주의 사회에서 협동체의 확대를 통한 평화적 변혁을 꿈꾸고 있었다. 하지만 이런 뉴하모니의 이상이 깨어지면서 협동조합운동은 생활 전체의 협동이 아니라 소비만을 조직한 소비조합으로 축소되어 정착되었던 것이다.

오언도 뉴라나크 공장에 이미 공장 점포, 즉 소비조합을 만들었다. 그는 생활필수품을 소비조합을 통하여 대량으로 구입하여, 조합원인 노동자에게 일반 상점이 판매하는 것보다 20%나 저렴한 가격으로 판매하였다. 이것을 통하여 노동자들에게 소비자로서의 이익을 제공함과 동시에 거기에서 생겨난 잉여금을 뉴라나크 학교를 위한 경비로 썼다. 그 액수는 연간 700파운드나 되었다.

오언이 만들었던 소비조합은 그때까지 여러 번 시도되었던 협동조합들과 비교하면 상당히 발전된 것이기는 했지만, 근대적 협동조합과는 상당한 거리를 갖고 있었다. 홀리요크는 오언이 만든 소비조합의 결함을 다음과 같이 지적한다.

"첫째는 조합원인 노동자들이 스스로 조합을 관리하지 못하고 경영자가 관리하였다는 점이고, 둘째는 잉여금을 조합원에게 환원하지 않고, 공장주가 실시하는 노동자 교육을 위한 비용으로 사용하였다는 점이다."

오언은 자신이 창간한 세계 최초의 협동조합 잡지 〈이코노미스트〉에서 소비조합에 대하여 "생활물자를 싼 가격에 대량으로 공동구입하는 것만이 목적이 아니라 그 활동을 통하여 더 높은 목적을 추구하고 있다"고 주장하면서 잉여금을 학교교육에 사용하는 자신의 행위를 정당화했다.

그는 재화의 생산이 기술의 진보를 통하여 이미 과잉상태에 놓여 있는데도 불구하고 수십만의 사람들이 하루하루 입에 풀칠하기도 힘든 것은 생산에 계획성이 없고 생산자와 소비자 사이에 적절한 유통의 통로가 없기 때문이라고 생각하였다. 재화의 유통을 이끄는 잘못된 원리, 즉 이윤의 추구가 문제의 근원으로, 그는 이런 상태에서 벗어나는 유일한 방법은 협동의 이념이라고 말한다. 이윤을 대신하는 협동의 사상, 이것이 오언이 주장했던 소비자협동조합의 기본적인 생각이었다. 그는 소비자의 단결을 통하여 상품매매에서 생기는 이윤을 배제할 수 있다고 생각했다.

협동조합 점포에 대하여

로버트 오언이 미국에 있는 동안 영국에는 그의 사상에 공감한 수많은 움직임이 일어나고 있었다. 그의 사상을 선전하는 갖가지 계몽 활동, 그의 생각을 현실에서 실현하려는 수많은 조직, 그를 따르는 제자들의 활동을 통해 협동의 사상은 가는 곳마다 뿌리를 내려가고 있었다.

뉴하모니의 실패를 아직 때가 이르지 않았기 때문이라고 생각하며 초연하게 고국으로 돌아온 오언을 맞이한 것은 전혀 예상치 못했던 새로운 정세였다. 영국의 노동자들은 성난 파도와 같이 영국을 휩쓸었던 정치운동이 자신들을 배신하자 차츰 오언이 제창한 경제운동에 기대를 걸게 되었다. 오언의 전기를 쓴 마거릿 콜은 "그가 조국을 떠날 무렵은 그 존재를 알지 못했던 노동 대중들이 그의 신봉자가 되었고, 수많은 조직을 만들어 오언의 지도를 기다리고 있었다"
고 말한다.

　나중에 살펴볼 노동교환소도, '대조합주의'라고 부르던 노동조합운
동도 오언을 지도자로 생각하며 일어났다. 점포형 협동조합도 줄지
어 설립되었다. 이 점포들은 단순히 유통 단계에만 관련된 것이 아
니라 오언이 생각했던 바와 같이 이상 사회인 협동체 건설을 위해 기
금을 적립하고 오언주의의 선전과 교육에 힘쓰는 것을 주 목적으로
했다. 그래서 이 일군의 운동을 '오언주의 협동조합운동'이라고 부른
다. 오언주의는 소수에 의한 운동에서 노동자들 사이의 대중운동으
로 확산되어 갔다.

　그렇지만 오언은 협동조합운동에 대하여 적극적인 관심을 나타내
지 않았다. 콜에 의하면 오언에게는 두 가지 다른 생각이 있었다. 그
하나는 그가 품고 있던 새로운 사회질서에 대한 원대한 전망에 비하
여 협동조합 점포 활동이 차원이 낮다는 인식이었다. 또 하나는 노동
자들은 자신들의 문제를 자주적으로 해결할 만한 힘을 갖고 있지 못
하다는 생각이었다.

사회개혁을 꿈꾸며

　　　　　소비자협동조합에 냉담했던 오언은 이 무렵 정부
나 사회 지도층 인사들을 설득하여 자신의 생각과 사상을 사회 제도

화시키기 위하여 노력하고 있었다. 뉴라나크의 성공은 오언에게 실천 영역을 확대하여 사회 전체의 개혁으로 눈을 돌리게 하였다. 1815년 그는 정부와 의회에 10세 이하 아이들의 노동을 금지하고 하루 열 시간 반 노동을 주장한 공장법 제정의 필요성을 역설하고 다녔다. 그 결과 1816년에 이 공장법안이 의회에 제안되었으나 면직업자들의 반대로 통과되지 못했다. 오언의 뜻에는 미치지 못했지만, 1819년이 되어서야 비로소 하루 12시간 노동과 9세 이하 어린이의 노동을 금지한 공장법이 통과되었다. 영국에서는 1847년에야 비로소 오언이 주장한 하루 열 시간 노동이 법적으로 인정되었다.

나폴레옹 전쟁과 불황으로 사회 불안과 실업이 가중되고 있을 때 그는 협동사상을 집약한 〈플랜〉[1817], 〈뉴라나크 주에 대한 보고〉[1820] 등을 당국에 제출하였다. 그는 사유재산을 비난하면서 노동자의 빈곤은 새로운 생산력이 초래한 과잉 생산과 분배 방식의 오류, 즉 자본주의의 모순 때문이라고 이야기하였다. 노동자가 자신들이 생산한 물자를 전유하여야 하며, 화폐는 노동자들을 기만하는 도구이므로 없애버리고 노동가치설을 근거로 하는 노동 화폐를 만들어야 한다고 주장하였다. 오언은 이 주장을 근거로 나중에 노동지폐를 발행하는 '전국형평노동교환소National Equitable Labor Exchange, 1832-1834'를 설치하기도 하였다. 이어서 생산과 소비를 공동으로 영위하는 자급자족적 협동조합 마을을 세워 농업과 상공업, 도시와 농촌, 정신노동과 육체노동을 결합하는 것만이 사회를 평등과 복지에 이르게 할 것이라고 주장하였다. 그는 소공동체들이 연합한 협동조합 지역공동체까지도 생각하고 있었다. 물론 과격한 그의 생각이 사회적으로 받아들여질 리 없었다.

뉴하모니의 실험이 실패로 끝난 뒤에도 그는 여전히 낙관적이고 적극적으로 협동촌 건설과 협동조합운동, 더 나아가 형평노동교환소, 노동조합운동을 전개하였다. 1832년 선거법 개정운동이 실패로 끝나자 실망한 노동자들은 엄청난 기세로 오언주의로 경도되었다. 정치적 운동의 실패가 경제적인 운동으로의 전환을 가져오게 된 것이었다. 노동조합운동, 협동조합운동이 급속히 팽창하였다. 오언주의는 사상적인 면뿐만 아니라 경제적인 면에서도 노동자의 지지를 얻었다. 늘어난 소비조합과 노동자들의 지지를 바탕으로 만들어진 것이 '전국형평노동교환소'였다.

리카르도 등의 노동가치설을 소박하게 받아들여 물품을 생산하는 데 든 시간에 해당하는 노동지폐와 생산물을 교환해주고, 노동교환소에서 이 노동지폐로 자신이 필요로 하는 물건을 가져갈 수 있도록 한 일종의 교환은행이었다. 이 노동교환소는 처음에는 런던에, 나중에는 버밍햄과 스코틀랜드에 개설되었다. 정치 파업과 자본가들의 노동에 대한 착취로 고뇌하던 노동자들의 자주적인 생산을 보장하고, 노동가치에 따르는 정당한 생산과 소비, 그리고 협동사회를 실현하려는 획기적인 시도였다.

각광을 받으며 시작되었던 이 실험도 여러 가지 이유로 좌절되고 말았다. 우선 공장노동자들이 참가할 수 없었다. 왜냐하면 그들은 자신들을 위한 재화 생산을 하고 있지 않았기 때문이었다. 또한 시간이 갈수록 성의가 없어져 쓸 수 없는 물품들이 넘쳐났고, 중간 도매상들이 일반 시장 사이에서 이곳을 악용하기도 하였다. 소비자협동조합이 사라진 것도 한 가지 원인이었다. 무엇보다 곤란했던 것은 노동가치의 공정한 평가가 불가능했다는 점이다. 노동교환소도 결국 얼마 지나지 않아 문을 닫고 말았다.

그렇다고 오언이 체념한 것은 아니었다. 예언자적인 풍모를 지니고 있던 그에게 좌절 뒤에는 또 다른 실험이 기다리고 있었다. 형평노동교환소가 실패로 끝나갈 무렵인 1834년 2월 그는 '전국노동조합총연합'이라는 전국적인 규모의 산업동맹을 결성하였다. 이 연합은 많은 미숙련 노동자나 임시 고용 노동자를 조직하여 80만 조직원을 거느린 대규모 조직으로 자본가와 정부의 간담을 서늘하게 하기에 충분한 규모로 성장하였다. 자본가들은 온 힘을 다해 탄압을 하고 박해를 가했다. 대연합이 내건 강령은, 노동자들이 주체가 된 전국연합의 통제로 생산, 유통, 소비에 이르는 산업 전체를 재구성하는 것뿐만 아니라, 정치, 군사, 문화 등도 노동자의 통제 아래 두는 것을 목표로 하였다. 그들은 총연합에 가입하지 않은 다섯 개 조합에 가입을 권하고, 총동맹파업도 불사하는 강령을 채택하였다. 그러나 자본가와 정부의 탄압, 쟁의자금의 고갈, 지도부의 갈등과 분열로 총연합은 붕괴해 버렸다.

오언의 생각은 변하고 있었다. 뉴라나크, 뉴하모니 시절만 해도 그는 세상의 유력인사들의 협력을 얻어 사회를 보다 협동적으로 만들 수 있다고 생각하였다. 그러나 말년으로 갈수록 노동자 대중의 자주와 자조를 통해서만 협동적인 사회의 건설이 가능하다고 믿게 된 것이다. 전국형평노동교환소와 전국노동조합총연합은 바로 이런 생각의 변화를 말해 주었다.

노동조합총연합의 실패 뒤에도 그의 활동은 멈추지 않았다. '전 국민, 전 계급을 위한 협회', '전국협동체공제조합', '퀸우드 공동체' 등 각종 단체와 협동체, 그리고 〈이코노미스트〉, 〈크라이시스〉, 〈새로운 도덕 세계〉, 〈협동조합인〉 등 각종 잡지를 통해 자신의 생각을 많은 사람들에게 알렸다. 수많은 강연과 〈새로운 도덕 세계의 서〉, 〈인류의 정신과 실천에 있어서의 혁명〉, 〈자서전〉 등 서적과 소책자를 간행하여 협동의 세계를 알리는 데 주력하였다. 〈새로운 도덕 세계〉에 게재된 결혼, 종교, 사유재산에 대한 생각 때문에 기독교인들로부터 미움을 받았고, 공동체에 대한 꿈으로 인해 자본가에게 공격을 받았다. 하지만 그가 세상을 떠난 뒤에도 사회개혁에 대한 꿈은 제자들에 의해 계승되었다.

그는 고향인 웨일즈의 뉴타운에서 1858년 10월 87세를 일기로 눈을 감았다. 그는 자본주의가 노동자들의 삶을 압박하던 시절, 협동을 통해 사회변혁이 가능하다는 생각과 실천의 단초를 세상에 보여 주었다. 수많은 사람들이 그를 협동조합의 아버지라고 부르는 것도 이 때문이다.

　오언은 자선사업가였을 뿐만 아니라 협동촌 건설을 시도하고 노동자들의 단체를 조직한 조직가이기도 하였다. 사실 그가 시도한 일들은 스스로 마음에 들 만큼 번듯하게 성공한 것이 없었다. 그만큼 그의 이상이 컸기 때문일 것이다. 그는 새로운 도덕질서를 통해 협동적으로 이루어지는 협동촌을 꿈꾸었고, 그 꿈을 실현하기 위해 협동조합 점포도, 노동교환소도 만들었다. 그를 따르던 수많은 제자들도 그 꿈을 실현하기 위해 무수한 노력을 기울였다. 우리가 쓰려고 하는 협동조합의 역사가 그 기록이라고 할 수 있을 것이다.

오언주의 협동조합운동의 전개

영국의 초기 협동조합운동은 두 갈래의 흐름을 갖고 있었다. 17세기 플로크호이를 선구로 한 자급자족의 협동촌과 1760년 조선공들이 울리치와 차탐에 설립한 제분소처럼 식료품의 가격 급등에 반발한 노동자들이 조직한 소비조합이었다. 이후에도 수많은 시도들이 있었지만, 이 두 흐름은 운동을 이끄는 이념이나 사상이 결여되어 있었기 때문에 통일적인 운동으로 발전되지 못했다. 이 시도들에 생명을 불어넣은 사람이 로버트 오언이었다.

오언은 자신의 협동사상을 통해 초기 협동조합운동에 방향을 제시하며 오언주의 협동조합운동을 촉발시키는 계기를 마련하였다. 1820년대 초부터 로치데일 공정선구자협동조합이 생겨난 1840년대까지 오언주의 협동조합운동은 활발하게 전개되었다. 당시 수많은 실험이 로치데일 협동조합의 원칙과 운영의 기초를 마련하였고, 윌리엄 톰프슨, 윌리엄 킹의 사상도 이 시기의 역사적 산물이었다. 오언주의 협동조합운동의 지향은 협동조합 공동체의 건설이었다. 그런 의미에서 이 운동은 플로크호이의 협동촌 건설과 울리치 조선공들의 제분소라는 두 가지 흐름의 접점을 형성하고 있었다. 그 최초의 것이 바로 협동경제조합과 런던협동조합이었다.

협동경제조합(The Co-operative and Economical Society)

오언주의 협동조합운동은 1821~1822년에 활동한 협동경제조합에서 시작되었다. 협동경제조합은 자주관리의 협동촌을 꿈꾸던 오언주의자 언론인 조지 무디G. Mudie의 지도로 1821년 1월 22일 인쇄공들의 집회에서 결의되고, 다음날인 23일에 창립되었다.

인쇄공들은 이미 1820년 8월부터 기계적인 혁신이 진보를 가져왔는데도 노동계급이 비참한 상태에 빠져들고 있는 현실은 사회의 잘못된 제도 탓이라고 규정하고 이를 극복하기 위해서는 공동체를 건설해야 한다는 내용을 검토하고 있었다. 그들은 무디가 제안한 협동촌 건설 계획을 받아들여 그것을 실현하기 위해 런던에 건물을 마련하기로 하였다. 그들의 계획은 다음과 같았다.

사람들은 상호 협동함으로써 여러 가지 이익을 얻을 수 있다. 첫째 중간이윤을 배제한 생활필수품의 공동구입을 통해서, 둘째 공동생활이 가져오는 경비 절감을 통해서, 셋째 공동체가 농업과 제조업을 경영하여 구성원들에게 고용 기회를 마련함으로써 이익을 창출할 수 있다는 것이었다. 그들은 이와 같이 경비 절약과 공동노동을 통한 세 가지 이익을 실현하기 위하여 도시 근교에 공동체를 건설하여 노동자 계급에게 해방의 길을 열고자 하였다. 여러 가지 방법을 통해 얻을 수 있는 금전적 이익을 가지고 250가족이 공동생활을 할 터전을 마련하는 계획을 세우고 있었다.

협동경제조합이 지향했던 공동체는 노동자들의 완전한 자치조직이고, 토지와 제조업의 생산 설비를 소유한 생산조직이었다. 또한 조합원들이 매주 내는 21실링의 자금으로 기금을 형성하여 일체의 생활필수품을 공동체에 공급한다는 점에서 생활 공동조직이라는 성격도 갖고 있었다. 간단히 설명하면, 인쇄공들이 생각하고 있던 협동경제조합은 공동생산과 공동생활을 기초로 한 자율적인 자주관리 공동체라고 할 수 있다.

협동경제조합은 생활필수품의 공동구입을 통해 노동자들에게 실익을 얻게 했다는 점에서 1770년대부터 이어져 온 공동점포 협동조합운동의 맥을 잇고 있으면서, 동시에 공동생활을 통해 농업과 공업을 결합한 협동촌 건설을 지향하고 있다는 점에서 17세기 이후 계속된 협동촌 건설운동도 계승하고 있었다. 즉, 무디를 중심으로 시작된 협동경제조합은 협동조합운동의 두 가지 흐름의 통일을 의미하면서 맹아적이기는 하지만 노동자가 스스로 모색한 근대적 협동조합운동의 출발이라고 할 수 있었다.

무디는 1821년 정기간행물인 〈이코노미스트[1821-1822]〉를 발행하여 협동경제조합에 대한 이론 작업을 수행하였다. 그는 1821년 1월 27일 발간된 이 잡지 1호에서 협동경제조합은 노동자계급의 처지를 개선하고, 또한 사회 전체를 개선하기 위해 구상되었다고 썼다.

"협동경제조합의 궁극적인 목적은 오언이 뉴라나크에서 계획했던 시도와 마찬가지로 농업, 공업 및 교역을 결합하여 일치와 상호 협동의 마을을 건설하는 것이다. 그렇지만 그것을 달성하기 위하여 우선 성취해야 할 것은 적당한 건물을 마련하여 가능한 한 많은 이익을 내는 것이다. 그렇기 때문에 조합 최초의 목표는 도매가격으로 식료품, 의복 및 그 밖의 생활필수품을 구입하기 위한 기금을 마련하는 것이다. 실업한 조합원에게는 고용 기회를 부여하고, 병에 걸렸거나 나이 많은 조합원들에게는 생활에 필요한 물자를 공급하는 것이다."

이와 같은 〈협동경제조합의 근본원칙〉 뒤에는 21조로 이루어진 조합 규칙이 명기되어 있었다. 그 중 중요한 내용을 살펴보면 다음과 같다.

1조 가입금으로 5실링을 출자한다.
3조 출자금에 연이율 5%의 이자를 붙인다.

7조 제명의 권한을 갖는다.

8조 기금을 축적하기 위하여 조합원에게 물품 원가에 1% 또는 위원회가 결정한 이율을 붙인다.

11조 점포 경영자를 둔다.

18조 집합가족의 모습을 장려한다.

무디가 구상한 협동경제조합은 집합가족The Congregated Families 형식의 공동체로 구체화되었다. 〈이코노미스트〉 1호에 의하면, 협동경제조합은 250가족으로 구성될 예정이었으나, 실제로 조합에 참여한 것은 무디 일가를 포함하여 22가족에 불과했다.

오언의 생각에 따라 조합을 구상하고 운영했다고는 하지만, 무디와 오언에게는 결정적인 의견 대립이 있었다. 오언의 협동촌이 사유재산을 부정하는 것을 기본원리로 삼았다면, 무디가 생각한 공동체는 사유재산의 권리와 개인 소유의 축적을 인정했다. 이런 견해차가 훗날 두 사람이 갈라서는 요인이 되었다.

협동경제조합이 지닌 역사적 의의는, 협동조합운동의 두 가지 발전 형태를 통일한 최초의 조합이었고 로치데일 공정선구자조합이 탄생하기까지 오언주의 협동조합운동의 기본 방향을 제시하는 역할을 담당했다는 점이다. 하지만 아직 맹아적인 단계에 머물러 1822년에 소멸해 버렸다.

협동경제조합의 교훈을 토대로 협동조합운동에 통일적인 모습을 제시한 시도가 곧이어 나타났다. 바로 런던협동조합이었다.

런던협동조합(London Co-operative, 1824~1834)

1824년 겨울에 설립된 런던협동조합은 두 가지 목표를 가지고 있었다. 첫째는 선전이나 토론, 출판을 통하여 오언이 제안한 새로운 사회의 건설에 대해 널리 알리고, 둘째는 런던 근교에 공동체를 건설하는 것이었다.

런던협동조합은 첫 목적을 달성하기 위하여 1826년 1월 기관지 〈협동조합 잡지The London Co-operative Magazine and Monthly Herald, 1826-1830〉를 발행하였다. 이 잡지는 초기 몇 호에서 뉴하모니나 오비스톤 공동체 등 공동체 실험에 많은 지면을 할애하였다. 런던협동조합은 런던 50마일 인근에 직접 공동체를 건설할 계획을 세우고, 오언의 지원을 기대하면서 1826년 4천 파운드의 기금을 모았다. 그러나 목표였던 5만 파운드에는 훨씬 미치지 못했을 뿐만 아니라 계획도 좀처럼 추진되지 못했다.

1826년 7월에는 '협동조합 공동체 기금 협회The Co-operative Community Fund Association'가 만들어졌다. 이 협회는 런던협동조합에 참여하고 있던 몇몇 조합원이 소규모의 협동조합 공동체를 건설하기 위한 기금을 모으기 위하여 협력해서 결성한 조직이었다. 협회는 기금 500파운드가 모이면 토지를 빌려서 농작물을 재배하고 건물을 건축하기 위하여 노동자를 고용하기로 하였다. 회원들은 25파운드를 출자하여 토지와 건물을 마련하고, 제조업과 농업을 결합하여 안락하고 번영된 공동체를 건설한다는 것을 목표로 하였다. 즉, 대규모가 아니라 소규모의 공동체를 건설한다는 방침을 세우고 있었다.

원래 계획했던 5만 파운드 규모의 공동체 건설은 노동자 운동으로서는 성립하기 어려울 뿐만 아니라 그들의 운동 범위를 벗어나는 것이었다. 소규모의 공동체는 적당한 시기가 오면 쉽게 결합하여 대규모 공동체를 형성할 수 있기 때문에 노동자의 능력에 맞는 일에서부터 운동을 시작해야 한다고 판단했던 것이다.

윌리엄 톰프슨을 비롯한 많은 지도자들이 소규모 공동체 건설부터 시작한다는 방침에 찬성했지만, 처음부터 대규모 공동체 건설을 목표로 하던 오언과 심하게 대립했다. 하지만 무엇보다도 소규모의 공동체 건설 방침이 중요한 의미를 갖는 것은 공동체 건설 기금을 노동자 스스로 조달하려는 의사표현이었다는 점이다.

그러면 조합원들은 어떻게 공동체 건설 기금을 조달하고 축적하려 했던 것일까. 1827년 초 협회 내부에 보조기금이 설립되었다. 이 보조기금은 공동체 건설 기금에 대한 지원을 목적으로 회원의 거래에서 생기는 이윤을 축적하는 기관이었다. 여기에서 '거래'란 점포 경영을 의미한다. 점포 경영은 회원에게 별 다른 비용 없이 이윤을 획득하게 하고, 그 이윤으로 공공의 목적을 달성할 수 있게 만든다. 거래의 폭을 넓히기 위해서는 상당한 자본이 필요하다. 이 자본은 상품 판매에서 얻어진 이윤으로 충당한다.

협동조합 공동체의 건설 기금을 스스로 조달하기 위하여 조합 내부에서 점포 경영을 하고, 점포 거래에서 얻은 이윤으로 기금을 모으는 계획은 가장 쉽게 생각할 수 있는 구상이었다. 왜냐하면 그 기금은 당사자에게는 추가 비용이 들지 않는 것이기 때문이다. 작은 소비조합의 개설은 실제로 노동자들이 쉽게 접근할 수 있었고, 우애조합이나 노동조합과 마찬가지로 쉽게 동화될 수 있었다.

이렇게 런던협동조합의 보조기금은 공동체 건설을 실현 가능한 것으로 만든 선구적 역할을 담당했다. 물론 런던협동조합을 모범으로 삼아 수많은 소비조합이 협동촌의 이상을 꿈꾸며 생겨나지만, 실제 협동촌의 꿈을 실현한 곳은 없었다. 그렇지만 오언주의 협동조합운동은 이런 과정을 거치면서 점차 현실에 적응해 갔다.

즉, 런던협동조합은 대규모 공동체 건설이라는 오언의 방법으로는 기금 조달이 불가능하다는 것을 깨닫고, 소규모 공동체 건설로 운동의 방침을 변경하여 점포 경영을 통해 기금을 축적하는 운동을 처음으로 전개하였다. 런던협동조합 내부에는 보조기금 이외에도 공동교환조합The United Exchange Society을 설치하는 등 노동자 조합원 스스로 공동체 건설 기금을 마련하려는 갖가지 노력이 이루어졌다. 비록 조합은 1834년을 끝으로 문을 닫았지만, 런던협동조합의 시도 이후 오언주의 협동조합운동은 1830년을 전후로 수많은 소비조합을 탄생시켰다. 이들 오언주의 협동조합운동은 공통적으로 협동조합 공동체

협동조합의 오래된 미래, 선구자들

의 건설이라는 목적을 달성하기 위한 수단으로 소규모 점포 경영을 도입하는 특성을 갖고 있었다.

협동조합 의회

협동경제조합과 런던협동조합은 오언의 사상을 바탕으로 협동조합 공동체를 실현하여 노동자를 빈곤에서 해방하려는 시도였다. 이 두 조합 운동은 오언주의 협동조합운동의 토대를 마련하여 1820년대 후반부터 30년대 전반에 걸쳐 오언주의 협동조합운동이 영국 전역으로 파급되는 데 결정적인 역할을 하였다.

오언주의 협동조합운동은 역사적으로 두 가지 의미를 지닌다. 하나는 오언주의를 중심으로 영국 전역에 산발적으로 일어나던 협동조합운동을 최초로 통일된 흐름으로 엮었다는 점이고, 또 하나는 여기서 생겨난 몇 가지 경험이 로치데일 공정선구자협동조합을 탄생시킨 기반이 되었다는 점이다.

오언주의 협동조합운동은 구체적으로 어떤 모습으로 전개되었던 것일까. 오언주의 협동조합들이 대거 참여했던 협동조합 의회The Co-operative Congress의 전개과정을 통해 살펴보자.

협동조합 의회는 1831년 5월 제1회에서 1835년 4월 제8회까지 여덟 차례 영국협동조합 지식보급협회 주최로 열렸다. 하지만 5회 이후에는 노동조합운동이 주축을 이루었을 뿐만 아니라 그 세력도 미미한 것이었기 때문에 이 글에서는 4회까지의 의회 내용을 검토하여 오언주의 협동조합운동의 전개 과정을 살펴본다. 오언주의를 표방한 소비조합의 방향과 전개 과정을 살펴볼 수 있는 것은 4회 의회까지였다.

■ 제1회 의회 1831년 5월 26일~27일, 맨체스터

65개 조합 대표가 모인 제1회 의회에서는 협동조합 공동체의 건설이라는 궁극 목표를 달성하기 위하여 도매조합(잉글랜드 북서부 연합협동회사)을 리버풀에 설치하여 협동조합 간의 거래를 촉진하고, 그것을 통해 얻어지는 이익을 공동체 건설 기금으로 확보한다는 방침을 결정하였다. 앞에서 살펴본 런던협동조합의 경험을 그대로 반영한 것이었다. 대회 폐회사에서 다음과 같은 구절을 볼 수 있다.

"상호 협동에 의한 공동체의 유일한 밑거름은 '거래기금조합^{Trading Fund Association}'이라는 사실을 끊임없이 상기하자. 그것은 목적을 위한 수단이다. 우리는 항상 그 목적을 마음속에 담아두어야 한다. 협동조합은 노동자를 임금이라는 작은 부분이 아니라 노동의 전 생산물을 향유하는 지위에 서게 하려는 운동이다. 그것은 공동체의 건설을 통해서만 실현할 수 있다."

■ 제2회 의회 1831년 10월 4일~6일, 버밍햄

제2회 의회에서는 1회 때와 마찬가지로 연합협동회사에 대하여 논

의하여 이 회사의 목적을 추진하기 위한 결의가 이루어졌다. 또한 협동조합에 대한 지식을 보급하기 위한 방법을 논의하는 과정에서 오언과 윌리엄 톰프슨 사이에 협동조합 공동체 건설 방법에 대한 논쟁이 일어났다.

대회 의장의 한 사람이었고 오언주의자이며 런던협동조합의 이론적 지도자였던 윌리엄 톰프슨William Thompson, 1775-1833이 제안한 협동조합운동 보급 방법의 통일에 대한 제안이 발단이 된 이 논쟁은 오언의 대규모 공동체 건설과 톰프슨의 소규모 공동체 건설 방침이 충돌한 것이었다. 톰프슨은 노동자들이 실현 가능한 방법이 무엇인가 분명히 해 둘 필요가 있다고 문제를 제기했던 것이다.

협동조합운동의 보급 방법에 대한 톰프슨의 제안이 가진 의도는 위의 쟁점에만 있지는 않았다. 넓게는 협동조합의 의미에 대한 통일, 좁게는 오언주의 협동조합운동의 고양을 위하여 제각각이던 규약을 통일할 필요가 있다는 문제제기였다. 이 두 가지 문제는 이 대회에서는 유보되고 다음 제3회 의회에서 결론을 보게 된다.

■ 제3회 의회 1832년 4월 23일~30일, 런던

공동체 건설을 둘러싼 오언과 톰프슨의 논쟁은 결국 소규모 공동체 건설에서 운동이 출발해야 한다고 주장한 톰프슨의 견해가 우위를 차지하게 되었다. 또한 이 대회에서는 협동조합운동의 보급 문제와 관련하여 정치적, 종교적 입장이 결의되었고 논쟁의 결론을 도출하는 데 이르렀다.

협동조합의 세계는 어떤 종교나 당파에 속한 사람들이라도 포함하기 때문에 협동조합인은 정치, 종교 또는 신념의 자유를 갖는다는 결론을 도출해냈다. 이 결론은 기독교를 강렬하게 거부하고 있었던 오언에 대한 비판이었다.

또한 이 의회에서는 오언주의 협동조합운동을 통한 점포 경영의 의미를 재확인하는 '협동조합에 관한 규칙들'을 결의하는데, 이것은 영국 협동조합운동사에서 주목할 만한 내용을 포함하고 있다.

'협동조합에 관한 규칙들'은 다음과 같은 전문으로 시작된다.

"그레이트 브리튼 및 아일랜드의 협동조합 대표로 구성된 이 의회는 현재 및 장래의 모든 협동조합에 대하여 조합을 구성하는 유일한 기초로서 아래의 기본적 규정 및 규약을 채택할 것을 권고한다."

제시한 일곱 항목의 규칙은 다음과 같다.

1. 협동조합의 궁극적인 목적은 '토지공동체Community of Land'이다.

2. 자본이 충분히 모아질 때까지 화폐나 노동을 통하여 매주 1페니 이상 출자한다.

3. 더 많은 자본을 축적하기 위하여 소매점을 경영한다.

4. 조합원 상호간의 고용을 장려하고, 학교 도서관·독서실을 설립한다.

5. 협동조합을 통해 축적된 자본은 나눌 수 없는 것이므로 이윤의

배당을 인정하지 않는다.

6. 현금거래를 원칙으로 한다. 신용이 무너지는 것은 협동조합운동이 무너지는 최대의 원인이고, 협동조합운동 전반의 정체를 가져오게 된다. 실업자나 병자들은 별도의 방법으로 구제한다.

7. 복수 협동조합의 가입을 엄금한다.

의회는 위의 일곱 가지 항목에 걸친 '협동조합에 관한 규칙들'을 채택하고 이를 지키는 조합만이 오언주의 협동조합운동에 참가할 자격을 갖는다고 선언하였다. 이 일곱 가지 항목을 통하여 우리는 오언주의 협동조합운동의 특징을 다음과 같이 정리할 수 있다.

1. 오언주의 협동조합운동은 협동조합 공동체의 건설을 궁극적인 목적으로 한다.

2. 이를 위해서 복수 조합의 조합원이 되는 것을 금지하고, 매주 1페니 이상을 출자하여 일정한 기금을 형성한다.

3. 출자금뿐만 아니라 그 이상의 자금을 축적하기 위해 소매점을 경영한다. 이 점포는 신용이 무너지지 않도록 현금 거래를 엄수하여 협동조합의 붕괴를 방지한다. 점포 경영을 통해 획득된 이윤은 협동조합 공동체 건설 기금으로 축적된 것이기 때문에 분할할 수 없고, 따라서 배당하지 않는다.

4. 이 운동 과정에서 실현된 직접적인 이익은 조합원의 고용과 아

동 교육, 그리고 성인들에게 지식을 보급하는 데 사용한다.

협동조합 의회는 이런 의미를 지닌 '협동조합에 관한 규칙들'을 만장일치로 채택하고, 점포 경영을 포함한 각 협동조합의 규약도 통일하려고 하였다. 사실 규칙 가운데 1~6의 항목은 윌리엄 킹이 이미 〈협동조합인The Co-operator, 1828-1830〉에서 강조한 내용이었다.

■ 제4회 의회 1832년 10월 1일~6일, 리버풀
4회 의회에서 특기할 만한 사항은 브라이튼의 윌리엄 킹에 대한 감사의 결의였다. 협동조합 의회에서 한 사람의 협동조합인에 대하여 감사의 결의를 했다는 사실만으로도 윌리엄 킹이 오언주의 협동조합 운동에 얼마나 큰 영향을 미쳤는가를 짐작할 수 있다.
이 의회의 의장인 하스트와 서기인 페어는 킹이 발행했던 〈협동조합인〉을 재발간하도록 킹에게 간청하였다. 하스트는 "이 잡지가 세상에서 잊혀진다면 협동조합에는 영원한 불명예로 남을 것이다"라고 평가하면서 킹에게 재발간을 요청했다. 의회가 잡지의 저자였던 킹에 대하여 감사의 결의를 하였던 것이다. 이 감사의 결의는 킹에게 전달되었지만, 이미 협동조합운동에서 손을 뗀 그는 의회 초빙과 〈협동조합인〉의 재발간 요청을 모두 거절하는 편지를 하스트에게 보냈다.

협동조합의 오래된 미래, 선구자들

윌리엄 톰프슨의 공동체 사상

톰프슨의 생애와 활동

        런던협동조합의 이론적 지도자로 1830년대 전후 오언주의 협동조합운동을 이끈 윌리엄 톰프슨^{William Thompson,} 은 아일랜드 코크 시에서 부유한 상인의 아들로 태어났다. 톰프슨의 가계는 찰스 1세 이래로 대지주의 집안이었는데, 아버지는 코크 시장, 주 장관을 역임하였다. 톰프슨은 부유한 아버지로부터 상속을 받아 37세 때 140에이커의 땅과 여러 척의 상선을 소유할 정도로 부유하였다.

    그는 아일랜드 소작인의 생활 개선이나 교육제도 개혁에 힘썼고 평생 독자적인 이론 영역을 구축한 연구자로 활동하였다. 그의 사상을 집약한 〈부의 분배 원리에 대한 연구^{An Inquiry into the principle of}

Distribution of Wealth, 1824〉는 어떤 모임에서 "가난한 사람들은 부자들 덕분에 먹고 살 수 있으므로 감사해야 한다"는 이야기를 듣고 그에 대해 반론하기 위해 쓴 책이었다.

이 책을 집필하는 중에 오언주의를 접하게 되고, 연구를 완성하기 위해 잉글랜드로 건너가 벤담의 집에 기숙하였다. 〈부의 분배 원리에 대한 연구〉가 소생산자 중심주의와 오언주의를 동시에 담고 있는 것은 책을 쓰는 도중에 오언의 영향을 받았기 때문이었다. 벤담의 공리주의가 이론적 바탕이 되었던 것도 벤담과의 교분 때문이었다. 또한 그는 〈여성의 항의Appeal of One Half Race, Woman against the Pritensions of Other Half, Man, 1825〉라는 뛰어난 여성해방론 책을 쓰기도 했는데, 이는 불행한 결혼생활을 하고 있던 빌라 부인과의 친분으로 인한 것이었다.

톰프슨은 오언주의 협동조합운동의 지도자가 되어 런던협동조합에 관여하였고 협동조합 의회에 참석하여 오언의 독선적인 노선과는 대조적으로 노동자들을 배려하는 민주적 지도자로 존경을 받았다. 고향인 코크 시에 런던협동조합을 모델로 한 코크 공동체를 만드는 데도 힘썼다. 유산을 오언주의 운동에 쓰도록 유언했는데, 유족들이 반대하여 재판까지 치르고도 유언을 이루지 못한 일화도 세상에 널리 알려져 있다.

사회사상, 경제이론

톰프슨의 사회사상과 경제이론은 〈부의 분배 원리에 관한 연구〉에 잘 나타나 있다. 이 책에서 톰프슨은 벤담이 주장한 '최대 다수의 최대 행복'이라는 공리주의를 기본 원리로 도입하여 인간의 노동과 그 생산물을 가장 현명하고 건전하게 분배할 수 있는 모순 없는 제도를 찾기 위해 노력하였다. 이 때문에 그의 사회사상은 과학이라기보다는 도덕적이었고 목적의식적인 논리로 가득 차 있었다.

톰프슨이 목적하고 있던 바는 노동자 계급의 빈곤과 도덕적 타락에 종지부를 찍는 것이었다. 그는 자본가와 노동자가 대립하는 자본주의 사회는 자본가의 노동자에 대한 수탈이란 모순을 안고 있다고 지적하였다. 그러므로 최대 다수의 최대 행복은 공정한 분배를 통해서만 달성 가능하다는 것이었다. "노동을 통해 생산된 재화를 완벽하고 평등하게 분배하는 것은 실현 불가능하지만, 만약 실현 가능하다 해도 자본주의 제도 아래에서는 어려울 것이다. 재화를 완벽하고 평등하게 분배하는 것이 어렵더라도 가능한 한 평등에 근접하도록 하고, 가능한 한 최대의 생산과 일치시켜야 할 것"이라고 주장하고, 이 분배의 자연법칙이 이루어지기 위해서는 다음 세 가지 조건이 충족되어야 한다고 말한다.

1. 모든 노동은 자유롭고 자발적이어야 한다.

톰프슨은 인간의 자유로운 경제활동을 강조하였다. 즉, 일체의 인위적인 제한이나 강제를 배제한다. 독점이나 보조금 제도, 보호 제도, 도제 제도, 동업조합도 자유로운 경제활동의 기초인 자유로운 노동을 침해해서는 안 된다.

2. 모든 노동생산물은 생산자가 전유專有해야 한다.

이 주장은 리카르도의 투하노동가치설에 입각한 '전노동수익권全勞動收益權, The Right to the Whole Produce of Labour"'을 표현한 것이었다. 생산자인 노동자가 노동생산물을 전부 사용할 수 있도록 보장함으로써 최대의 생산을 자극할 수 있다는 것이었다. 즉, 톰프슨은 전노동수익권이란 주장을 통해 자본에 의한 노동자의 수탈을 비판하였다. 그는 전노동수익권은 사유재산, 사적 노동, 사적 소유의 권리 보장을 통해 비로소 실현될 수 있다고 주장한다. 톰프슨의 사상은 상품 생산의 소유 법칙을 절대시하고, 대신 그 결과로서의 자본주의적 소유 법칙을 부정하는 소생산자 중심 사상의 산물이었다. 즉, 그는 자본주의가 등장하면서 몰락하고 있던 소생산자들의 이해를 상당한 정도로 대변하고 있었던 것이다.

3. 모든 생산물의 교환은 자유롭고 자발적이어야 한다.

---

* 전노동수익권: 노동생산물은 생산에 투여된 노동의 성과이기 때문에 생산을 담당한 노동자가 모두 소유할 권리가 있다는 이론. 리카르도의 노동가치설에 근거하여 생겨났고, 마르크스의 이론 형성에도 중요한 역할을 하였다.

이것은 교환을 통해 여분의 부를 평균화하여 쌍방의 만족을 증가시킨다는 주장이다. 톰프슨은 전노동수익권을 보장하고 모든 사람에게 자발적 교환이 가능한 평등한 상태가 주어져야 한다고 주장했다.

상호협동의 사회

개인 경쟁을 기반으로 하는 자본주의는 전노동수익권을 보장하지 않고 계급 대립을 조장한다. 톰프슨은 자본주의는 소수가 다수의 생산 대중을 수탈하는 제도라고 비판한다. 그는 전노동수익권이 보장되고 평등한 분배가 이룩되기 위해서는 개인 보장의 제도인 자유경쟁 단계를 벗어나 사회적 보장 제도인 부의 자발적 평등 제도가 마련되어야 한다고 주장하였다.

실제 사적 소유에 기초한 전노동수익권은 현실 사회 비판의 강력한 무기였고, 분배의 자연법칙을 설명하는 데 충분한 사상적 기초가 될 수 있었다. 개인적인 경쟁 사회는 이기주의와 개별적 가족제도로 여성의 생산력을 마비시키고 성적 불평등을 가져오며 개인을 구속하여 교육과 진보를 방해하는 한계를 지닌다.

톰프슨은 여기서 벗어날 수 있는 사회, 즉 전노동수익권이 보장되고 자발적으로 평등한 분배가 이루어지는 사회를 오언의 협동조합 공동체에서 찾았다. 생산과 소비의 상호 협동을 통해 자본가와 노동자의 대립은 해소되고 사회적 안전장치가 마련될 수 있는 가능성을 본 것이었다.

"평등이란 표면적 이익 면에서는 사회적 안전(협동을 통해 전노동 수익권을 보장해 주는 안전을 가리킴)과 개인적 안전(경쟁)이라는 두 가지 제도가 일치한다. 그러나 개인적 안전 제도는 재생산을 보장하기 위하여 평등을 제한해야 하지만, 사회적 안전 제도는 평등한 분배를 하는 데 아무런 제한을 하지 않아도 된다."

즉, '사회적 안전'이란 상호협동의 사회, 협동노동과 공동소비가 제도화된 사회를 말한다. 모든 성원이 생산적 노동자이면서 동시에 지주가 됨으로써 자본가와 노동자의 대립 관계가 해소되는 것이다.

톰프슨은 사회적 안전을 보장하는 상호협동을 통해 얻을 수 있는 이익을 다음과 같이 주장한다. 즉, "불로소득을 없앨 수 있으며 실업의 낭비를 방지하고, 도소매의 중간이윤을 배제할 수 있다. 또한 노동조건, 생활조건을 개선할 수 있으며, 개인적인 대립을 해소하고 남녀평등을 이룩할 수 있다."

공동체의 구상

톰프슨은 이런 이익을 얻을 수 있는 상호협동 사회의 기본원칙, 공동체 구상의 윤곽을 다음과 같이 13항목으로 표현한다.

1. 구성원 수 300~2000명. 과학과 기술을 이용하고 자발적으로

결합한 공동노동을 통해 구성원 전체가 소비하기 위해서 생산한다. 공급과 수요는 늘 상응한다.

2. 경작할 토지의 면적은 구성원들이 건강하고 쾌적한 생활을 유지하는 데 충분한 1인당 0.5~1.5에이커로 하고, 잉여가 생길 경우 그것을 제조업에 투자할지 농업에 투자할지는 자연생산물, 시장, 기술, 재정적 수단 등 여러 가지 상황을 보고 결정한다.

3. 구성원은 주택 건설, 농업, 그 밖에 필요한 자재와 기계의 구입을 위하여 1인당 약 40파운드, 한 가족당 그 4배의 기금을 출자한다. 더 나아가 능력이 있다면 1인당 40파운드씩 더 출자하여 주택용지, 농업용지 및 공업용지를 구입한다.

4. 조합이 토지를 구입할 만큼 돈이 없으면 토지를 빌린다. 또한 주택이나 건물을 지을 수 없고 자재를 구입할 수 없다면 필요한 금액을 차입한다. 토지나 건물은 노동의 성과와 함께 땅 임대보증금과 차입금의 담보가 된다. 이자와 차입금도 매년 공동체의 생산물에서 지불한다. 노동에 참가하지 않고 이익의 배당만을 받고 싶어 하는 건축기금의 출자자는 매년 일정액(40파운드)을 지불하고 '노동하지 않는 구성원'이 된다. 건축기금의 출자자인 노동하지 않는 구성원과 노동하는 구성원은 별개 위원회를 조직한다.

5. 각 개인은 공동으로 저축한 데서 옷과 먹을 것을 지급받는다. 아이와 청년은 성별, 연령별로 공동기숙사에 기거하고, 독신자에게는 방 1개, 기혼자에게는 방 2개를 준다.

6. 구성원들은, 더 생산적으로 건전하고 쾌적하게 노동하기 위하여 농업과 제조업에 교대로 종사한다. 그것을 통해 그들은 유용한 기술을 전부 보존하고, 지식과 기술을 서로 전수받는다.

7. 아동교육과 취사를 공동으로 하여 여성들이 육아와 가사노동에서 해방되고, 노동생산물을 더 증대시키는 노동에 참가할 수 있도록 한다.

8. 아동은 모두 가장 훌륭한 교육을 받을 수 있도록 한다. 비용은 공동체가 부담한다.

9. 사상과 종교의 자유를 보장한다.

10. 공동체의 통치는 남녀를 불문하고 전 구성원에게 고유한 권리이다. 선거나 구성원이 승인하는 다른 방법으로 선출된 위원회를 두어 통치 계획을 공동체에 제시한다.

11. 모든 과학과 기술은 전체 이익을 위해 사용한다.

12. 공동체 내부의 조정수단을 통해 구성원 사이의 상호 오해를 해결한다.

13. 모든 구성원은 탈퇴의 자유를 갖는다. 탈퇴한 구성원은 그때까지 보유하고 있었던 공동체 재산에 대한 권리를 갖는다. 결원이 생길 경우, 신규 가입을 허용한다.

오언과 톰프슨의 공동체 구상

위의 원칙에는 1820년대 중후반에 시
도되었던 공동체의 모습이 그대로 드러나 있었다. 톰프슨이 구상하
던 공동체는 오언이 〈라나크 주에 대한 보고〉에서 생각했던 공동체
구상과 구성원 수, 농업과 제조업의 교대 근무, 아동교육이란 측면에
서 상당히 유사한 점을 가지고 있었다. 그렇지만 제2회 협동조합 의
회에서 드러났듯이, 오언과 톰프슨의 공동체 구상은 몇 가지 면에서
근본적인 차이를 나타냈다.

첫째는 자금 확보 면에서 나타나는 차이였다. 즉, 오언은 공동체
를 만드는 데 필요한 출자금을 기업가나 지도층에 의존하고자 하였
다. 그가 꿈꾸던 것은 대규모의 공동체였다. 이것은 오언이 자본주
의의 계급 대립에 대한 명확한 인식이 없었다는 증거이기도 했다. 이
에 반하여 톰프슨은, 우선 노동자들의 처지에 맞게 출자금을 모으고
그것이 어려울 때는 외부에서 차입한다는 원칙을 세우고 있었다. 따
라서 그가 구상했던 것은 현실적으로 실현 가능한 소규모 공동체일
수밖에 없었다.

둘째는 공동체에 대한 통치 문제였다. 오언은, 뉴하모니의 실험
에서도 나타났듯이, 여전히 자신의 기득권을 주장하면서 일부 사람
들에게만 공동체 통치의 권리를 부여하였다. 그는 뉴하모니의 실패
도 사람들이 자신의 의견을 따르지 않았기 때문이라고 생각할 정도
로 독단적인 성격이 강했다. 이런 태도는 그의 기업가다운 면모이기

도 했다. 이에 반해서 톰프슨은 노동자들이 직접 통치에 나서야 한다고 주장했다. 즉, 직접 선거나 기타 방법을 통해 위원회를 구성하고, 위원회는 공동체 구성원들에게 통치의 방향을 늘 알려야 할 의무가 있었다.

셋째는 부수적인 문제이기는 하지만, 오언은 기독교에 대하여 상당히 비판적이었던 데 반하여 톰프슨은 종교 및 사상의 자유를 주장하였다.

마지막으로 특히 톰프슨에게 주목해야 할 것은 강력한 여성해방의 사상을 갖고 있었다는 점이다. 여성들이 개별적인 가정이라는 제도, 즉 가사노동과 육아에 묶여 생산적인 노동에 참여할 수 없다고 주장하면서 공동체와 여성해방을 연계해서 이 문제를 해결하려고 하였다. 즉, 협동조합 공동체를 건설하여 공동육아, 공동취사를 통해 여성들을 가사노동과 육아에서 해방시키고 생산적 노동에 참여할 수 있도록 해야 한다는 선구적인 주장을 하였다.

로치데일의 성공과 실패

윌리엄 킹의 협동조합 사상

영국 협동조합운동의 아버지 홀리요크

로치데일 선구자와 찰스 하워스

기독교 사회주의운동과 베아트리스 웹

윌리엄 킹의
협동조합 사상

생애와 활동

　　윌리엄 킹William King, 1786-1865은 1786년 4월 요크셔 이
프스위치의 그라머 학교 교장 선생님이던 존 킹의 아들로 태어났다.
웨스트민스트 고등학교를 나와 처음에는 캠브리지 대학에서 문학사
학위를 취득하고 교회 목사가 되려고 했지만, 결국에는 의학도의 길
을 걸었다. 런던에서 성 바소로뮤 병원에 다니며 의학을 연구하고,
파리에 유학한 뒤인 1819년 캠브리지에서 의학 박사학위를 취득하
였다. 1820년 왕립의학 대학 강사가 되고 이듬해에는 브라이튼 근교
의 목사의 딸 매리 호커와 결혼하여 그곳으로 이주하여 의사로서 사
회활동을 시작했다.

　　결혼하던 해부터 그는 브라이튼의 빈민구제운동에 적극적으로 나

서 빈민의 의사로 이름을 떨치고, 당시 형무소 개혁운동에 참여하던 플라이E. Fly 여사에게 협력하여 브라이튼 지구 협회를 설립하는 등 각종 사회운동에 관여하기 시작하였다. 이 과정에서 뉴라나크 시절 오언의 동료였던 윌리엄 알렌을 알게 되어 오언의 사상을 접하게 되었다.

킹은 플라이 여사가 만든 브라이튼 경제조합의 설립을 도왔고, 당시 노동자 교육과 협동조합운동을 가르치는 근거지가 되었던 공업학교Mechanics Institution가 1825년 브라이튼에 설립되는 데 협력하였다. 여기서 수학과 자연철학 강습회 등을 열면서 차츰 협동조합 교육에도 나서게 되었다.

협동조합을 보급하고 협동조합 공동체를 건설하기 위해 1827년에는 소액의 출자금을 모으는 브라이튼 우애기금조합과 협동거래조합Co-operative Trading Association에 제자들을 참여시키고 자신도 적극적으로 활동했다. 협동거래조합은 브라이튼에 설립된 최초의 소비조합으로 소매가격으로 물품을 판매하고 거기서 나오는 이윤을 각자 앞으로 매주 1실링씩 적립하여 5파운드 분담금을 마련하여 최종적으로 조합 전체가 100파운드의 자금을 모으는 것을 목표로 하였다. 1년 후 조합의 판매고는 38파운드에 이르렀다.

1828년 5월에 킹은 월간 잡지 〈협동조합인The Co-operator〉을 발행하고, 노동자들에게 협동조합 사상을 보급하는 데 적극 나섰다. 그때까지 협동조합에 대한 계몽은 오언이나 톰프슨, 그밖에 런던협동조합의 활동가들을 통해 이루어졌는데 당시 노동자들에게는 굉장히 어려운 내용이었다. 하지만 〈협동조합인〉은 누구나 쉽게 접할 수 있는 쉬운 문체로 협동조합을 노동자들에게 친숙하게 만들었던 뛰어난 잡지였다. 잡지가 처음 나올 때 오언주의 협동조합의 수는 4개에 불과했는데, 이듬해까지 300여 조합이 설립된 사실을 보았을 때도 이 잡지의 영향력이 얼마나 컸는지 짐작할 수 있다.

〈협동조합인〉은 1830년 8월 제28호를 끝으로 폐간되었다. 킹은 폐간 이유를 다음과 같이 썼다. "이제 잡지를 마감해야 할 때가 왔다. 잡지를 창간한 목적은 이미 달성되었다. 협동조합의 원리는 노동자들에게 널리 보급되었고, 그들이 이해할 수 있게 되었다. 협동조합의 원리가 실천되는 한 우리는 성공을 확신한다. 이 성공을 위해 현재 300개가 넘는 조합들이 움직이고 있다. 이 조합들이 새롭고 거대한 실험을 시도하고, 그 결과가 협동조합의 가능성을 우리에게 보여줄 것이다."

킹은 〈협동조합인〉이 임무를 다했다고 말했다. 그러나 킹이 이 잡지를 폐간한 이유는 다른 곳에 있었다. 1830년 4월 영국협동조합지식보급협회 라베트 등이 킹을 맹렬히 비난한 것이었다. 킹의 협동조합 원리는 조합원으로부터 조합의 자본과 업무에 대한 관리권을 모두 빼앗는 것이라는 비판이었다.

이 비판은 킹을 낙담하게 하여 그를 협동조합운동의 제1선에서 물러나게 만들었다. 이후 그는 브라이튼에서 사회 활동과 의료에 전념

협동조합의 오래된 미래, 선구자들

하면서 1842년에는 왕립 시섹스 병원 의사가 되었고, 브라이튼 의사회 설립에도 힘을 쏟았다.

킹이 협동조합운동에 참여한 기간은 짧았지만, 그 영향은 대단했다. 특히 앞에서도 살펴본 바와 같이 오언주의 협동조합운동은 그의 사상을 기반으로 전개되었다고 해도 지나치지 않다.

협동조합 사상

윌리엄 킹이 〈협동조합인〉에 피력한 협동조합 사상을 살펴봄으로써 로치데일 공정선구자조합이 탄생하기 전까지 영국을 휩쓴 오언주의 협동조합운동의 실상을 살펴보자.

킹은 〈협동조합인〉 제6호 협동조합의 원리와 규칙에 대한 글에 협동조합의 목적과 그것을 달성하는 방법을 다음과 같이 제시하였다.

■ 협동조합의 목적
1. 빈곤에 대한 조합원 상호 간의 보호
2. 필요한 생활물자의 더 많은 확보
3. 공동 자본을 통한 독립의 달성

■ 목적 달성의 방법
1. 공동자본을 마련하기 위하여 매주 6펜스 이상 출자한다.

2. 통상 이루어지고 있는 방법과는 다른 방법으로 출자금을 쓴다. 즉, 저축은행에 투자하는 것이 아니라 거래에 사용한다.

3. 출자금이 충분히 확보되면, 조합(원)을 대상으로 하는 제조업에 사용한다.

4. 더 많은 자본이 축적되면, 그것으로 토지를 구입하고 공동생활을 하는 데 쓴다.

여기서 알 수 있는 것처럼, 킹은 협동조합 공동체의 건설을 제창하였다. 그는 〈협동조합인〉 1호에서 "자본이 충분히 축적되면 조합은 토지를 구입하고, 조합원들이 거기서 생활하면서 그 토지를 경작하고, 조합원들이 원하는 물품을 생산한다. 이렇게 하여 조합은 의식주 모든 면에서 조합원들의 요구를 만족시킬 수 있다. 이때 비로소 조합을 '공동체Community'라고 부를 수 있다"고 밝혔다. 그는 협동조합의 목적은 원래 협동조합 공동체 건설을 통해 실현된다고 생각했던 것이다.

조합의 목적을 달성할 수 있는 방법은 협동조합 공동체를 실현해 나가는 단계를 나타내는 것이었다. 이것은 조합이 어떻게 협동조합 공동체를 만들 공동자본을 모을 수 있는가라는 점에 초점을 맞췄다.

1단계, 2단계에서 알 수 있는 것처럼, 조합원들은 매주 출자를 통해 가장 기본적인 기금을 형성해야 한다. 기금이 충분히 커지면 공동점포를 두고 여러 가지 생활필수품을 구입하여 모든 조합원들에게 현금으로 판매한다. 그리고 취급하는 물품의 수와 양을 확대해 간다. 이렇게 조합은 이윤을 발생시키고 자금을 축적해 가는 것이다. 즉, 조합은 공동자본을 형성하는 두 가지 원천을 가지게 된다. 매주 내는 출자금과 판매되는 물품에서 나오는 이윤이다.

여기서 킹은 조합의 당면 목적을 경영 개선을 통하여 달성해야 한다는 것을 강조하였다. 즉, 대량 공동구입 방식의 정착, 조직적인 소비 수요의 파악, 그리고 자본 회전의 합리화가 경영을 성공시킬 수 있는 기틀이 된다고 하면서 현금 거래와 질 좋은 상품의 구매, 공급을 예로 들었다. 또한 사업의 확대를 위해서는 조합원의 출자금, 재화의 구입, 가격, 매상고를 정확하게 기록하는 부기, 즉 회계 제도가 도입되어야 한다고 주장하였다. 이런 방법을 통해 킹은 2단계의 공동점포, 정확히 표현하면 소비협동조합이 성공할 수 있는 기틀을 마련했다. 사실 오언주의 협동조합운동은 소비협동조합의 전개를 기반으로 한 것이라고 볼 수 있다. 하지만 그는 소비협동조합 단계에 머물러 있지 않았다.

3단계에서 킹은 생산조합의 출발을 구상하였다. 출자금으로 모아진 자본이 적기 때문에 초기에는 공동점포가 조합원이 필요로 하는 모든 생활물자를 공급할 수 없으나 점차 조합의 자본이 늘어나면 모든 생활물자를 공급하게 되고, 이윽고 점포가 필요로 하는 이상으로 자본이 늘 것이다. 이때가 되면 조합은 조합원들을 우선 고용하고 고용된 사람들에게는 통상 임금을 지불하며, 여기서 생긴 이윤은 공동자본에 적립한다. 자본이 더욱 증가하면 조합원이나 일반 사람들이 소비하는 물품을 점차 제조한다는 것이었다.

생산조합을 거쳐 4단계에 이르러 "자본이 더욱 늘어나면 점차 모든 조합원을 고용한다. 조합원들은 가장 유리한 일을 맡는다. 그리하여 조합원들은 빈곤에서 영원히 해방될 것이다"하면서, 킹은 협동조합 공동체를 건설하게 되리라고 낙관하였다.

킹은 단계별 계획을 마련하여 노동자들에게 협동조합의 목적을 달성할 수 있는 확실한 길을 제시했다. 실제로 오언주의 협동조합운동에 참여했던 조합들은 킹이 제시한 전망을 추종하면서 조합을 설립하고 전개했다.

킹의 경제이론

협동조합운동에 대한 킹의 전망을 뒷받침하고 있던 것은 그의 경제이론이었다. 킹의 경제이론은 톰프슨 등 다른 협동조합운동의 이론가들과 마찬가지로 노동한 사람에게 노동으로 생산된 전체 재화가 돌아가야 한다는 '전노동수익권'이라는 개념을 기초로 전개되었다. 그는 자본을 부정하지 않고 불가피한 요소로 생각했다. 단지 누가 자본을 소유하고 있는가가 문제라고 여겼다.

자본과 노동이 분리되어 자본가와 노동자가 대립하는 사회에서는 노동자는 자신을 위해서가 아니라 남을 위해 노동해야 한다. 결국 자본가가 노동자를 지배할 수밖에 없는 것이다. 노동자들이 자신을 위해 일할 수는 없을까. 자본과 노동을 결합할 수 있으면 가장 좋은데, 당시 사회 상황은, 자본과 노동의 결합이 실은 자본과 노동의 분리를 전제로 한 것이었다. 그래서 필요한 것이, 킹의 표현을 빌리면, 노동과 자본이 분리되지 않는 모습, 즉 노동과 자본의 자연적 동맹 관계를 확립하는 것이었다.

킹은 자연적 동맹의 실현 방법을 이렇게 표현했다. "노동자가 고립되어서 활동하는 한, 그들은 자신을 위하여 일할 수 없다. 그들에게는 자본이 없기 때문이다. 하지만 많은 노동자들이 협동조합에 참가한다면 쉽게 자본을 만들어낼 수 있을 것이다." 즉, 킹은 자본주의적인 노동과 자본의 관계를 협동조합적인 노동과 자본의 관계로 바꾸어 놓음으로써 전노동수익권을 실현할 수 있고, 이를 통해 노동자들은 빈곤에서 구제되고 협동조합 공동체를 이룰 수 있다고 생각했다.

이런 경제이론을 바탕으로 한 킹의 협동조합 사상은 소비조합론과 생산조합론을 통해 살펴볼 수 있다.

소비조합론

〈협동조합인〉 제1호에서 킹은 다음과 같이 말하였다.

"우리들 대부분은 매주 얼마 안 되는 출자금을 모아서 매우 큰 자본을 적립하는 우애조합에 속해 있다. 그리고 저축은행에 얼마씩 저축하고 있다. 그렇기 때문에 우리들의 생각은 실현 가능하다. 우리들은 매주 출자금을 내어 기금을 만들어야 한다. 그 기금이 충분해지면 여러 가지 상품을 구입하여 공동점포를 열고, 모든 조합원들이 거기서 공통된 필수품을 구매하도록 한다. 점포에서 나오는 이윤은 더 필요한 상품을 구비하기 위한 공동자본을 형성할 것이다. 이렇게 함으로써 우리는 축적의 두 가지 원천을 갖게 될 것이다. 매주 내는 출자금과 판매되는 물품 이윤이다."

이 이야기는 킹의 협동조합론에서 가장 기초가 되는 뼈대이다. 출자금 축적 – 공동구입, 점포 경영 – 이윤의 축적, 공동자본의 형성 – 점포 경영의 확대 – 더 큰 이윤의 실현, 축적된 공동자본의 증가 – 생산조합 – 협동조합 공동체라는 과정을 거치는 킹의 협동조합론에서 볼 때, 킹이 말하는 소비조합은 생산조합, 궁극적으로는 협동조합 공동체 건설을 위한 공동자본 형성의 수단이라고 할 수 있다. 특히 이 과정은 제3회 협동조합 의회에서 결의된 '협동조합에 관한 규칙들'에 그대로 반영되었다.

여기에서 주목할 점이 있다. 협동조합 공동체 건설을 내걸고 출발한 로치데일 공정선구자협동조합은 금전적 이익을 실현하기 위해 이용고 배당을 조합의 중요한 운영 원칙의 하나로 정하고 있는데, 이점은 점포 운영을 통해 나오는 모든 이윤을 공동자본으로 한다는 킹의 생각이나 제3회 협동조합 의회에서 결의된 '협동조합에 관한 규칙들'과 전혀 다른 생각이었다. 로치데일 공정선구자협동조합이 오언주의를 내걸고 있었지만, 사실은 오언주의 협동조합운동에서 벗어나 있었다. 그렇지만 킹은 소비조합, 즉 점포 경영을 공동자본 형성의 주된 수단으로 여겼다.

킹은 〈협동조합인〉 최종호에서 점포 경영에 대하여 다음과 같이 말하였다.

"협동조합인은 교육의 개선 없이 궁극적인 목적을 이룰 수 없는 것처럼 경영의 개선 없이는 당면한 목적을 달성할 수 없다. 궁극의 목적이 자신의 자본으로 자신을 위해 일하는 것처럼, 당면 목적은 자금을 저축은행보다도 좋은 조건으로 조합원을 위한 일을 마련하는 데 쓰는 것이다. 이 목적을 위하여 거래를 하기로 한 것이고, 거기서 나오는 이윤은 구매의 질과 양을 결정하는 경영에 크게 좌우된다. 대량의 공동구입은 유리하고, 쉬고 있는 자본이 많으면 손실이다. 모든 거래의 비밀은 빠른 회전에 있다."

킹이 당면한 목적으로 생각했던 공동자본은 경영 개선을 통해 형성할 수 있다. 앞에서 말한 바와 같이 킹이 대량 공동구입, 소비 수요의 파악, 자금 회전의 합리화 등 점포 경영의 합리화, 현금 거래의 원칙, 회계제도의 정착을 통해 소비조합의 발전을 강조한 것은 당면 목적의 달성 없이는 궁극적인 목적이 달성될 수 없다는 생각 때문이었다. 즉, 전체 협동조합운동의 발전은 소비조합의 성공이라는 당면한

목적을 토대로 추진될 수 있는 것이다. 이런 그의 사상이 그대로 제3
회 협동조합 의회의 '협동조합에 관한 규칙들'에 반영되었던 것이다.

생산조합론

　　　킹이 협동조합 공동체를 실현하는 과정의 3단계에 생산조
합을 설정한 데에는 두 가지 이유가 있었다. 첫째는 생산조합이 공
동자본 형성의 한 방법으로 협동조합 공동체의 기초이고, 둘째는 생
산조합이야말로 그가 생각하고 있던 전노동수익권을 실현할 수 있는
조직이었기 때문이다.

　킹은 협동조합에서는 노동과 자본이 통일되고, 노동자가 자본을
소유하게 되면 거기서 생기는 이윤은 단순한 잉여가 되고, 이것을 통
해 공동자본을 축적할 수 있다고 생각했다. 자본의 소유자인 노동자
는 노동의 가치 전부를 전유專有하게 된다. 한 노동자가 비록 통상적
인 임금밖에 받을 수 없더라도 그로서는 노동의 가치 전부를 실현한
것이므로 전노동수익권이 실현된 것이라고 할 수 있다. 바꾸어 말하
면 협동조합에서는 이윤과 임금이 대립하지 않기 때문에 협동조합 공
동체를 형성한 이후 임금을 점차 늘려 나가면 전노동수익권의 이상에
근접할 수 있으리라고 킹은 생각했다.

　만약 협동조합이 공동자본의 축적만을 우선시하여 임금을 통상적
인 상태로만 억제한다면 전노동수익권의 이상은 이루어질 수 없는 것

　　　　　　　　협동조합의 오래된 미래, 선구자들

은 아닐까. 킹은 이 점을 고려하지 않았다. 그는 이윤도 임금도 협동조합이 소유하는 자본의 두 가지 구성요소일 뿐이고, 협동조합의 공동자본은 조합원 모두에게 속하는 것이라고 생각했을 것이다.

"협동조합의 조합원은 노동의 생산물 일부분만이 아니라, 생산물 전체를 소유한다." 킹은 이렇게 주장하면서 협동조합 공동체 건설을 전망했다. 하지만 그는 운동의 궁극적인 목적인 협동조합 공동체에 대해서는 구체적으로 언급하지 않았다. 왜냐하면 이미 생산협동조합만으로도 그가 생각하던 자본과 노동을 통일하고, 노동자의 전노동수익권을 실현할 수 있었기 때문이다. 킹에게 협동조합 공동체의 건설이란 단지 궁극적인 목적이었을 뿐이고, 당면한 목적인 소비조합이나 생산조합이 현실적으로는 더 큰 의미를 지니고 있었다.

윌리엄 킹과 로버트 오언

윌리엄 킹은 영국에 현실의 협동조합운동을 정착시킨 사람이었다. 1844년 로치데일 공정선구자조합이 토드레인에 최초의 가게를 열었다. 이 가게로 인하여 오언의 정신이 부활하고, 협동조합운동은 전 세계로 확산될 수 있었다. 이처럼 영국 협동조합운동은 오언주의를 표방하고 오언주의자들에 의해 추진되었지만, 현실적으로는 오언보다도 킹에 의존하였고 로치데일 공정선구자조합의 운영 방침도 킹의 사상에 근거한 것이었다.

킹이 지도했던 협동조합은 오언처럼 협동사회 건설의 기초조직으로서의 협동조합이라기보다는 영국 시민사회의 발전에 적응한 극히 현실적이고 소시민적인 협동조합이었다. 원래 캠브리지 대학 출신의 의사였던 킹은 브라이튼에서 '빈곤한 사람들을 위하여 일하는 의사'로 불리면서 서민과 친숙해지는 과정에서 오언의 사상이나 협동조합 사상을 접하였다. 그 이후 의사 일을 하면서도 한편에서는 협동조합의 보급과 선전에 노력하면서 일생을 보냈다.

그는 뉴하모니에서의 오언의 실패를 거울삼아 현실성 있는 협동조합을 제창하였다. 1827년 자금 적립을 통해 브라이튼 협동촌을 건설하려는 사람을 돕고 협동의 사상을 보급하는 것을 목적으로 하는 우애기금조합과 교역을 통해 얻어지는 이익으로 협동촌을 건설하려는 협동거래조합을 설립하였다.

킹이 1828년 창간한 〈협동조합인〉을 접한 많은 사람들이 소비조합을 설립했고, 마침내 로치데일 공정선구자조합도 탄생하였다. 로치데일 선구자 중 한 사람인 제임스 스미시스도 이 잡지의 애독자였다. 실제로 킹의 사상은 로치데일 조합에 상당한 정도로 적용되었다.

킹은 노동자의 비참한 상태는 전적으로 사회 경제 제도 탓이며 현 제도를 대신하는 새로운 이상적인 사회가 건설되어야 한다는 오언의 생각에 전적으로 동의하였다. 하지만 오언이 노동자들의 자립과 자조를 통해서가 아니라 정부나 자선가들의 협동촌 건설 자금에 의지했던 데 반하여, 킹은 노동자들 스스로 현재의 환경을 극복해야 한다고 믿었다. 또한 오언이 기성 종교나 가족제도에 비판적이었던 데 반하여, 킹은 협동의 정신을 기독교의 복음 속에서 찾고 가족을 협동촌의 기초로 생각했다.

킹은 노동자들 자신이 적은 금액이라도 매주 적립하여 자금을 조성하고, 이 자금을 가지고 점포를 개설할 것을 제창하였다. 이 점포에서는 일체 외상거래를 허용하지 않으며, 이익금도 조합원에게 분배하지 않고 공동의 자금으로 귀속한다. 이렇게 늘어나는 자금을 가지고 점포에서 취급하는 품목을 늘리고, 더 나아가서는 조합원을 고용하여 조합에서 취급하는 물품을 생산한다. 이렇게 생산 활동의 폭을 확대하면 조합원 모두가 조합에 고용되어 조합은 결국 오언이 그리던 것과 같은 이상적인 자급자족의 공동체를 건설할 수 있다고 믿었다. 이 공동체를 지탱하는 윤리는 그리스도의 이웃 사랑의 정신이고, 협동이 성공할 수 있는 길은 노동자들의 자발적인 행동을 유발하는 끊임없는 교육이라고 생각했다.

〈협동조합인〉을 통해 발표된 킹의 협동 사상은 영국에 소비자협동조합을 촉진하였다. 앞에서 이야기한 대로 오언은 협동촌은 점포를 만들 수 있지만, 점포는 협동촌을 만들 수 없다며 이들 소비자협동조합에 냉담하였다. 그럼에도 불구하고 조합 점포 설립은 급속하게 확대되었다. 1828년에 네 개에 불과하던 것이 1830년이 되면 수백여 개로 늘어났다.

하지만 이 점포들도 1830년대 중반이 되면서 모두 문을 닫고 말았다. 조합이 정치운동에 이용되고 법인격을 갖추지 못하여 각종 부정이 난무하였다. 또한 외상 판매로 조합 운영이 불가능해졌다.

소비자협동조합운동에 불을 지른 킹의 사상은 오언의 사상에 현실성을 부여하여 로치데일로 이르게 하는 징검다리 역할을 하였다. 킹은 오언과 같은 눈부신 사회 사상가도 아니고, 또한 오언만큼 파란에 찬 생애를 보내지도 않았다. 그러나 지극히 평범하고 소시민적이었던 그가 영국 소비조합운동의 보급자로서 담당한 역할은 엄청났다.

영국 협동조합운동의 아버지
홀리요크

오언의 뉴라나크 공장, 뉴하모니의 공동체 실험이 산업혁명으로 왜곡된 인

간과 사회 관계에 새로운 빛을 밝혀주고 있었지만, 1815년부터 1848년에 이

르는 영국의 사회 상황은 여전히 어둡고 침침하기만 하였다.

1819년 곡물의 자유거래를 주장하는 노동자와 이에 반대하는 농민들의 충

돌로 많은 희생자가 발생했다. 1824년에는 당시 반복되던 만성적인 공황 중

가장 참혹한 공황이 일어나 노동자들이 일자리를 잃고 방황하고, 1831년에

는 콜레라가 빈민과 노동자를 급습했다. 1832년에는 일부 개혁법안이 의회

에서 승인되었으나 대중들의 비참과 빈곤, 기아는 별로 나아지지 않았다. 감

옥에는 폭도와 용의자로 가득 찼고, 사람들은 공장에서 쫓겨나 배고픔에 허

덕이며 거리를 유랑하고 있었다.

이 무렵 영국은 마치 혁명 전야와 같은 상황에 있었다. 1837년 버밍햄 정치 개혁연맹이 부활하였고, 영국은 가는 곳마다 비밀결사가 생겨 비참과 빈곤과 기아를 물리치려는 각종 개혁의 시도들이 나타났다. 곡물법 철폐운동, 선거법 개정운동, 노동시간 단축운동, 차티스트운동*, 그리고 각종 노동조합, 협동조합운동 등 사회를 개혁하려는 움직임들이 얽히고설키며 여러 갈래로 진행되고 있었다. 곡물법 철폐운동은 지주, 농장주를 보호하기 위해 외국의 싼 곡물 수입을 금지, 제한하는 곡물법을 철폐하려는 움직임이었다. 노동자의 입장에서 곡물가격 인하는 임금 인상과 같은 효과를 볼 수 있었다. 노동시간 단축운동은, 오언의 노력에서도 살펴보았던 것처럼, 아이들의 노동 금지, 하루 노동시간 제한을 목표로 하였다. 선거법 개정운동은 일부 특수계층

---

* 차티스트운동(Chartism): 영국 최초의 노동자 계급에 의한 전국적 규모의 정치사회개혁운동으로 런던노동자협회를 중심으로 작성된 인민헌장(People's Charter, 1838년 공표)의 실현을 요구하는 데서 명칭이 붙여졌다. 인민헌장은 유명한 6항목과 보조적이지만 중요한 소항목으로 구성되어 있다. 주항목은 1. 인구조사에 따른 선거구의 개정, 2. 21세 이상 남자의 보통선거권, 3. 매년 의원 선거 실시, 4. 의원의 재산 자격 철폐와 입후보자의 공시, 5. 매년 의회 개최와 의원에 대한 보수 지급 등이었다. 이 헌장은 오랜 역사를 가진 의회개혁운동의 집대성이라고 할 수 있었는데, 1832년 의회 개혁으로 배신당한 노동자 계급이 스스로 권리를 획득하려고 일으킨 운동이었다. 처음에는 런던의 직인들이 중심이었는데, 오코너와 오브라엔 등의 지도로 공장 노동자를 결집하여 실력 행사도 마다하지 않는 격렬한 운동으로 발전하였다. 1839년, 1842년, 1848년 세 차례 대청원운동을 일으키지만 탄압을 받고 급속하게 쇠퇴하고 말았다. 말기에는 마르크스주의의 영향을 받아 기관지 〈붉은 공산주의자〉에 공산당선언을 영역하여 싣기도 하였다.

에만 한정되어 있던 선거권을 더 많은 노동자에게 넓히려는 운동이었고, 오언의 추종자들이 이끌었던 차티스트운동은 1836년 런던노동자협회가 만든 〈인민헌장〉을 현실에서 실현하려고 했던 실천운동이었다. 그밖에도 각종 합법, 비합법의 노동조합운동도 전개되고 있었다.

한편 오언과 윌리엄 킹의 영향으로 협동조합 점포 개설 운동도 1830년을 전후로 폭넓게 진행되었다.

사회운동가로 출발

영국 협동조합의 아버지라고 불리는 홀리요크^{George} $^{Jacob\ Holyoake,\ 1817-1906}$가 태어나고 자라던 시절, 영국의 사회적 상황은 위와 같았다. 홀리요크는 배운 것 없는 철공소 기사인 아버지와 독실한 기독교신자인 어머니 사이에서 태어났다. 어린 시절 그의 집안은 당시 일반 노동자 가정만큼 빈곤하지는 않았다. 그렇다고 그가 넉넉하게 배울 수 있던 것도 아니었다. 9세 무렵부터 아버지를 따라 공장에 다니며 주조와 기계 가공일을 도왔고, 그 일을 하면서 노동자들의 비참한 처지를 눈으로 보고 확인할 수 있었다. 그가 현실에 입각하여 협동조합운동을 관념이 아니라 실천운동으로 생각하게 된 것은 그가 자란 이런 환경 때문이었다.

그는 다른 아이들보다 공부에 대한 재능이 있어 교회 주일학교에 열심히 다녔고, 종교서적도 탐독했다. 홀리요크의 고향인 버밍햄은 당시 정치운동의 중심지였고, 1832년 개혁법을 요구하는 운동의 중심지였다. 1832년 15세이던 홀리요크는 이미 버밍햄 정치연맹에 가입하고 정치운동에 뛰어들었다. 사실 이 시절 운동들은 앞에서 말한 것처럼 서로 복잡한 연관 속에 있었고, 한 사람이 여러 운동에 관련을 갖기도 하였다.

홀리요크는 17세 때 지인의 추천으로 버밍햄 정치학교에 들어가 뛰어난 성적을 올린다. 이 학교를 졸업하여 수학교사가 되고 22세 때인 1839년 결혼한다. 젊은 홀리요크는 열의에 찬 학생, 노동자, 정치활동가, 또한 노동운동의 투사가 되어가고 있었다. '기아의 40년대'라고 부르는 1840년대 영국의 처참한 상황은 그를 더 굳건한 운동가로 단련시켰다.

1836년 홀리요크는 로버트 오언의 강연을 듣고 열렬한 오언주의자가 되었다. 합법, 비합법의 노동조합, 차티스트운동, 곡물법 반대운동 등 각기 다양한 운동 가운데에서도 협동촌의 건설과 교육 중시, 종교 비판을 강력하게 주장하던 오언에게 쉽게 공감할 수 있었다. 그후 홀리요크는 1838년 처음으로 사회주의와 협동조합에 관한 강연을 한다. 다른 오언주의자와 홀리요크가 달랐던 점은 여전히 버밍햄 정치연맹의 일원이었고, 심지어 비합법조직에도 참여하고 있었다는 것이었다. 하지만 그는 폭력에 대해서만은 유독 반대하여 과격한 폭동에는 일체 참여하지 않았다. 그 많은 운동 중에서도 그가 협동조합운동에 가장 공감하고 실천에 나설 수 있었던 것은 이런 요인 때문이라고 할 수 있다.

1835년 이후 12년 동안 오언을 중심으로 14차례 '사회주의자 대회'가 열렸는데, 제3회 대회에서는 '사회주의 선교회'를 각 지역에 설치하여 오언의 사상을 확산시키기로 결정했다. 홀리요크는 1840년 버밍햄 지역의 사회주의 선교회에서 파견한 '사회적 선교사'가 되어 각 지역을 돌며 강연하고, 오언주의를 보급하는 데 앞장섰다. 겨우 23세의 청년이었지만 태도도 이야기도 세련되었을 뿐만 아니라 목소리도 굵게 다듬어져 사람들을 매혹시키는 화술로 많은 명언을 남겼다.

1842년에는 '구빈법과 해외 이민을 대신할 협동촌 건설'이라는 강연을 통해 종교를 모독했다는 죄로 옥고를 치를 만큼 당시 기득권자들의 미움을 받기도 하였다. 어머니가 헌금을 마련하기 위해 일하러 나간 사이 동생을 잃은 어릴 적 경험은 1851년 그로 하여금 '종교, 교육 분리론자 협회'를 만들어 교육과 종교 분리론을 주장하게 할 만큼 종교에 대하여 비판적인 시각을 갖게 만들었다. 이 종교와 교육 분리론은, 종교는 개인적인 신앙의 문제니까 이것을 뒷받침하는 교회는 국시國事나 정치에 관여해서는 안 된다는 내용으로 당시 기독교 국가였던 영국사회에서는 엄청난 파문을 일으킬 만한 주장이었다.

로치데일 선구자들 곁에서

1843년 홀리요크가 여행하고 강연을 하던 지역 중에 랭커셔의 로치데일이 있었다. 플란넬* 제조공장이 발달한 곳이었다. 플란넬 제조 산업은 당시 다른 산업과 마찬가지로 장기간 불황에 고민하고 있었다. 노동자의 급료는 하루 1실링까지 떨어져 누구나 반 기아 상태에 처해 있었다. 노동조합의 파업은 오랜 기간에 걸쳐 줄기차게 일어났다. 차티즘과 오언류의 사회주의도 번성하였다.

1830년 오언주의자들은 협동조직으로 이루어진 플란넬 공장을 시작했지만, 이것은 당시 다른 모험적인 시도와 마찬가지로 실패로 끝나 버렸다. 홀리요크의 강연을 들으러 온 사람들은 실의에 빠진 소수의 열성적인 오언주의자뿐이었다. 오언주의 협동조합운동은 추락의 날만 기다리고 있었다. 실제로 1845년 퀸우드 협동촌의 실패와 함께 오언주의 협동조합운동은 막을 내리고 말았다.

1841년 이후 홀리요크는 다른 오언주의자들과 약간 다른 견해를 갖고 있었다. "사회주의는 사람들로 하여금 요원한 지점을 바라보게 하는 망원경과 같은 것이지만, 협동조합운동은 적진을 향해 한 걸음 한 걸음 침략해 가는 평화의 세력이다" 하면서, 그는 파업에 실패하여 실의에 빠진 로치데일의 노동자들에게 우선 협동조합 점포 개설을 호소한다.

---

* 비교적 짧은 양모로 짠 실을 엮어 만든 부드러운 직물

특히 그는 로치데일 선구자의 한 사람인 스미시스의 집에 머물면서 로치데일 공정 선구자들의 작고 허약한 운동을 출발부터 진심으로 환영하고 끊임없이 그들을 격려하였다. 다른 오언주의자들은 협동조합운동에 충분한 평가를 내리고 있지 않았지만, 그는 혼자 이 운동을 따뜻하게 옹호했다. 그가 기고하던 각종 신문에 그들의 활동을 소개하여 세간으로부터 인정받도록 함으로써 영국사회에 로치데일식 협동조합운동을 싹트게 하였다. 로치데일 공정선구자협동조합의 성공은 이용고 배당이라는 원칙을 통해 협동조합 점포가 현실에 적응하고 발전할 수 있게 한 기초를 제공하였으나, 오언주의 협동조합운동의 이상이었던 새로운 사회의 실현과 협동조합 공동체를 물거품으로 만든 사건이었다.

홀리요크는 나중에 소비자협동조합운동의 전형이 된 로치데일 노동자들과의 만남, 로치데일 공정선구자협동조합의 발자취를 상세히 기록하여 후세에 남겼다. 사실 이 〈로치데일의 선구자들History of the Rochdale Pioneers〉을 쓴 사실 하나만으로도 그가 세계 협동조합운동에 미친 영향은 대단했다.

"나는 협동운동이 탄생했던 그날부터 알고 있었다. 나는 요람 곁에 서 있었다. 누구 한 사람도 제대로 자랄 것이라고 생각하지 않던 어린 시절, 나는 잡지나 신문, 기관지를 통해 그것을 지켜왔다. 나는 두 눈으로 그것이 강건하게 자립할 수 있는 어른으로 성장하는 것을 느끼고 있었다."

협동조합의 오래된 미래, 선구자들

생산조합, 소비조합 논쟁

원래 오언의 사상은 생산자 입장에서 사회를 개혁하는 것이었지만, 로치데일 공정선구자조합은 오언 류의 협동사회를 목적으로 하면서도 당면한 관심은 소비자 입장에서 사회를 개혁하는 것이었다. 로치데일의 현실적인 실천이 당면 목표에 머물게 됨으로써 그 미묘한 차이는 나중에 엄청난 결과를 가져온다.

나중에 영국 도매협동조합연합회C.W.S.의 회장으로 큰 공적을 남긴 존 미첼을 중심으로 한 일군의 사람들은 특히 강하게 소비자의 입장을 고수하여 오언주의자들과 대립하였다. 그들은 단순히 소비자의 입장을 내세우는 것만이 아니라 협동조합 이상주의 또는 협동조합 사회주의를 완전히 저버렸기 때문에 현실파로 불렸다. 이에 반하여 기독교 사회주의자들이 주축을 이루고 있었던 이상파 사람들은 생산 활동 또는 생산협동조합적인 관점을 내세웠다. 현실파와 이상파는 협동조합운동의 전개와 전망에 대하여 서로 한 치의 양보도 하지 않았다. '이윤 분배 논쟁'이라 불리는 이 논쟁에 대해서는 뒤에서 자세히 살펴보기로 하겠다.

특히 협동조합 활동 가운데 생기는 잉여금의 분배에 대하여 현실파는 소비자 조합원에게만 분배되어야 한다고 하고, 이상파는 소비자뿐만 아니라 협동조합에서 일하는 노동자에게도 분배해야 한다고 주장했다. 홀리요크는 순수파였던 이상파를 옹호하였다. 그렇지만 그의 주장은 결코 일방적이지 않았다. 홀리요크는 협동조합 생산공장과 점포 양자 모두를 공정하게 배려했다.

협동조합운동을 영국에서 유럽으로

홀리요크는 1844년부디 〈운동〉,
〈지도자〉, 〈논설인〉, 〈국가개혁자〉 등 잡지 발간에 참여하면서 정치
개혁과 협동조합운동에 대한 각종 논설을 써서 세상에 자신의 견해를
널리 알렸다. 그의 활동은 영국 내에 로치데일 류의 협동조합을 확산
시키고, 유럽 전역에도 보급하는 데 결정적인 역할을 하였다.

홀리요크는 영국 협동조합중앙회 설립을 강력하게 주장하였고, 중
앙회가 설립되자 최초의 대의원 중에 한 사람이 되었으며, 1892년 국
제협동조합연맹 설립에도 중추적인 역할을 하였다. 그는 협동조합운
동의 최고 논객이었다. 그는 국제적인 시야를 갖고 이탈리아의 통일
운동에도 관심을 가져 높은 평가를 받았으며 유럽에서 열린 각종 협
동조합 회의에도 대표로 참석하였다.

만년의 홀리요크는 서재의 창으로 아름다운 바다가 보이는 브라이
튼의 자택에서 협동조합에 관한 저술활동에 힘을 기울였다. 영국의
협동조합운동을 지켜온 홀리요크를 기념하기 위해 1911년 영국 협
동조합중앙회는 새로 건축된 본부회관에 홀리요크 하우스라는 이름
을 붙였다. 오늘도 그 자리에서 여전히 그는 영국 협동조합운동의 발
자취를 지켜보고 있을 것이다.

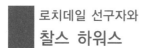

로치데일 선구자와
찰스 하워스

로치데일은 영국의 공업도시로 유명한 맨체스터의 북북동 18킬로 지점에 있

는 작은 마을이다. 당시 영국 산업의 중심지였던 랭커셔 지방 가운데 인구가

가장 많은(2만 5천 명 가량) 마을로 직물공업과 기계 제조업, 석탄산업도 상

당히 발달한 곳이었다.

로치데일 사람들의 생활과 우애협동조합

맨체스터는 산업혁명의 중심 도시였다. 로치데일도 산업혁명의 영향을 가장 직접적으로 받은 도시의 하나로 이 지역은 영국 사회개혁운동의 온상이라고 일컬어질 정도로 공업이 발달한 만큼 노동자들의 투쟁도 거세었던 곳이다.

하지만 로치데일의 노동자들도 산업혁명 와중의 어느 노동자들과 마찬가지로 비참한 상태에서 어둡고 괴로운 생활을 하고 있었다. 수입은 적고 노동시간은 길고 어두컴컴한 집에 살면서 실업의 불안에 떨고 있었다. 현재는 물론이고 미래에 대해서도 희망을 가질 수 없었고, 갖가지 악덕이 그들의 생활을 좀먹고 있었다.

로치데일에서도 파업이 자주 일어났다. 1808년에는 대규모 파업이 일어나 군대까지 동원되었고, 1829년에도 역시 파업으로 주동자가 종신형에 처해졌다. 사회개혁운동의 온상이라는 이름에 걸맞게 처참한 상황을 개혁하려는 로치데일 노동자들의 여러 가지 노력은 쉴새없이 일어났다. 대규모 파업이 일어난 다음 해인 1830년 영국의 다른 지역에서도 활발하게 전개되고 있던 오언주의 협동조합운동을 본받은 로치데일 우애협동조합이 60여 명의 플란넬 직공에 의해 설립된다. 60명의 직공 중에는 로치데일 선구자인 찰스 하워스, 제임스 스탠드링, 존 아스프댕 등도 끼어 있었다.

그들은 조합이 설립된 지 2년여 간 협동 사상을 공유하고 의견을 나누면서 매주 자금을 적립하였다. 또한 제2회 및 제3회 협동조합 의회에 대표를 파견하였고 도서관도 개설하였다. 1833년에는 적립된 자금을 가지고 점포를 열어 경제활동을 시작하였다. 하지만 그 점포도 다른 오언주의 협동조합운동 점포들과 비슷하게 2년 정도 지속되다 외상 판매로 인해 문을 닫고 말았다.

직공들의 시도

로치데일 우애협동조합 점포가 실패로 끝나고 조합은 소멸되었지만, 오언이나 킹의 사상을 본받아 사회개혁을 시도하려는 사람들의 활동은 계속되었다. 이 활동의 중심인물들은 오언주의자였다. 특히 사회주의 선교회 로치데일 지부를 중심으로 하는 오언주의자들의 활동은 다른 어느 지역보다도 활발하였다.

사실 1844년 파업의 실패로 생활이 어려워진 플란넬 직물공들이 로치데일 공정선구자협동조합을 자조적으로 조직했다고는 하지만, 파업은 하나의 계기에 불과했고 우애협동조합과 오언주의자들이 쌓아온 토론과 학습, 그리고 활기차고 끈질긴 활동이 없었다면 조합의 성공을 장담할 수 없었을 것이다.

또 하나의 경험이 로치데일 선구자들에게 뜻깊은 교훈으로 다가왔다.

1840년 로치데일의 오언주의자 일곱 명은 퀸우드 협동촌을 건설하는 데 모두 76파운드라는 거금을 기부하였다. 하지만 실험은 실패하고 말았다. 이 실패는 로치데일의 오언주의자들에게 큰 이상보다 실현 가능한 방향의 운동으로 눈을 돌리는 데 결정적인 역할을 하였다. 즉, 그들은 점포 건설을 계획하면서, 과거 점포운동이 왜 실패했는가 검토하고 점포 경영을 성공하기 위한 방법을 강구하였다. 그런 과정에서 그들이 관심을 갖게 된 것이 킹의 협동조합 사상과 방법론이었다. 그들은 킹의 〈협동조합인〉을 교재로 사용하였다.

1843년 세밑이 다가오자 로치데일의 주 산업인 플란넬 제조업에 호황이 찾아왔다. 노동자들 가운데 가장 임금이 낮았던 직물공들은 이 호기를 맞아 임금 인상을 요구하기로 했다. 노동자들은, 여유가 생기면 고용주들이 자신들의 요구를 들어줄 것이라고 생각했다. 그런데 대부분의 고용주들은 다른 고용주가 그렇게 한다면 임금을 올려주겠다면서 직접 대답하는 것을 회피하였다.

<표1> 영국의 한 농업노동자 가정의 가계부(일주일, 1787년)

	내 역	실링	펜스	비율(%)
지	밀가루(7과 1/2 갤런)	6	3	69.9
	이스트와 소금		4	3.7
	베이컨(1파운드)		8	7.5
	홍차(1온스) 설탕(3/4파운드)	1		11.2
	버터(1/2파운드)			
	비누(1/4파운드)		2, 1/4	2.1
출	양초(1/3파운드)		3	2.8
	옷의 재료, 실과 천		3	2.8
	(합 계)	8	11, 1/4	100.0
수	남편의 수입	7		
	(년 8개월 임금을 주 단위로 나눈 금액)			
	남편의 수입	1		
	(년 4개월 청부받은 일의 수입을 주 단위로 나눈 금액)			
입	부인의 가사 이외의 일, 풀깎기, 추수 때 일당		6	
	(합 계)	8	6	
	차 액(적자)		5, 1/4	

* 영국의 화폐단위 1파운드 = 20실링, 1실링 = 12펜스

이것을 계기로 플란넬 직공들은 집회를 열고 다음과 같이 결의하였다. '고용주에 대하여 모두 임금 인상을 요구하고, 그것이 받아들여지지 않을 경우에는 다같이 파업을 하거나 직장을 버리기로 한다. 계속 일을 하는 사람들이 돈을 모아 그들의 생활을 지켜준다'는 내용이었다.

그러나 이 결의는 고용주들의 관심을 끌지도 못했을 뿐만 아니라

노동자들에게도 많은 지지를 얻지 못했다. 뒷날 보복을 두려워하거나 동료들에 대한 불신 때문에 단결은 무너졌다. 그들은 강력한 노동조합을 조직하지 않으면 임금 인상에 성공할 수 없다는 사실을 알고는 있었지만, 노동조합을 만들면 고용주에게 불온한 노동자로 낙인찍혀 해고될 것을 두려워하고 있었다.

만약 노동조합을 만들어 임금을 올린다고 해도 현실적으로 생활이 나아질 거라는 보장도 없었다. 집에 아이가 생기거나 병자 또는 작은 사고라도 나면 생활이 금방 어려워진다. 어쩔 수 없이 상인, 즉 고용주에게 머리를 숙이고 돈을 빌리게 된다. 그런 생활의 반복으로 노동자는 극단적인 빈곤 상태에 처해 있었던 것이다. 게다가 많은 노동자들은 상인에게 돈을 빌려 쓰고 있었기 때문에 상품에 흠집이 있어도 항의할 수 없었다. 불순물이 들어가 있다, 양이 부족하다, 가격이 비싸다고 생각해도 다른 곳에 가서 돈을 주고 물건을 살 여력이 없기 때문에, 어쩔 수 없이 그 상점에 부탁하여 물건을 나누어 받는 형편이었다.

이때 직물공들 머리에 떠오른 것이 로치데일에서도 자주 들을 수 있었던 로버트 오언의 생각이었다. 극단적인 상황에 처한 그들에게 남은 최후의 보루는 자신들의 힘뿐이었다. 자조, 단결, 협동이라는 말이 떠올라도 곧 힘없이 사라져 버렸다.

무엇을 위해 단결하면 좋을까. 협동의 힘으로 무엇을 하면 좋을까…. 플란넬 직공, 재봉사, 양모 선별공, 목판인쇄공, 행상, 기관사, 모자 직공, 그들은 머리를 맞대고 진지하게 논의를 계속하였다.

살아가기 위한 논의에서

　　　　　파업에 실패한 직물공들을 중심으로 앞으로 살아가기 위하여 어떻게 하면 좋을지 격렬한 토론이 벌어졌다.

금주주의자禁酒主義者는, 지금 당장 해야 할 일은 절제 없는 음주를 단호하게 끊고 자신들이 번 임금을 모두 가족의 생계를 위해 써야 한다고 주장하였다. 당시 영국은 국가 재정의 1/3을 주세로 충당할 정도였으니 수긍이 가는 이야기였다. 그러나 이것은 직업이 확실하고 임금을 정당하게 받고 있다는 것을 전제로 한 것이었다. 노동자가 바르게 생활하는 데 금주 이외에 다른 방법이 없을 경우에는 유효적절한 해결책이었다. 그러나 불행히도 이런 전제가 지켜지고 있지 않았기 때문에 금주주의자의 주장은 근본적인 해결책은 되지 못했다.

이어 차티스트들은 '인민헌장'의 요구가 실현될 때까지 시위를 계속하는 것이 유일하게 정의로운 일이며 성공할 전망이 있다고 주장하였다. 일단 보통선거권이 획득된다면 민중이 법을 제정할 수 있는 위치에 서기 때문에 어떤 고통의 뿌리도 제거할 수 있다는 주장이었다. 보통선거권 쟁취운동은 모두에게 대단히 필요한 것이기는 하지만, 그들의 주장대로라면, 이 운동이 진행되는 동안에는 다른 모든 운동이 중지되어야 하는 무리한 점이 있었다.

이 주장에 대하여 사회주의자들은 "모든 시민에게 선거권이 주어지고 인민헌장이 실현될 날을 기다린다면 우리에게 구원의 날은 아주 먼 훗날이 될 것"이라는 의견을 내놓았다. 그들은 금주운동이나 차티스트운동을 계속 추진하면서 스스로 생활 상태를 개선하기 위하여 힘을 마련해야 한다고 제안하였다. 그 중에서는 협동운동을 제창한 오언주의자들도 있었다.

토론에 토론을 거듭하면서 그들은 협동운동을 주장하는 사람들의 의견을 따르기로 결정하였다. 제임스 달리, 찰스 하워스, 존 힐, 제임스 스미시스, 존 벤트가 협동운동의 실천을 주장한 사람들이었다. 그 후 그들은 더 집중적인 토론을 거친 뒤 협동조합 식료품 점포를 설립하기로 결정했다.

찰스 하워스의 제안 - 이용고 배당

찰스 하워스Charles Howarth, 1814-1868 는 로치데일에서 태어나 로치데일 공정선구자협동조합을 만든 선구자 중 한 사람으로, 로치데일 공정선구자협동조합 기본규약의 원안과 이용고 배당 원칙을 생각해 내어 근대 협동조합운동의 헌장을 창설하였다. 그는 조합원 동료들에게 법률가라고 불릴 만큼 판단이 정확했고 성실하고 진지한 노력형 인물이었다. 그는 로치데일 조합의 제1회 4분기 총회에서 조합장으로 선임되었으며 도매협동조합연합회 설립에도 적극 참여하여 첫 이사회 임원이 되었고, 보험조합이 창립되었을 때도 이사로 취임했다. 또한 10시간 노동제 관철을 위한 국회 청원 대표가 되어 정치활동에도 관여했다.

오언주의자였던 찰스 하워스는 차티스트와 금주론자 사이에서 타협점을 찾고, 그들과 함께 문제를 풀려고 노력했다. 즉, 소비자라는 공통된 입장에 서서 협동조합 조직을 만들고, 자신들에게 절실하게 필요한 식료품을 공동구입하기 위한 점포를 만들 것을 제안했다.

하워스의 제안에는 두 가지 중요한 내용이 포함되어 있었다. 첫째는 조합원은 많으면 많을수록 좋다는 것이었고, 둘째는 잉여금은 이용고에 따라 분배한다는 내용이었다.

협동조합 점포는 조합원들이 공동으로 관리하고, 거기서 잉여금이 생겼을 때에는 출자에 따라 분배하기로 하였는데, 출자에 따라 분배한다는 것에 반대하는 의견이 있었다. 그래서 잉여금이 생기는 데 기여한 모든 사람들에게 잉여금을 적정하게 비례해서 배분하는 방법을 고안하지 않으면 안 되었다. 이에 하워스는 경비와 출자에 대해 5%를 배당한 후에 남는 잉여금을 이용고에 비례하여 분기마다 조합원에게 배분하는 방법을 생각해냈다.

선구자들은 로치데일 공정선구자협동조합의 가장 큰 특징인 이 제안을 상세히 검토하고 나서 잉여금을 다음과 같은 순서로 처분하기로 결정했다.

1. 관리비
2. 차입금의 이자
3. 재고품의 손실 충당
4. 출자금에 대한 배당
5. 사업 확장을 위한 내부 적립
6. 이상을 공제한 잔액에서 2.5%의 교육기금
7. 그 나머지를 분기마다 이용고에 따라 조합원에게 분배한다.

당시 광부를 대표하여 의논에 참여했던 존 카셔는 만년에 발표한 수기에 이렇게 기록하고 있다. "하워스는 이용고 배당이야말로 노동자 계급이 사회적, 정치적인 처지를 지속적으로 개선할 수 있는 유일한 수단이라고 주장했다. 그가 제시한 계획은 매우 상세하여 많은 사람을 설득할 힘을 갖고 있었다."

하워스의 확신에 찬 설득에 선구자들은 의견을 모았다. 원래 오언주의자들이 꿈꾸던 것은 생산과 분배를 통일한 협동조합을 만들고 그것을 통해 착취가 없는 이상적인 협동사회를 실현하려는 것이었다. 그런데 이용고 배당은 로치데일 공정선구자협동조합을 오언주의 협동조합운동에서 이탈하게 한다는 중요한 의미가 내포되어 있었다. 사실 하워스의 이용고 배당에 대한 제안은 오언주의의 이상을 실현하기 위하여 우선 현실적인 동기를 기초로 한 협동조합을 만들려는 것이었다. 하지만 이것은, 로치데일 공정선구자협동조합이 오언주의의 이상에서 벗어나 자본주의 사회에 정착하는 이유가 되고 말았다.

사실 이용고 배당은 하워스가 창안한 것이 아니었다. 오비스톤 공동체를 만들고 스코틀랜드 협동조합운동의 아버지라고 칭송받는 캠벨이 창안한 것을 하워스가 재평가한 것이었다. 오언은 그의 저술에서 이용고 배당이라는 방법을 협동조합 공동체의 집단적 원리를 방해하는 개인주의적 원리라고 비판하고 있었기 때문에 오언주의 협동조합운동에서는 배제되어 있었다.

협동조합운동의 확산

가난한 노동자와 가족을 위하여 빵이나 생활필수품을 어떻게 하면 더 싸게 구입할 수 있을까 하는 것은 노동자들 모두가 갖고 있던 공통의 관심사였기 때문에 이념이나 입장의 차이를 넘어 많은 사람들을 단결하게 하는 주제였다. 그들은 가난을 극복하기 위하여 협동의 길을 발견했다. 이 점이 로치데일 공정선구자협동조합의 기본 성격이었고, 그 후 발전방향이기도 하였다.

소비조합을 만들자는 방향으로 거의 결정되었을 때 카셔는 하워스를 방문했다. "당신이 말하는 것처럼, 조합원에게 이용고에 따라 잉여금을 배당하는 소비조합운동을 통하여 노동자가 전 영국의 토지나 공장을 지배하는 데까지 어느 정도 시간이 걸릴까요?" 하워스는 잠시 생각하더니 15년이라고 딱 잘라 대답했다.

일개 직물공에 지나지 않던 하워스가 어떻게 계산을 했는지 알 수는 없지만, 그의 가슴 속에는 새로운 운동에 대한 신념과 정열이 타오르고 있었던 것이다. 이 방법과 운동이야말로 자본가들에게 빼앗긴 부당한 이윤을 노동자에게 되돌리고, 노동자들 사이에 그 파장이 확산될 것이라 확신했던 것이다. 하워스의 예언이 실현되지는 않았지만, 소비조합운동의 조용한 혁명은 하워스의 신념과 방법에서 시작되었다고 할 수 있다. 이 운동은 하워스의 모국 영국에만 머물지 않고 전 세계의 소비자들에게로 널리 퍼져갔다.

높은 이상을 지니고 있던 협동의 사상이 지식인의 사색이나 부자들의 자선이 아니라 괴롭고 비참한 노동자의 생활에서 생겨난 것이었다는 사실은 매우 중요한 의미를 지녔다.

28명의 동지

하워스의 제안은 곧바로 소책자로 인쇄되어 로치데일 노동자들 사이에 배포되었다. 노동자들 사이에서는 여러 가지 논의가 일어났다. 언제나 그런 것처럼 새로운 제안에 대한 이러저러한 비난의 소리가 있었지만, 존 카셔 등의 노력을 통해 40명의 찬동자를 모을 수 있었다.

그들은 그날그날 생활에 쫓기는 사람들이었다. 그렇지만 어려움 속에서도 한 사람이 1파운드씩 출자금을 모으기로 했다. 물론 그렇게 여유가 있는 사람은 아무도 없었다. 1년 사이에 40명이었던 동지들이 차츰 떨어져나가 28명이 남았는데, 그들은 매주 2펜스씩, 나중에는 3펜스씩 적립해 갔다. 열성적인 조합원 가운데에는 얼마 안 되는 이 돈을 모으기 위하여 매일 수 마일을 걸어 동지의 집을 방문한 사람도 있었다.

그들을 지탱할 수 있었던 것은 무엇보다도 어둡고 가난한 생활에서 벗어날 수 있다는 간절한 희망이었다. 또한 새로운 사회에 대한 동경이 있었기 때문에 어려운 생활에서도 참을성 있게 기금을 적립하는 노력을 계속할 수 있었다. 냉혹한 현실에 서 있으면서도 현실에 굴복하지 않고 이상을 찾고자 한 점이 로치데일 사람들의 위대함이었다.

1파운드의 자금을 모으는 데 1년이나 걸렸다는 그들의 가난함도 놀라운 것이지만, 매주 조금씩 적립해 나간 그 끈질김이 더욱 놀랍다. 그들은 자신들의 어려운 생활에서 운동의 자금을 어렵게 어렵게 만들어냈던 것이다.

1844년 8월 11일 일요일에 28명의 선구자들은 제1차 총회를 개최하고, 임직원을 선임하였다. 10월에는 조합을 등기하고, 12월에는 점포를 개설하였다.

개점 - 토드레인

1844년 12월 21일 저녁 어스름 28명의 동지가 힘을 모아 만든 점포가 로치데일의 토드레인에 문을 열었다. 그날은 1년 중 가장 밤이 긴 동짓날이었다. 이 사실조차도 상징적인 의미가 있는 것 같았다. 다음 날부터 밤이 짧아지고 밝은 태양이 비추는 낮 시간이 길어진다는 것은, 마치 그 후 협동조합운동의 미래를 예언하는 듯했다.

당시 토드레인은 이름처럼 그다지 좋은 느낌이 있는 거리는 아니었다. 선구자들이 세를 낸 점포는 낡고 빛바랜 벽돌창고였다. 3층 창고의 2층과 3층은 특수학교로 쓰이고 있었기 때문에, 1층 토방에 해당되는 곳만을 3개월분 집세를 미리 내고 겨우 빌릴 수 있었다.

연 10파운드에 이르는 집세를 내고 점포의 개조에도 다소 비용을 지출했기 때문에 상품 구입을 위한 자금은 얼마 남아 있지 않았다. 마련된 상품은 버터 50파운드, 설탕 50파운드, 밀가루 여섯 봉지, 곡물가루 한 봉지, 양초 두 타스 등 다섯 종류였다.

창이 작아 낮에도 어두운 가게는 몹시 추웠기 때문에 아무 장식 없이 손으로 만든 상품 받침대 위에 놓인 상품들도 몹시 초라해 보였다. 로치데일 선구자들에게 많은 조언을 해주었던 홀리요크는 그의 저서 〈로치데일의 선구자들〉에서 점포를 열었을 때의 모습을 다음과 같이 회상한다.

"참을 수 없는 궁지에 몰린 어느 날 밤 – 1844년 1년 중 밤이 가장 긴 12월 21일 밤 선구자들은 일을 시작했다. 이 첫날을 기억하고

협동조합의 오래된 미래, 선구자들

있는 사람은 오늘의 성공과 발전에 견주어 그날의 초라함에 미소짓지 않을 수 없다.

마을 상인들 사이에서 경쟁 상대에 대한 소문이 흘러나오자 호기심에 찬 사람들은 토드레인으로 눈을 돌려 그 출현을 지켜보았다. 그런데 그 상대는 더없이 초라했다. 몇 안 되는 협동조합인들이 스스로 만든 연극의 결론을 보려고 음침한 창고의 한구석에 조용히 모여 점포의 문을 열고 자신들의 허술함을 드러내는 만용을 누가 짊어질까 상의하고 있었다. 어떤 사람은 미안한 일이라고도 했고, 또 어떤 사람은 안에 있는 것을 사람들에게 보이는 것이 싫다고도 했다. 그러나 그들에게는 이미 앞을 향한 전진만이 있을 뿐이었다.

드디어 한 사람이 앞뒤 생각하지 않고 용감하게 문을 열었다. 몇 분 후에 토드레인은 사람들 비웃음으로 가득 찼다.

그 후 두 세대에 걸쳐 사람들이 이 낡은 점포에서 버터나 곡물가루, 또한 고기나 따뜻한 재킷을 사게 되지만, 만약 직물공들의 미래를 내다보는 용기가 없었다면 그들은 결코 배를 채우지도, 몸을 덥힐 수도 없었을 것이다…."

처음에는 조합원이 역할을 분담해서 일했는데, 특히 두 사람은 여유가 있을 때 약간의 보수를 받는다는 조건으로 회계와 공급을 담당했다. 회계를 맡은 조합원은 윌리엄 쿠퍼, 공급은 사무엘 애슈워드가 맡았는데 둘 다 직물공장에서 일하는 노동자였다.

그들은 큰 이익을 올리는 것보다 거래, 유통의 도덕적 개혁을 실현하는 것을 중시했다. 불순물이 들어 있지 않은 품질, 적정한 양, 적절한 보관, 정직한 판매와 구매, 이런 것들이 도덕적으로 그리고 물질적으로 만족을 얻을 수 있는 근거였다. 게다가 이 점은 다른 가게에 비해 가격이 조금 싸다는 것보다 훨씬 더 중요했다. 조합은 조합원이나 이용자의 인격 향상에 기여했고 교육적인 성과를 올릴 수 있었다.

교육 중시의 사상

설립 당시 로치데일 공정선구자협동조합에는 여러 가지 곤란한 문제가 나타났다. 우선 로치데일 상인과의 경쟁이었다. 그들은 자금이 적었기 때문에 상품을 조금밖에 구입하지 않을 수 없었고, 품질 면에서도 가격 면에서도 불리를 감수하지 않을 수 없었다. 조합원 중에는 상인에게 돈을 빌렸기 때문에 조합을 이용할 수 없거나 심지어 이용하려고 하지 않는 사람도 있었다.

28명 동지의 결속은 굳건한 것이었지만, 실제 운영과 관련해서는 의견이 분분했다. 28명의 조합원 모두가 똑같이 열성적이라고는 할 수 없었다. 조합원 가족, 특히 주부 중에는 선구자 조합의 이상 따위에는 전혀 관심이 없는 사람도 있었다. 불평은 거기서 생겨났고 운영이 곤란해진 것도 그런 이유 때문이었다.

모든 조합원이 처음부터 거래방식을 도덕적이고 정직하게 개혁하는 것이 갖는 의미를 이해하고 있지는 않았다. 신뢰를 가진 일부의 조합원만이 가격의 높고 낮음, 품질의 좋고 나쁨을 따지지 않고 조합을 의무적으로 이용했다. 이렇게 열성적으로 이용하던 조합원들이 다른 조합원들도 자신들처럼 열심히 이용하기를 기대하는 것은 당연한 일이었다.

서기로 임명된 젊은 제임스 달리는 "운동을 추진하는 데는 희생정신이 필요하다. 조합에 있는 물건을 이용하지 않는 조합원에게는 무언가 처벌을 해야 한다"고 주장했다. 이 의견에 대해 찰스 하워스는 "조합의 활동은 조합원의 자유의사를 토대로 이루어져야 한다. 조합에 대한 조합원의 이해 부족을 극복하기 위해서는 교육 활동을 해야 한다. 조합원을 규제하는 것이 아니라 조합원의 마음을 조합으로 향하도록 해야 한다"고 역설하였다.

로치데일 공정선구자협동조합은 결국 끊임없는 조합원 교육을 통해 조합 운영의 문제점을 극복하고 착실히 발전할 터전을 마련하게 되었다. 조합원 교육을 중시하는 생각은 로버트 오언에서 출발하여 로치데일의 전통으로 굳어졌고 나중에는 협동조합운동의 원칙으로 정착하게 된다.

로치데일 선언

점포를 내기에 앞서 28명의 조합원들은 1844년 10월

24일 이미 '로치데일 공정선구자조합'이란 명칭으로 등기를 했다. 설립 당시 그들의 꿈은 멋졌고, 그것은 새로운 세계를 창조하는 것과 다를 바가 없었다.

점포를 내기 전에 그들은 로치데일 선언을 발표했다.

'꿈과 같이 부드럽고 아름다운 선언'이라고 평가하는 그 진문은 초라한 그들의 점포와는 대조적으로 당당한 문장으로 이루어져 있었다. 이 로치데일 선언을 기초한 것도 찰스 하워스였다. 그들의 꿈은 현재의 사회질서를 변혁하여 새로운 협동사회를 세우려는 원대한 것이었지만, 그것을 실현해 가기 위한 방법은 지극히 현실적이었다. 즉, 무지개와 같은 원대한 꿈을 갖고 있으면서 그것으로 만족하는 것이 아니라 실제로 자신들이 해야 할 일, 노력하면 할 수 있는 일을 현실적인 당면목표로 내걸고 있었다.

샤를르 지드*는 "그들은 위대한 이상을 갖고 있었지만 우선 자신들의 발밑을 다지는 일에서 출발하였다"고 평가하였다.

그렇다고 해도 가난한 28명의 노동자들이 모여 초라한 점포를 열고, 아주 빈약한 상품을 진열했던 이 조합이 스스로 '공정선구자조합'이라 이름을 붙이고 당당하게 선언문을 발표했다는 사실은 세상을 놀라게 하기에 충분하였다.

이 선언문에는 직물공들이 로버트 오언이 주장했던 협동사회 건설

---

* '프랑스 소비조합운동과 샤를르 지드' 참고

협동조합의 오래된 미래, 선구자들

을 꿈꾸고 있었다는 사실이 확실히 드러나 있다. 협동조합적인 공동체의 이상을 꿈꾸며, 우선 현실적으로 식료품점 개업을 시작으로 자신들의 꿈을 실천에 옮겼던 것이다.

■ 로치데일 선언

본 조합의 목적 및 앞으로의 계획은 조합원의 경제적 이익 및 사회적이고 가족적인 처지를 향상하기 위한 갖가지 시설을 설치하는 것에 있다. 그것은 각자가 1파운드씩 출자를 하여 모아진 충분한 자금을 가지고 다음과 같은 계획과 시설을 설치하는 것을 통해 실현될 것이다.

1. 식료품, 의류 등을 분배하기 위한 점포를 설치하는 일

2. 사회적이고 가족적인 처지의 향상을 위해 조합원이 살아갈 가옥을 건축하고 구입하는 일

3. 실업 또는 계속되는 임금 체불에 고통받는 조합원에게 일자리를 마련하기 위하여 조합이 결정하는 물품을 생산하는 일

4. 조합원의 행복과 안전을 완벽하게 추구하기 위해 실업 상태에 있거나 임금을 충분히 받지 못하고 있는 조합원들이 경작할 약간의 토지를 사들이거나 차입하여 경작하는 일

5. 본 조합은 가능한 신속하게 생산, 분배, 교육 및 정치에서 힘을 갖출 것, 즉 공통되는 이익을 기초로 자급자족의 국내 식민지(공동체)를 건설할 것. 또한 다른 조합이 이러한 공동체를 건설하고자 희

망할 때는 원조해 줄 것

6. 조합은 금주禁酒를 실천하기 위하여 경우에 따라 소속 가옥에 금주호텔을 열 것

■ 선언에 나타난 계획

선언에 나타난 그들의 계획을 조금 자세히 들여다보자.

첫째, 조합원을 위하여 식료품 및 의류 등을 판매하는 점포를 설치한다. 이것은 당연히 팔기 위한 점포가 아니라 사기 위한 점포이다. 즉, 물건을 팔아 이윤을 올리는 것을 목적으로 하는 것이 아니라 조합원들이 필요로 하는 생활물자를 공동으로 구입하기 위한 점포이다. 공동으로 구입한다는 것은, 선언문에 나오는 것처럼, 문자 그대로 분배한다는 것이다. 로치데일 상인들이 경쟁자가 출현했다고 잘못 생각한 것처럼, 그 점포는 일반적인 점포와는 본질적으로 다른 성격을 가지고 있었다.

선구자들이 설치한 점포는 조합원만을 위한 것이었기 때문에 조합원이 필요로 하는 물량을 확실히 예측할 수 있었다. 필요량을 예상하여 물품을 구입하기 때문에 재고에 대한 염려는 없었다. 불특정한 사람들을 상대로 하는 사업이 아니기 때문에 광고도 필요 없고 점포를 멋지게 장식해서 사람들의 구매욕을 자극할 필요도 없었다. 여기에 일반 점포에서는 찾아볼 수 없는 힘이 숨겨져 있었다.

로치데일의 상인들은 초라한 겉모습만 보고 선구자들을 비웃었을

뿐, 거기에 숨겨진 저력을 알아내지 못했다. 선구자들의 부족했던 자본 사정을 생각한다면 보잘것없는 게 당연했지만, 최초의 점포에는 협동의 힘을 믿는 선구자들의 의지와 미래를 내다보는 전망이 담겨 있었다.

둘째, 그들은 더 나은 생활환경을 기대하며 조합원을 위한 주택을 건설해 갈 계획이었다.

셋째, 선구자들은 가난한 조합원을 위하여 조합의 일을 늘려 나가거나 생산 분야에 참여할 것을 생각하고 있었다. 그러기 위해 공장을 설치하고 생산 활동에 나설 계획이었다. 선구자들도 생산협동조합에 대한 전망을 갖고 있었다는 것인데, 이것은 로버트 오언의 영향으로 인한 것이었다. 즉, 로치데일 공정선구자협동조합도 다른 오언주의 협동조합운동과 같은 미래를 꿈꾸고 있었던 것이다.

넷째, 경제 문제만이 아니라 교육이나 정치에도 힘을 쏟겠다는 의지를 표명하였다. 그들은 이러한 꿈들이 가능한 빠르게 실현되기를 희망하고 있었다. 놀라운 사실은, 자신들의 뒤를 이어 수많은 조합이 생겨날 것을 예상하고 이 후발조합들에 원조를 해주려고 한 사실이었다. 선언에 협동조합 간 상호 협력의 정신을 담아내고 있었는데, 이것이 나중에 도매협동조합연합회CWS, 협동조합중앙회, 더 나아가 국제협동조합연맹ICA을 싹트게 한 원동력이자 토대가 되었다.

마지막으로 그들은 금주호텔 개설을 부르짖고 있었다. 이 계획이 명시된 이유는 당시 사회 상황 때문이었고, 선구자들 속에 있던 금

주주의자들의 희망 때문이었을 것이다. 당시 영국노동자들이 음주로
인해 경제적, 정신적으로 얼마나 큰 고통을 당하고 있었는가를 역설
적으로 보여주는 항목이다.

로치데일 사람들은 당시의 어려운 사회 상황도 협동조합의 힘으로
헤쳐 나갈 것이라고 결의했다. 선구자들은 경제적인 것뿐만 아니라
정신적인 변혁에도 꿈을 갖고 있었다. 그들이 내건 선언은 엄청난 내
용을 담고 있었다.

선언의 내용에는 많은 조합원들이 추종하고 있던 로버트 오언의
사상이 곳곳에 배어 있었다. 그들은 협동을 근간으로 하는 새로운 사
회를 지향하고 있었다. 그것을 작은 점포를 내고 생활물자를 공동구
입하는 일에서부터 시작했던 것이다. 그런데 선구자들의 생각은 잉
여금의 사용 방법에 오언과 차이가 있었다. 그로 인해 점포는 성공할
수 있었지만, 협동사회의 건설은 실패로 끝나 버렸다. 로치데일 공정
선구자협동조합은 소비자협동조합의 개척과 성공에 그쳤던 것이다.

■ 선언의 실현을 위하여

"로치데일 사람들은 다른 지역 사람들과 성격이 다르다고 할 수밖
에 없다. 랭커셔의 이 불가사의한 지역에서 특별한 직공들이 일을 성
공시켰다. 이렇게라도 이야기하지 않으면 영국의 다른 어떤 노동자
들도 성공하지 못했는데, 이곳 노동자들만이 함께 행동하고 함께 소
유하는 방법을 찾아냈다는 사실에 대해 설명할 길이 없기 때문이다.

그들은 그 일을 스스로 이룩했던 것이다"라고 홀리요크는 〈로치데일의 선구자들〉에서 말하였다. 그러면 선구자들이 성공할 수 있었던 요인은 어디에 있었을까?

■ 협동조합의 등기

그들은 자신들의 꿈을 착실히 실천에 옮겼다. 특히 그것을 위해 준비하고 터전을 닦는 데 많은 힘을 쏟았다. 그들은 점포 설립을 결정했을 때부터 의회가 정한 법률에 따라 조합을 등기할 것을 결의함으로써 조합의 사회적 지위를 갖추기 위해 노력했다.

당시 이런 유형의 조합은 법적으로 인정되지 않았다. 조합원에게는 아무런 권리 없이 무한책임만이 요구되었고, 조합과 조합원이 상품을 교환하는 행위조차 법적인 보장을 받을 수 없었다.

1844년 10월 24일 오랜 검토 끝에 그들은 '우애조합법Friendly Society Act'과 맨체스터의 '병원, 매장조합법'에서 그들의 계획에 맞는 조항을 빌려 조합을 등기할 수 있었다. 우애조합법에는 조합에서 제조업을 할 수 없게 되어 있었고, 또한 조합원의 유한책임제와 연합회 결성이 허용되지 않았다.

이후 선구자들은 많은 사람들과 함께 끈질기게 우애조합법과는 질적으로 다른 협동조합법인 '산업 및 절약조합법' 제정과 개정을 추진하였다. 1852년 결국 '산업 및 절약조합법'이 제정되었고, 선구자 조합 설립 18년 후인 1862년 이 법이 개정되어 협동조합의 유한책임제와 연합회를 조직하는 것이 가능해졌다.

■ 로치데일 성공의 요인

로치데일 공정선구자협동조합의 영향을 받아 수많은 조합이 생겨났는데, 로치데일처럼 원활하게 운영된 곳은 하나도 없었고, 그 성과도 비교할 수 없을 만큼 보잘것없었다. 조합들이 실패한 가장 중요한 원인은 외상 판매 때문이었다. 또한 경영 상태를 고려하지 않은 출자 배당도 한 요인이었다.

로치데일 공정선구자협동조합은 처음부터 외상 판매를 금지하고 현금 판매만을 고수했다. 출자 배당도 제한하고 가능한 경비를 절약하여 견실하게 조합을 경영했다. 실제 들어간 경비를 살펴보면, 수입에서 인건비가 차지하는 비율은 지극히 낮았고, 집세, 금리, 급료, 그 밖의 모든 경비는 2% 내에서 처리했다.

조합원의 결속과 조합의 단결을 중시했던 것도 성공의 또 다른 요인이었다. 로치데일 선구자의 한 사람 윌리엄 쿠퍼는 다음과 같이 말하였다.

"조합 설립 초기에는 조합원을 자주 방문하고 조합원 집회를 자주 여는 것이 필요했다. 모임을 통해 조합의 운영에 필요한 출자가 이루어졌고, 조합원은 조합의 목적, 상황 및 필요한 내용을 숙지할 수 있었다. 이런 움직임이 강화되면서 업무 운영에 필요한 자금을 쉽게 확보할 수 있다. 왜냐하면 조합에 대한 조합원의 신뢰감이 생기고, 조합에서 일부러 애쓰지 않아도 조합원들 스스로 조합에 협력하고 실천하기 때문이다."

이런 모습에 조합과 조합원, 조합원과 조합원의 강력한 결속을 중요하게 여기고 단결을 강화해 갔던 그들의 노력이 잘 나타나 있었다.

또한 그들은 토의한 결과를 기록하고, 규정과 규칙 등 결정한 약속을 차근차근 정리했다. 조합에 대한 가입 방법, 출자 방법과 기준, 모임 방법, 보고 방법, 물건 구입 방법, 잉여금 배분 방법, 분쟁의 해결 방법이나 규칙 위반에 대한 벌금까지 자세히 규칙으로 정했다.

다른 오언주의 협동조합운동과 달리 착실한 경영이 로치데일 공정선구자협동조합이 현실에 적응하여 성공할 수 있는 길이었다. 무엇보다도 핵심적인 것이 로치데일 원칙이었다.

로치데일 원칙

앞에서 살펴본 것처럼, 선구자들의 여러 가지 실험 가운데에서 성공의 열쇠가 되었던 특징들을 모은 '로치데일 운영원칙'이 생겨났다. 로치데일 원칙은 아래의 14가지로 정리되었다.

1. 직접 준비한 자금으로 조합 점포를 개설한다.
2. 가장 품질이 좋은 식료품을 공급한다.
3. 질량이나 기준을 분명히 밝힌다.

4. 시중가격으로 판매함으로써 상인보다 싸게 팔거나 상인과 경쟁하지 않는다.

5. 외상 구매와 판매를 하지 않아 노동자가 빚지지 않도록 한다.

6. 잉여금은 이용고에 따라 조합원에게 배당한다. 잉여를 생겨나게 한 사람에게 배당한다는 원칙에 따른다.

7. 조합원들에게 조합의 은행에 저축하도록 하고, 그들에게 근검 절약을 가르친다.

8. 노동과 교역(이것만이 자본이자를 발생시키는 것이다)에 공평한 이익의 기회를 주기 위해 출자금에 대한 이자를 5%로 고정한다.

9. 공장에서는 이익을 내는 데 공헌한 사람들에게 임금에 비례하여 이익을 배당한다.

10. 조합원의 발전과 능력 향상을 위해 전체 잉여금의 2.5%를 교육에 쓴다.

11. 모든 선거나 제안을 결의할 때 조합원 모두에게 민주적인 투표권(1인 1표)을 부여하고, 여성들에게도 미혼, 기혼을 불문하고 투표권과 저축할 권리를 준다.

12. 범죄가 없고 경쟁이 없는 산업도시를 건설하여 협동조합의 상공업을 발전시킨다.

13. 도매구매조합을 창설하여 품질이 확실한 식료품을 공급한다.

14. 협동조합을, 자조自助의 정신에 따라 근면한 모든 사람들에게 도덕과 능력을 보장해 주는 새로운 사회를 만들어가는 기초조직으

로 만든다.

　로치데일 방식에서 볼 수 있는 협동조합운동의 추진 방법(한 사람
한 사람의 조합원을 민주적으로 공평하게 조직하고, 다른 힘에 의존
하는 것이 아니라 자신들의 힘과 협동을 기초로 높은 이상을 가지고
소박한 활동을 축적해 가는 추진 방법)은 이후 협동조합을 포함한 모
든 대중운동의 조직운영 원칙으로서 폭넓게 적용되었다. 28명 선구
자의 경험과 노력이 세계의 대중운동, 민주주의운동에 새로운 전기
를 마련했던 것이다.

원칙의 확립
　　　　　　로치데일 운영원칙은 그 후 협동조합운동에 수용되면서
정비되었고, 모델로 정착되었다. 그것은 다음 여덟 가지 항목으로 요
약할 수 있다.

　1. 조합의 공급 가격은 일반 시가로 할 것.
　2. 조합원의 출자금에 대한 이자율은 일정한 제한을 두고, 잉여금
중에서 가장 우선 배당할 것.
　3. 잉여금은 경비와 이자를 공제한 후에 이용고에 비례해서 배당
할 것.

4. 대금의 지급은 현금으로 할 것.

5. 조합원에게는 남녀 동등한 권리를 부여할 것.

6. 조합원에게는 평등하게 1표씩의 권리를 부여할 것.

7. 정기적으로 그리고 자주 조합원 모임을 열어 조합의 업무에 대하여 토의하고, 조합의 발전에 대하여 서로 확인할 것.

8. 회계는 장부에 정확하게 기록하고 검사받을 것, 그리고 정기적으로 조합원에게 공개할 것.

로치데일 사람들은 생활이 어려웠기 때문에 다른 가게에 조금이라도 싼 물건이 있다면 사고 싶었을 텐데도 시가주의를 실행에 옮긴다. 이 원칙은 물건을 지금까지 사던 가격으로 사고, 분기별로 결산하여 잉여금이 생기면 그것을 이용고에 따라 배당하기 위한 것이었다.

이 원칙이 당시 협동조합운동에서 갖는 의미는 대단한 것이었다. 당시 영국의 노동자들은 저축을 할 만한 여유가 없었다. 하지만 협동조합에서 일반 상점에서 사는 가격과 동일한 가격으로 물건을 사면, 분기마다 이용고에 대한 배당금이 모아진다. 이렇게 모아진 배당금은 일종의 저축이 되어 노동자들의 생활을 더 낫게 하는 근거가 되었다.

1인 1표제 원칙은 1844년 개정된 우애조합법에 맞추어 1845년 초기 원칙에 덧붙여진 것이었다.

로치데일 이후 생겨난 협동조합들이 시가주의를 비롯한 여덟 가지

협동조합의 오래된 미래, 선구자들

로치데일 원칙들을 배우고 실천함으로써 이것이 협동조합 원칙으로 자리잡게 되었고, 인류 역사 속에서 협동조합을 성공적으로 정착시킨 조건이 되었다.

선구자들의 지혜를 이어받아 1937년 국제협동조합연맹 제15회 대회에서는 모든 협동조합이 지켜야 하는 기본원칙으로 조합원 공개(가입 탈퇴의 자유), 민주적 운영(1인 1표제), 출자에 대한 이자의 제한, 이용고에 비례한 잉여금의 분배, 정치적 종교적 중립, 현금 거래, 교육의 촉진이란 일곱 가지 원칙을 결정한다.

1966년 빈에서 열린 국제협동조합연맹 제23회 대회에서는 격렬한 토론을 거친 후 1937년의 일곱 가지 원칙 중에서 시대 상황에 맞게 정치적 종교적 중립과 현금 거래라는 두 가지 원칙을 제외하고 새롭게 협동조합 간 협동이라는 내용을 덧붙여 협동조합 여섯 원칙을 정했다. 1966년 원칙은 다국적 기업과의 경쟁이라는 현실 과제와 사회주의 국가에서의 협동조합을 어떻게 바라볼 것인가란 두 가지 시대 상황을 협동조합 원칙에 적용한 것이었다. 1인 1표제의 민주적 운영을 민주적 운영의 원칙이라 하여 연합회의 경우 유연하게 적용할 수 있는 근거를 만들었고, 조합원 배당 원칙을 후퇴시켜 조합 내부의 준비금 형성을 중시했다. 직원에 대한 전문적인 교육을 강조하고, 협동조합 간 협동을 새롭게 포함시켰는데, 이 원칙은 다국적 기업과 경쟁을 헤쳐 나가기 위한 정비 차원의 것이었다. 또한 사회주의 국가의 협동조합에 대한 논란으로 정치적 종교적 중립의 원칙을 폐지하고 그

취지를 공개의 원칙에 포함시키는 선에서 타협하였다.

　공정선구자협동조합 탄생 150주년을 기념하여 맨체스터에서 열린 1995년 대회에서는 '협동조합의 정체성에 관한 ICA 성명'을 발표하면서 다시 한 번 협동조합 원칙을 개정하였다. 1. 성과 인종 차별을 명기한 자발적이고 공개적 조합원 제도, 2. 조합원에 의한 민주적 관리, 3. 출자금 이자 제한과 잉여금 분배의 원칙을 일원화한 조합원의 경제적 참여, 4. 국가와 시장의 지배로부터 협동조합이 벗어나야 한다는 자율과 독립, 5. 기존 교육에 대한 강조 원칙에 일반인들에 대한 홍보를 덧붙인 교육, 훈련 및 홍보, 6. 협동조합 간 협동, 7. 마지막으로 1990년대부터 세계적인 화두가 된 생태적으로 지속가능한 사회를 만들기 위한 협동조합 역할을 강조한 지역사회에 대한 관심 등 협동조합의 사회적 역할을 강조한 일곱 가지 원칙을 확정하였다.

공정선구자협동조합의 급속한 발전

　　　　　　　　　　1844년 로치데일 공정선구자협동조합이 탄생했을 때 이 조합은 오언주의 협동조합운동의 목표였던 협동조합 공동체의 건설이라는 높은 이상을 꿈꾸었다. 이른바 자급자족의 국내 식민지 건설을 목표로 하였다.

　동시에 이 조합은 오언주의 협동조합운동에서는 준비 단계에 지나지 않던 소비자협동조합의 점포 경영을 중시하였다. 28명의 선구자들에게는 조합원의 금전적 이익과 가정적이고 사회적인 처지의 개선을 실현하는 것이 무엇보다 중요한 일이었기 때문이다. 이용고 배당의 원칙은 이런 배경에서 등장한 것이었고, 공정선구자협동조합이 근대적 협동조합의 시조로 평가받게 한 요인이었다.

선구자조합은 놀랄 만한 성장을 이룩하였다. 1844년부터 1855년 사이에 조합원 수는 50배, 기금 총액은 약 400배, 공급고는 약 63배, 그리고 잉여는 약 100배로 늘었다. 1852년 최초의 협동조합법인 '산업 및 절약조합법Industrial and Provident Societies Act'이 탄생했고, 선구자조합을 모범으로 한 소비자협동조합이 수없이 생겨났다.

선구자조합도 1850년 협동곡물제분소를 만들고, 이듬해인 1851

〈표2〉 로치데일 협동조합의 성장

(금액 단위 : 파운드)

연도 구분	조합원(명)	사업실적	출자금	잉여금
1844년	28	0	28	0
1848년	149	2,276	397	117
1852년	680	16,352	3,471	1,206
1856년	1,600	63,197	12,920	3,921
1860년	3,450	152,063	37,710	15,906
1864년	4,747	174,937	62,105	22,717
1868년	6,731	390,900	123,233	37,459
1872년	6,441	267,577	132,912	33,640
1876년	8,892	306,190	254,000	48,212
1880년	10,613	283,665	292,570	48,545

년에는 매일 점포를 열게 되었다. 그리고 1854년에는 로치데일 생산
협동조합을 설립하였다.

현실의 성공과 이상의 좌절

선구자조합의 발전은 28명의 선구자들이
조합을 시작할 때 갖고 있었던 꿈을 변하게 했다. 조합의 발전 과정에
서 자급자족의 국내 식민지 건설이라는 이상은 사라져버렸다. 1854
년 10월 채택된 신 규약에서는 선구자조합의 목적을 "조합원의 자발
적인 출자를 통해 조합원들이 식량, 연료, 의류 또는 그 밖의 생활필
수품을 쉽게 구입하기 위한 기금을 늘리는 데 있다"고 하였다. 신 규
약에는 나중에 민주적 운영원칙으로 정식화된 1인 1표의 의결권, 조
합 시설이나 도서관 및 다른 교육 수단에 대하여 잉여의 2.5%를 사
용하는 교육의 중시 등 오늘날 협동조합운동의 기초가 되는 조항이
포함되어 있었다.

공동체 건설의 이상을 사라지게 한 결정적 계기는 1854년 설립된
로치데일 생산협동조합의 좌절이었다.

앞서 말한 것처럼, 로치데일 공정선구자협동조합이 만들어진 1840
년대 초기까지 우애조합법 이외에는 협동조합을 뒷받침하는 법률이
없었다. 따라서 선구자조합은 우애조합법에 따라 등록하고 법적인 보
호를 받았다. 그런데 이 법에는 제조업을 취급하는 항목이 없었기 때

문에 제조업은 '회사법Company Law'에 의한 별개 조직으로 설립할 수밖에 없었다. 즉, 법제상의 이유 때문에 생산자조합과 소비자조합은 별개 단체로 조직되었다. 1854년에 하워스와 쿠퍼에 의해 제분업과 목화방직소를 경영하는 로치데일 생산협동조합Rochdale Co-operative Manufacturing Society이 설립되었다.

1859년 제2공장이 세워지면서 문제가 발생했다. 생산협동조합에서는 약 500명의 종업원이 일하고 있었는데, 출자한 사람은 50명에 불과했다. 규약에 정해진 임금 이외에 출자에 대한 배당과 노동에 대한 배당의 분배 비율이 논쟁의 씨가 되었다. 특히 초기의 정신에 대해 잘 알고 있지 못한 외부의 신규 출자자들이 조합 경영에 간섭하며 노동에 대한 배당을 거부하게 되자 1862년 조합은 결국 일반 영리단체로 전환해 버린다.

로치데일에서 일어난 생산협동조합의 실패는 선구자들뿐만 아니라 로치데일 공정선구자협동조합의 이상을 쫓고 있던 각지의 신생 조합에 심각한 정신적 타격을 주었다. 이로써 오언주의 협동조합운동과 협동조합 공동체, 좁게는 생산자협동조합운동은 꽤 오랜 시간 역사의 뒷장으로 물러나게 되었다.

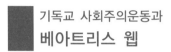

기독교 사회주의운동과
베아트리스 웹

영국의 협동조합운동사는, 앞에서 살펴본 바와 같이, 초기 협동촌
의 실험으로 시작된 협동조합운동이 로치데일 공정선구자협동조합
을 계기로 생산자조합의 성격이 약화되고 소비조합으로 정착해 가
는 과정이었다. 그렇다고 생산자협동조합의 전통이 완전히 사라진
것은 아니었다. 기독교 사회주의운동이 바로 그 명맥을 잇고 있었다.

　　　　협동조합의 오래된 미래, 선구자들

기독교 사회주의운동

로치데일 공정선구자협동조합이 법적으로 등기를 하는 데 기초가 된 우애조합법은 몇 가지 특징이 있었다. 조합의 자본은 저축은행이나 국채에 투자해야 했는데, 특히 조합원 아닌 사람들에게 물건을 팔아야 하는 생산자협동조합에게는 엄청나게 불안한 것이었다. 우애조합법으로는 아무런 사회적 보장을 받을 수 없었기 때문에 생산자협동조합들은 일반 회사법Company Law을 따랐다.

특히 생산자협동조합운동에 깊이 관여하고 있었던 루드로우J. M. Ludlow, 1821-1911, 닐E. V. Neale, 1810-1892, 킹슬리C. Kingsley, 1819-1875, 모리스F.D. Maurice, 1805-1872 등 기독교 사회주의자들은 굉장한 불만을 갖고 있었다. 그들은 자본주의의 폐해를 극복하기 위한 방법으로 노동자들의 자발적인 생산자협동조합운동을 지원하고 보급하는 데 노력했다. 이들이 운동의 한 흐름을 형성하고 있었는데, 바로 기독교 사회주의운동이었다.

그들은 생산자협동조합에 법적인 지위를 부여하고 조합의 자금을 법적으로 보호해 줄 최초의 법률 '산업 및 절약 조합법' 제정에 힘쓰고 있었다. 그들은 의원들을 움직여 의회에 1850년 '절약과 투자 위원회'를 설치하고, 1852년 드디어 법을 통과시켰다. 기독교 사회주의자들이 이 법률 제정에 성공할 수 있었던 것은 그들 중 루드로우, 휴즈, 닐과 같은 유능한 법률가나 국회의원이 있었기 때문이다. 닐은 법률을 기초했다. '산업 및 절약 조합법'이 통과됨으로써 협동조합들은 이전의 우애조합법에 의해 보장받았던 모든 특권을 유지하면서, 생산자조합과 소비자조합운동을 자유로이 전개할 법적 근거를 확보했다. 즉, 공동 노동과 공동 거래를 위한 조합의 설립이 가능해졌고, 조합은 주식회사와 차별성이 인정되었다.

그들은 1852년 통과된 법에 들어가 있지 않던 연합회 설립과 잉여금에 대한 과세 면제 조항을 개정하는 데도 노력하여 1862년 개정안을 통과시켰다. 이때 비로소 협동조합 발전에 불가결의 조건인 유한책임제와 잉여금을 교육 활동에 사용하는 것도 법적으로 허용되었다.

기독교 사회주의자들은 협동조합의 법적인 근거를 마련하는 데만 머무르지 않았다. 루드로우는 1848년 프랑스에서 노동자 공동작업장을 보고 영국으로 돌아와 동료들과 기독교 사회주의자들을 모아

협동조합의 오래된 미래, 선구자들

노동자생산조합추진협회Society for Promoting Working Men's Associations
를 설립하고 생산협동조합운동을 본격적으로 전개하였다. 기독교 사
회주의자들은 사회주의의 기독교화를 목표로 협동조합운동에 나서
고 있었다.

모리스, 루드로우, 닐이 이 운동을 주도했는데, 사실 이 세 사람 사
이에도 사회주의와 협동조합에 대한 견해가 달랐다. 그러나 생산자
협동조합을 통하여 노동자의 생활을 개선하려 했다는 점만은 일치했
다. 실제로 그들은 기계공, 제화공, 건축노동자, 피아노 기사, 인쇄공
들의 조합을 조직하였다. 그러나 중간층이었던 이들은 노동자들이
갖고 있던 절박한 생활의 대안으로 생산협동조합을 생각하고 있었던
것이 아니었다. 결국 추진 주체들의 종교적 교의 도입에 대한 이견으
로 조합은 문을 닫고 말았다.

그들이 가지고 있던 사회주의의 모습은 생산자와 분배자가 서로 결
합하는 협동조합을 통해 이룰 수 있는 사회, 즉 기독교적인 인간애를
바탕으로 생산자인 노동자에게 그들이 생산한 모든 생산물이 공정하
게 돌아가는 사회였다. 그들은 이러한 사회를 실현할 수 있는 대안을
생산협동조합이라고 생각했던 것이다.

기독교 사회주의운동이 막을 내린 이후에도 협동조합운동에 계속
참여하고 있던 닐이나 그리닝, 휴즈 등의 기독교 사회주의자들과 영
국 도매협동조합연합회C.W.S* 회장이었던 로치데일 출신의 미첼 및

---

* 도매협동조합연합회(Co-operative Wholesale Society, CWS): 소비자협동조합 점포에 물자를

웹 사이에 벌어진 이윤 분배 논쟁은 협동조합운동사에서 중요한 의미를 지닌다.

사실 '산업 및 절약 조합법'이 제정된 이후 광업, 중기계공업, 섬유공업 분야에서 생산협동조합이 설립되어 착실히 발전하고 있었다. 1880년 영국이 경제공황으로 타격을 받자, 자본의 확보와 시장 개척을 용이하게 하기 위해 닐의 지도에 따라 조합들 20여 개가 모여 1882년 생산협동조합연합회^{Co-operative Productive Federation}를 설립하였다. 이 연합회는 그 후 100여 년간 근근이 명맥을 유지하게 되는 영국 생산협동조합의 주춧돌이 되었다.

이윤 분배 논쟁

협동조합운동 최초의 30년간, 즉 1873년 도매협동조합연합회가 생산부를 설치할 때까지 협동조합 노동자에 대한 문제는 협동조합 내에서 거의 제기되지 않았다. 협동조합 노동자의 지위에 대한 논쟁은 처음에는 지위의 문제로서가 아니라 협동조합운동의 이론적인 문제로서 제기되었다.

영국 도매협동조합연합회가 1873년 처음 생산부를 설치하자 크랭브솔의 비스킷 공장과 레스터의 제화공장에서 일하는 노동자들이 자

공급해주는 연합조직으로 1873년 로치데일 공정선구자조합을 중심으로 만들어져 소비자가 필요로 하는 가공식품, 가구, 의류 등의 물자를 직접 생산하였다.

신들의 지위에 대하여 처음으로 문제를 제기하였다. 하지만 생산자 조합 노동자에 대한 이윤 분배 주장과 함께 이 문제를 본격적으로 제기한 것은 기독교 사회주의자들이었다.

그들은 로버트 오언과 오언주의 협동조합운동의 맥을 잇고 있었고 생산협동조합적인 이상을 갖고 있었기 때문에 소비자에 의한 조직인 소비자조합연합회가 직접 생산 사업에 뛰어드는 것 자체를 용인하기 어려웠다. 그들은, 소비자조합은 분배적 산업에 기능을 한정해야 하고, 생산 사업은 생산자가 직접 생산자조합을 결성하여 제품을 생산하고, 거기서 생산된 제품을 소비자조합에 공급해야 한다고 주장했다. 특히 기독교 사회주의자들이 중심이 된 생산협동조합론자들은 소비자조합의 생산공장에서 일하고 있는 노동자에게 이윤의 일부를 분배해야 한다는 의견을 내세웠다.

그런데 기독교 사회주의자들에게는 이론적인 모순이 있었다. 그들은 유통 단계에서는 그 과정에서 일하는 노동자들에게 분배할 수 있는 이윤이 생기지 않는다는 것을 인정하고 있었다. 그럼에도 불구하고 소비조합의 사업이 유통 단계에서 생산 단계로 확장되면서 레스터의 제화공이나 크랭브솔의 비스킷 노동자들에게 표준적인 임금이나 적절한 노동조건을 부여하는 것뿐만 아니라 노동에 의해 생겨난 이윤을 분배해야 한다고 주장했던 것이다. 기독교 사회주의자들의 주장은 노동자들 스스로가 제기한 것이 아니라는 한계를 지니고 있었다.

소비자조합을 옹호하는 사람들은, 기독교 사회주의자들이 교역을 통한 이윤 획득을 목적으로 하는 자본주의적 생산과 오로지 소비만을 위한 협동조합적인 생산을 구분하지 못한다고 비판했다. 소비만을 위한 협동조합적 생산은 이윤과는 상관없는 것이기 때문이다. 즉, 협동조합 내부에서는 생산품이 이윤을 목적으로 시장으로 보내지지 않고, 내부에서 일정한 평가를 받아 다른 곳으로 이동할 뿐이므로 이윤이 발생할 여지가 없다는 것이다.

따라서 생산 부문에서 직접 일하는 노동자든, 유통 부문을 담당하는 노동자든 그들에게 분배할 이윤은 생기지 않기 때문에 사업에 대한 배당도 필요하지 않다는 것이다. 원래 이윤을 배제하자는 것이 협동조합의 목적이기 때문에 생산자들에게 분배할 이윤 자체가 없다는 주장이었다.

1873년 뉴캐슬에서 개최된 협동조합 대회에서 이윤 분배를 둘러싸고 격렬한 논쟁이 벌어졌다. 하지만 기독교 사회주의자들의 양보로 도매협동조합연합회가 주장했던 소비자 위주의 견해를 받아들이는 것으로 결론이 났다. 이 결론에 따라 1875년 협동조합 공장에서는 노동자들에 대한 이윤 분배를 자체적으로 폐지했다.

이 논쟁은 여기서 멈추지 않았다. 1895년 국제협동조합연맹 제1회 런던대회에서 이 문제가 다시 쟁점으로 떠올랐다. 1904년 국제협동조합연맹 제6회 부다페스트대회에서도 논쟁은 재현되었다. 스위스 소비자협동조합중앙회의 뮐러가 협동조합은 이윤을 철폐하고 자본주의 경제의 변혁을 목적으로 해야 한다고 강조한 데 대하여 크루

거는 소비자협동조합은 현존하는 경제 질서의 변혁이나 개혁의 수단
이 아니라 현대 경제조직의 일부분을 구성하는 것이라고 반박하면서
격렬한 논쟁이 벌어졌다.

생산협동조합을 둘러싼 논란은 그 후에도 계속 이어졌지만, 소비
자협동조합이 세계협동조합운동의 주도권을 잡았다는 사실은 누구
도 부인할 수 없다. 기독교 사회주의자와 생산자협동조합 옹호론에
결정적인 쐐기를 박은 사람은 협동조합 이론가였던 베아트리스 웹
Beatrice Webb, 1858-1943이었다.

베아트리스 웹의 생애와 활동

웹은 어린 시절부터 재능이 뛰어났을
뿐만 아니라 85년의 생애를 성실하게 살았던 여성이다. 시드니 웹과
결혼하기 전에 쓴 〈영국 협동조합운동〉을 통해 베아트리스 포터로
이름을 날렸고, 결혼한 후에도 〈노동조합운동〉[1894], 〈산업민주주의
론〉[1897], 〈대영 사회주의 국가의 구성〉[1935] 등을 남편과 함께 출간하
였다. 하지만 그녀의 생각은 남편의 영향보다 결혼하기 전에 이미 형
성되어 있었다.

베아트리스 웹은 부유한 기업가 집안에서 태어났는데, 태어날 때
부터 몸이 많이 허약했다. 그로 인해 정규교육을 거의 받지 못하고
유년시절에는 주로 가정교사들에게 가르침을 받았다. 그녀는 조용하

고 사람들과 잘 어울리지 않았다. 아홉 명의 자매 중 여덟 번째로 태어난 베아트리스는 많은 자매들 가운데서도 혼자 고독하게 컸다. 그녀의 아버지는 상속받은 재산을 가지고 영국뿐만 아니라 멀리 캐나다까지도 사업을 벌이고 있던 사업가였다. 그렇지만 그녀는 부모보다 심부름하는 유모의 영향을 받고 자랐다. 평범하지 않은 미래를 예견하게 하는 유년시절이었다.

유모에게 경의의 마음을 가지고 있던 베아트리스는 유모를 통해 영국 노동자들의 생활을 알 수 있었다. 그녀가 훗날 노동자들과 친하게 교류하며 그들을 위해 정력적으로 활동하게 된 배경에는 이런 연유가 있었다.

내성적이기만 했던 베아트리스를 사회에 눈 뜨게 한 것은, 당시 상류계급의 많은 사람들에게 하나의 의무처럼 생각되던 자선단체의 일을 돕는 짧은 경험이었다. 1882년 그녀가 24세 때였다. 그녀는 그 경험을 통해 사회가 소수의 가진 자와 다수의 갖지 못한 자로 나누어져 있으며, 자선은 이중의 재앙을 생겨나게 한다는 사실을 깨달았다. 자선은 주는 자에게도 화가 되고 받는 자에게도 화가 되는 비극적 진실을 피할 수 없다고 느꼈던 것이다. 그렇지만 자선 사업의 대상이었던 노동계급 사람들과 무관한 생활만을 누려온 그녀가 각각의 구체적인 인간을 통해 이루어지는 노동과 노동자들을 이해하는 데에는 상당한 상상력과 시간이 필요했다.

베아트리스는 유모 마더 잭슨의 도움으로 1883년 11월 랭커셔 지방 베이캄 마을 뒷골목의 한 노동자 가정을 방문할 수 있었다. 그녀는 형식에 얽매여 있는 상류 계급과 달리 남녀가 함께 자유롭고 편안하게 이야기 나누는 노동자 가족의 모습에 감동하였다. 그녀는 거기서 노동조합과 협동조합 조합원들을 만나 협동조합운동이 랭커셔의 노동자 계급의 생활을 개선하는 데 크게 기여하고 있다는 사실을 알게 되었다. 그녀는 베이캄의 뒷골목에 마음이 끌렸다. 그리고 점차 노동조합과 협동조합운동에 관심이 깊어져 갔다.

그 와중에 베아트리스는 사촌동생이 주선해 준 빈민들의 생활과 실태를 조사하는 일을 하면서 자신이 가진 소질을 다른 사람들에게 인정받을 수 있었다. 특히 1887년 발표된 조사보고서 〈런던, 이스트앤드의 생활〉은 30세도 채 되지 않은 베아트리스를 이 분야의 권위자로 만들었다.

인생을 논리적으로 파악하고 싶어 하는 합리주의자였던 베아트리스는 현재 살아 움직이는 제도를 연구하고 싶다는 꿈을 갖고 있었는데, 그 꿈의 결과물로 1890년 7개월 동안 그녀가 협동조합운동을 연구하여 세상에 내놓은 것이 〈영국 협동조합운동〉이었다. 이 책은 산업민주주의와 소비자협동조합에 대한 이론서였는데, 기독교 사회주의자들과 생산자협동조합에 대한 비판의 결정판이었다.

그녀는 많은 사람들과 만나 협동조합에 대한 이론을 섭렵하고 현실적인 운동에 관심을 가지면서 세 가지의 이론적 근거를 확립하였다.

첫째는 소비자 민주주의였다. 자본에 의한 이윤 추구를 목적으로 한 경제로부터 소비를 위한, 즉 생활을 목적으로 한 경제로의 전환이 그 핵심 내용이었다. 이를 위해서는 소비자협동조합을 건설하여 조합원 전원이 참가하는 민주적 운영을 철저하게 관철하고, 잉여금을 이용고에 비례하여 조합원에게 반환해야 한다고 역설하였다.

둘째는 생산 활동도 소비를 목적으로 한 협동조합이 담당해야 한다는 것이었다. 생산협동조합은 언젠가 이윤을 추구하는 자본주의 기업으로 전락하거나 자본주의 기업에 패배할 것이라고 주장하며 기독교 사회주의운동을 비난하였다.

셋째는 협동조합에서 일하는 노동자들의 문제였다. 여기에는 두 가지 과제가 있었다. 우선은 노동자들의 경영 참가 문제였다. 조합원들은 어떤 문제에 대해서도 자유로이 토론하는 것이 보장되어 있어야 한다. 이것은 민주적 운영의 철칙인데, 유급 직원은 이사회를 구성하는 이사가 될 수 없고 이사회 구성원은 유급 직원이 될 수 없다고 하여 유급 직원 또는 유급 사용인이 관리기관의 일원이 되는 것을 제약하였다. 또 하나 곤란한 문제는 협동조합 내의 노동 문제였다. 베아트리스는 "강력한 노동조합은 소비자협동조합운동에서도 이윤 추구 산업과 마찬가지로 노동자의 경제적 복지와 개인적 자유를 위해 없어서는 안 될 존재"라고 하여 영국 협동조합운동에 파문을 불러 일으켰다.

베아트리스는 1892년 자신보다 한 살 어린 시드니 웹과 결혼하였다. 둘은 결혼식 몇 개월 전부터 서로의 일을 돕고 있었다. 그 후 50년 동안 둘의 협조 관계는 지속되었다. 시드니와 베아트리스의 협력은 영국 노동계급을 위한 사회적인 노력으로 가득 차 있었다. 베아트리스는 남편과 함께 점진적인 사회주의를 지향한 페비안 협회**를 중심으로 영국의 사회주의운동, 노동당, 노동자 교육, 협동조합운동에 엄청난 영향을 미쳤다.

무엇보다 베아트리스가 남긴 공적은 기독교 사회주의에 대한 비판을 통해 생산자협동조합의 흐름에 철퇴를 가하고, 영국 협동조합운동이 소비자협동조합 중심으로 발전하게 하는 데 지대한 역할을 한 것이다.

산업민주주의와 기독교 사회주의 비판

베아트리스는 결혼 전인 1890년 발표한 〈영국 협동조합운동〉에서 산업민주주의의 기초로 소비자 주권을 내걸고, 그 논리를 가지고 루드로우나 닐이 지도한 생산자협동조합을 비판하였다.

소비자협동조합은 원가로 물건을 판매함으로써 가격에 대한 이윤을 조절할 수 있고, 그 결과 영리를 추구하는 자본가를 배제할 수 있다. 하지만 생산자협동조합은 자본가들의 연합으로 단지 이윤을 만들고 이윤을 증대하는 것을 목표로 할 수밖에 없다고 주장하였다.

** 페비안 협회: 1883년 결성된 개량주의적 사회주의 단체, 영국 노동당의 원류가 된다.

대신 그녀는 생산자와 소비자를 직접 결합시키기 위하여 노동조합과 소비자협동조합의 제휴가 필요하다고 역설하였다. 바로 이것이 그녀가 내세운 산업민주주의의 기본골격이었다. 즉, 노조와 소비조합의 제휴는 개인 차원의 제휴가 아니라 노동자 집단과 소비자 집단 간의 제휴를 말한다. 그녀는 집단적인 거래(사회관계)의 개념을 분명히 하기 위하여 산업민주주의가 충분히 발전하고 산업이 소비자의 연합, 즉 소비자협동조합, 도매조합연합회, 지방자치단체 및 국가를 통해 조직되고, 동시에 모든 노동자가 노동조합에 참여할 경우를 상정하였다.

베아트리스가 주장했던 것은, 개개인이 경영에 참가하는 생산자협동조합이 아니라 노동조합, 소비자협동조합, 도매조합연합회, 지방자치단체 등 조직의 대표를 통해 노동자들은 자신들이 잃은 것을 되찾아야 한다는 것이었다. 이렇게 해야 노동자는 비로소 자발적 조직이나 지방자치단체 및 국가의 시민으로 사회의 주인공이 될 수 있다고 주장하였다. 이런 관점으로 그녀는 생산자협동조합을 주장하는 사람들을 개인주의파라고 단죄하고, 후자를 연합주의파라고 지칭하였다.

"개인주의파란 일하는 사람이 제조공장을 통치해야 하고 일하는 소유자에게 이윤을 분배해야 한다고 주장하는 협동조합인들을 가리킨다. 한편 산업의 민주적 운영을 옹호하는 협동조합인은 통상 '연합주의파'라고 부를 수 있다."

협동조합의 오래된 미래, 선구자들

베아트리스는 이와 같은 논리로 생산자협동조합을 철저하게 비판하였다. 그녀의 격렬한 비판을 받은 생산자협동조합운동은 사실상 영국 협동조합운동에서 뒷자리로 물러나게 되었다.

이윤 분배 논쟁 이후 거의 100년이 지난 1970년이 되어서야 영국에서 생산자협동조합은 비로소 재평가를 받는다.

초기 사상가들이 꿈꾸던 것은

자본주의를 부정하고 경쟁을 배제하며

모든 구성원들이 평등하게 살아가는 공동체였다.

한곳에 모여 살면서 생산이나 소비뿐만 아니라

모든 생활을 협동하는 협동촌,

무소유의 공동체를 상상하고 있었던 것이다.

생산자협동조합의
꿈과 현실

빈곤과 고독 속의 유토피아 사회주의자들

생시몽과 푸리에

프랑스 생산자협동조합의 선구자 필립 뷔셰

프랑스 소비조합운동과 샤를르 지드

생시몽과 푸리에

프랑스는 영국과 마찬가지로 18세기 말부터 근대 시민사회가 형성되면서 절대주의 왕정 시대의 기득권층이었던 궁정 귀족과 군인, 그 밖에 왕정에 기생하던 계급들이 점차 몰락해 가고, 사회적으로 필요한 부를 생산하는 산업인들을 중심으로 새로운 사회질서가 형성되었다. 산업혁명이 진전됨에 따라 새로운 질서를 만들어가는 주체였던 자본가와 임금노동자들이 계급적으로 분화되면서 사회적인 갈등이 싹트게 되었다. 1789년 프랑스혁명 전후로부터 1830년대까지 급속하게 진행된 산업혁명은 완급은 있었지만 이런 과정의 연속이었다.

프랑스혁명과 협동조합 사상의 탄생

프랑스의 협동조합운동은 가난과 착취의 원인인 자본주의에 대항하여 노동자들이 생산을 공동화하려는 생각과 움직임에서 시작되었다. 그 첫 발을 내딛은 사상가가 바로 엥겔스에 의해 오언과 함께 '유토피아 사회주의자'라고 불렸던 생시몽과 푸리에였다.

생시몽Claude Henri Saint-Simon, 1760-1825은 자본주의 사회의 등장과 급속한 생산력의 발전을 '산업'이라는 개념으로 파악하고, 이 관점을 자신의 사회관, 역사관, 국가관의 토대로 삼아 비생산적인 정치권력과 그 기생 계급을 맹렬하게 비판하고 산업인이 중심이 되는 산업공동체를 꿈꾸었다.

푸리에F.M.Ch.Fourier, 1772-1837는 자본주의 사회를 인간의 본성에 어굿나는 체제라고 비판하면서 생산과 소비를 통일한 소규모 공동사회를 건설하고 이 공동사회들의 연대를 통해 인간의 본성에 맞는 새로운 사회가 도래할 것이라고 예언하였다.

　두 사람의 생각은 과학적인 것은 아니었다. 하지만 프랑스의 협동조합운동이 체계적으로 자리 잡는 데 징검다리 역할을 했다고는 평가할 수 있다.

생시몽의 생애와 활동

　　　　　　생시몽은 1760년 파리에서 백작가의 장남으로 태어났다. 선천적으로 고집이 셌던 그는 18세의 젊은 나이에 미국 독립전쟁에 참전하여 혁혁한 전공을 쌓으며 미국의 독립이 가져올 새로운 제도에 관심을 가졌다. 산업의 자유를 위해 이 전쟁에 참전한 것이 산업공동체에 대한 사상을 싹트게 했다고 나중에 고백한다. 전쟁이 끝난 후 멕시코에 가서는 대서양과 태평양을 잇는 운하 건설을 제안하고 스페인에서도 지중해와 대서양을 잇는 운하를 계획하여 그의 사상의 중심이었던 산업의 부흥을 몸소 실천하려고 하였다.

　프랑스혁명이 일어나자 그는 곧바로 귀국하여 북부의 주민들 앞에서 혐오하던 신분제도의 굴레인 백작 작위를 포기할 것을 선언했다. 하지만 과격한 독재와 폭력 사태에 회의를 품고 혁명에 참여하는 것을 그만두고 나서 토지 투기사업에 손을 대어 엄청난 재산을 모았다.

생시몽은 투기 때문에 혁명정부에 체포되어 감옥살이를 하기도 했지만, 1798년 무렵부터 모아둔 재산으로 위대한 과학자, 철학자가 되기로 결심하고, 당대의 이름 있는 학자, 예술가들과 교류하며 최신의 지식을 흡수하고 그들을 후원하였다. 이 괴짜 철학자는 사회 연구에 필요한 가정생활을 체험하기 위하여 계약결혼을 하기도 했으나 1년이 채 안 되어 이혼하였다. 1801년 최초의 저작인 〈제네바에서 보내는 편지〉를 출판하였으나 세상의 주목을 받지는 못했다. 1806년 무렵 투기로 번 돈을 다 써 버리고 말년에는 옛날 하인의 집에 신세를 지게 되는 진짜 가난뱅이가 되었다. 가난한 생활에도 그는 연구 활동에 열을 올려 〈19세기 과학의 연구서설〉[1807, 1808], 〈인간과학에 대한 각서〉[1813] 등 과학론에 대한 저작들을 완성했다. 그는 이 책을 당대의 명사나 친구들에게 보내어 '과학 및 공공복리를 위한 열정과 전 유럽을 뒤덮고 있는 위기를 종식시킬 평화적인 방법을 찾으려고 노력하는 가난뱅이인 자신을 도와달라'고 호소하지만 아무도 거들떠보지 않았다.

1815년 나폴레옹이 몰락하고 영국 산업혁명의 정황이 대륙에 전해지면서 프랑스에도 산업혁명의 기운이 싹텄다. 이를 지켜보던 생시몽은 그때까지 열을 올리던 과학에 대한 연구를 그만두고 전 사회를 포괄하는 관점으로 새롭게 태동하고 있던 산업사회를 연구하게 된다. 이런 사색과 연구의 성과로 〈산업〉[1816-1818] 전 4권, 〈정치〉[1819], 〈조직자〉[1819-1820], 〈산업체제론〉[1820-1822] 등을 간행하여 자신의 산업사회에 대한 생각을 정리하고 1823~1824년에 걸쳐서 자신의 사상이 집약된 〈산업인의 정치적 교리문답〉을 완성하였다. 백작으로 태어나 파란만장한 생애를 보낸 이 사상가는 1825년 실패한 자살의 후유증과 급성폐렴으로 세상을 떠났다.

산업공동체 사상의 완성

생시몽의 사상은 '모든 것은 산업에 의해, 모든 것은 산업을 위해'라는 슬로건으로 집약할 수 있다. 그는 산업혁명으로 발전하기 시작한 산업을 새로운 사회원리, 모든 부의 유일한 원천으로 파악하고 있었다. 산업을 기초로 새로운 정치제도가 마련되어야 한다고 생각하여 그는 산업군주제를 제창하였다. 산업을 담당하는 사람들은 농민, 제조업자, 상인 등 순수한 경제적 생산계급을 포함하여 넓은 의미에서는 과학이나 예술 등 문화를 담당하는 사람들까지 포함된다고 주장했다. 생시몽은 그들을 대표하는 사람이 은행가라고 보았다. 그는 프랑스 산업혁명의 태동기에 기업가나 금융 자본가를 순수 산업 체제를 조직하는 주체로 생각했던 것이다. 그의 산업주의는 노동자와 자본가를 대립하는 집단으로 파악하지 않고 생산력의 발전이라는 측면에서 일체를 이루고 있는 것으로 보아 일부 자본주의적인 요소를 수용하고 있었다. 즉, 그가 살던 시대는 아직 자본가와 노동자의 분화와 대립이 선명하게 나타나지 않았다.

하지만 생시몽은 당시 자리를 잡아가고 있던 자본의 제도를 '사회의 부를 생산하며 과학과 기술의 진보를 이룩하는 사람들, 즉 산업인들이 피지배계급이 되어 있고, 국왕과 귀족 관료들이 호강하며, 무익한 인간들이 재능 있는 사람들을 지배하고, 패덕한 인간들이 선량한 사람들을 억누르는 흑과 백이 뒤집힌' 제도라고 격렬하게 비난하였다. 덧붙여 자본주의의 사적 소유가 대중의 빈곤과 사회 갈등의 원인이라고 지적하였다.

그는 1820년 발표한 〈조직자〉에서 "혁명은 아직 끝나지 않았다"고 선언하며 프랑스혁명의 실질적인 완성은 파리의 산업인들을 중심으로 전 세계에 순수 산업체제를 확립함으로써 이루어질 수 있다는 신념을 밝혔다. 즉, "세계의 모든 민족은 동일한 목표를 향하고 있다. 그 목표는 현재의 지배적, 봉건적, 군사적 제도에서 관리적, 산업적, 평화적 제도로 이행하는 것이다."

그의 주장에 따르면, 순수 산업체제는 산업인들이 평화적으로 정권을 획득함으로써 이루어질 수 있다. 모든 산업인이 서명한 청원서를 국왕에게 제출하여 프랑스를 군사적 군주제에서 산업적 군주제로 전환하고, 과학아카데미와 도덕아카데미를 설치하여 모든 정책을 입안한다. 그는 여기서 입안된 정책들을 프랑스의 가장 중심적인 산업인들로 구성된 최고 행정평의회를 통해 실행해 나가는 체제를 구상하였다. 그는 순수 산업체제를 통하여 산업과 과학의 진보, 교육의 보급, 생산자의 지위 향상, 공공의 평화와 복지의 증대 등을 실현하려고 했던 것이다.

생시몽이 생각했던 산업과 산업사회는 프랑스에 막 발흥하고 있던 산업혁명을 자신의 생각 속에 반영하여 정치권력의 변혁보다 생산력의 발전에 주목한 것이었다. 즉, 그는 산업인들에게 정치권력을 위임하면 사회적으로는 정치권력이 폐기될 것이고 인간에 대한 인간의 지배가 물질에 대한 인간의 지배로 대치될 것이라고 주장했다.

생시몽의 사상적 유산은 소수의 제자들을 통해 다양한 모습으로 분화되었다. 산업사회의 발전 과정에 대한 고찰은 티에리J. N. A. Thierry, 1795-1856에 의해 역사학으로, 산업사회의 구조적 분석은 콩트A. Comte, 1798-1857에 의해 실증사학으로, 생산력의 원천인 산업의 발전은 은행가나 실업가들의 손에 의해 산업주의로, 또한 사회적 모순을 극복한 이상사회의 추구는 일부 제자들에 의해 사회주의로, 그리고 일부는 앙팡탕B. P. Enfantin 등의 극단적인 신흥종교, 신비적 교단으로 발전하였다.

하지만 새로이 도래할 이상사회가 정치적인 변혁을 통해서가 아니라 생산조직을 통해 이룩될 수 있으리라는 생시몽의 사상은 프랑스의 협동조합운동 속에 스며들어 생산협동조합의 사상과 실천으로 피어나게 된다.

푸리에의 생애와 활동

생시몽과 함께 유토피아 사회주의자로 거론되는 또 한 사람의 시대적 반항아는 샤를르 푸리에였다. 오언이 자수성가한 사업가이고 생시몽이 귀족이었던 데 비하여 푸리에는 지극히 평범한 보통사람이었다.

푸리에는 오언보다 1년 늦은 1772년 4월 프랑스 동북부에 있는 브장송에서 부유한 포목상인의 장남으로 태어났다. 그는 평생 상업에 종사했으나 성공하지 못하고, 인생의 대부분을 가난한 점원으로 일하며 살았다. 그는 상업에 대해 깊은 혐오감을 갖고 있었다. 그 혐오감은 6세 때부터 아버지에게 심하게 꾸지람을 들으면서 심어졌다.

"나는 기독교의 교리문답에서, 그리고 학교에서 사람은 결코 거짓말을 해서는 안 된다고 배웠다. 하지만 나는 아버지에게 이끌려 상대방을 멋지게 속여야 하는 판매의 기술을 익히기 위하여 아버지의 상점에 갔다. 나는 속임수와 사기를 목격하며 몹시 충격을 받아 커서 절대로 상인은 안 될 것이라고 다짐했다. 아버지에게 엉덩이를 심하게 맞았다. 하지만 내가 진짜로 고집부리는 것을 본 아버지는 책망하듯이 외쳤다. '이 아이는 장사꾼이 되긴 틀렸군.'"

푸리에의 아버지는 자식이 상인이 되기를 희망하면서 1781년 상당한 재산을 남긴 채 세상을 떠났다. 그의 어머니도 역시 상인 집안 출신이었기 때문에 대학에 진학해 자연과학 공부를 하려는 푸리에를 리옹으로 보내 대도시의 상업을 견학시켰다.

그렇지만 푸리에는 루앙, 마르세이유, 파리 등지를 전전하며 직업을 바꾸고, 독일, 네덜란드 등을 여행했다. 그가 상업에 대한 견문을 넓히기 위해 각지를 옮겨 다녔다고 하지만, 아무래도 그는 상업에는 어울리지 않았다.

1791년 그는 아버지로부터 물려받은 자본을 밑천삼아 리옹에서 사업을 시작했다. 마르세이유를 경유해서 들어오는 쌀, 면화, 사탕수수 등 식민지 상품을 중개하는 일이었다. 이 사업은 크게 번성했는데, 불행하게도 그는 프랑스혁명의 혼돈에 휩쓸려 재산의 대부분을 잃어버렸다. 뿐만 아니라 강제로 군대에 징집되었다가 혁명군에게 체포되어 단두대에 오를 뻔했다. 겨우 석방되기는 했지만 그는 완전히 빈털터리가 되어 평생을 빈곤하게 보내야 했다. 이 재난을 통해 그는 상업과 마찬가지로 평생 폭력이나 혁명에 대한 증오심뿐만 아니라 정치에 대한 불신과 무관심도 갖게 되었다.

어린 나이에 상업에 대한 혐오감을 키웠던 푸리에는 1799년 상업의 반사회성을 확신하는 또 다른 사건을 경험했다. 마르세이유의 한 식료품점에서 일하고 있을 때 매점해 둔 쌀이 값도 오르기 전에 썩어버리자 바다에 던져 버리라는 주인의 지시를 받았다. 이 경험은 상업과 자유경쟁에 대한 비판으로 이어졌다. "상업의 무정부성이야말로 모든 사회 혼란과 도덕적 타락의 근본적인 원인이다"라는 푸리에의 신념은 굳어지게 되었다.

1800년부터 15년간 리옹에서 일하면서 푸리에는 많은 사람들과 교제하며 본격적인 저작 활동에 나섰다. 당시 견직물 공업의 중심지였던 리옹에서 그는 16만 인구의 3분의 2를 차지하는 노동자들의 비참한 상태를 목격하며, 낮에는 먹고 살기 위해서 마음에도 없는 상점 점원으로 일하며 밤에는 독서와 사색, 그리고 저술에 힘쓰게 된다.

1808년 익명으로 낸 〈네 가지 운동과 일반적 운동의 이론〉을 통해 그의 열정熱情 인력引力 이론을 처음 제기하였고, 1822년 〈가정적, 농업적 협동사회론〉, 1829년에는 〈산업적, 협동체적 신세계〉, 1836년 〈허위적 산업〉 등의 저술을 통해 자본주의를 맹렬히 비판하면서 자신이 꿈꾼 협동체의 구상을 세상에 알렸다.

일생 가난한 상점 점원 노릇을 하며 자신이 살고 있는 시대를 비판하고 앞으로 와야 할 협동체를 꿈꾼 푸리에는 1837년 10월 파리의 한 아파트에서 고독하게 최후를 맞았다. 그의 저술은 난해한 개념과 광기어린 환상들로 가득 차 이해하기 어려운 곳이 많았다. 하지만 그가 유토피아 사회주의자로 지금까지 명성을 잃지 않고 있는 것은, 그의 엄청난 상상력이 산업문명 전체를 포괄적으로 비판하고 인간의 본성에 맞는 새로운 세계를 꿈처럼 그려내고 있기 때문이다.

푸리에 사상의 기초 - 열정 인력론

"나에게 한 알의 사과는 뉴턴의 경우와 마찬가지로 계획을 세우는 하나의 지침이 되었다. 파리의 레스

토랑에서 나와 함께 저녁을 먹은 나그네는 사과 하나를 먹고 14수우(당시 프랑스의 화폐 단위)를 냈다. 마침 그때 나는 똑같은 사과, 아니 그보다 더 좋은 사과를 1수우에 네 개 이상 살 수 있는 지방에서 막 올라온 참이었다. 나는 같은 지역 내에서 이처럼 가격이 차이가 나는 것을 보고 산업 시스템 안에 근본적인 무질서가 있는 것이 아닌가 의심하기 시작했다. 이것이 4년 후에 내가 산업적 집단들의 계열 이론, 또한 뉴턴이 완성하지 못한 우주 운동의 법칙에 대한 연구를 시작하는 계기가 되었다. 그 후부터 나는 네 개의 사과에 주의를 기울였다. 두 개는 파멸을 가져온 것으로 아담과 파리스(아프로디테에게 사과를 바쳐 트로이 전쟁의 원인을 제공)의 사과였고, 나머지 둘은 과학에 공헌한 뉴턴과 내 사과였다."

푸리에는 신의 의지와 인간의 본성이 합치된 참된 질서를 건설해야 한다고 생각했다. 그것을 위해서는 인간을 포함한 전 우주의 역사적 전개를 이끌고 있는 질서와 법칙을 발견해야 했다. 그는 이 질서와 법칙을 정리하여 기술한 〈네 가지 운동과 일반적 운동의 이론〉을 1808년 세상에 내놓았다.

푸리에에 의하면, 우주에는 물질적, 유기적, 동물적, 사회적인 네 가지 운동이 있다. 물질적 세계는 뉴턴이 발견한 만유인력에 의하여 운동하고 있는데, 다른 세 가지 운동도 마찬가지로 법칙성을 갖고 있다. 특히 사회적 운동은 사회를 구성하고 있는 인간의 열정에 따라 움직인다. 푸리에는 이미 사회적 운동의 법칙을 발견했다고 자부했

협동조합의 오래된 미래, 선구자들

다. 뉴턴은 물질적 인력을, 푸리에 자신은 인간의 본능인 열정 인력을 발견했다는 것이다. 그는 이것을 인류 역사상 최대의 발견이라고 자신했다.

푸리에는 생시몽과 마찬가지로 산업이 가져온 생산력의 발전은 인정했지만, 동시에 산업사회를 낙관적으로 전망한 생시몽과는 정반대로 산업문명이 가져온 비참한 세상을 가차 없이 폭로했다. 산업제도는 인간의 본성에 반하고 열정을 억제하여 나쁜 기운을 불러일으킨다고 비판하였다. 특히 산업주의의 폐해가 생겨난 원인은 두 가지의 근원적인 악이 있기 때문이라고 생각했다. 두 가지의 악은 생산성을 낮추는 농업의 분산화와 그가 가장 혐오하던 상업이었다. 그는 농민이나 상인은 모두 속임수를 써서 품질을 낮춘다고 주장했다. 결국 문명인은 산업제도라는 전도된 세계에서 도덕적으로 타락해 있다. 이것을 극복할 수 있는 협동적인 사회 상태는 사람들의 열정이 조화롭게 조직된 사회이다. 그는 사회제도의 목표는 인간 전체의 행복이고, 그것을 이루기 위해서는 모든 사람들의 열정이 만족되어야 한다고 주장하였다.

푸리에에 의하면 열정은 12종이 있는데, 그것은 다음 세 가지 유형의 기본 열정으로 나뉜다.

제1의 열정은 시각, 청각, 후각, 미각, 촉각 등 오감, 즉 감각적 열정으로 육체적이고 장기臟器 중심적인 성격을 갖는다. 제2의 열정은 애정, 우정, 명예심, 가족애 등의 감정적인 열정으로 이것은 대인관계에서 나타난다. 제3의 열정은 투쟁심, 부단한 변화욕, 조화에 대한 열망으로 심리적 열정인데, 모두 사회관계에서 드러나는 열정이다. 이 12가지, 즉 세 유형의 기본 열정이 모두 충족될 때 인간은 행복에 이르게 되고 이에 걸맞은 통일과 조화의 세계가 생겨난다.

푸리에는 이 열정들 가운데 심리적 열정을 가장 중시한다. 즉, 그는 심리적 열정이 해방되면 생산력이 비약적으로 상승한다고 생각하였다. 투쟁심을 만족시키기 위하여 각 집단 간 경쟁을 일으킬 수 있는 노동조직을 만들고, 부단한 변화욕을 만족시키기 위하여 두 시간마다 변화를 가져오는 노동을, 그리고 조화에 대한 열망을 만족시키기 위해 각 집단 간에 열광, 흥분을 환기시킬 분업조직을 만들어야 한다고 주장하였다. 이렇게 인간의 본성인 열정에 맞추어 생활 및 생산 집단을 조직하면 사람들은 생산노동도 즐길 수 있으며, 놀이와 노동의 구분이 사라져 기쁜 마음으로 일을 할 수 있게 되어 생산력이 비약적으로 발전할 것이라고 생각했다.

이윤 추구를 근본 동기로 삼는 자본주의 사회에서는 이익만을 추구하는 인간, 즉 자신에게 주어진 직업에만 몰두하는 금욕적인 인간상이 정착하게 된다. 하지만 푸리에의 열정 인력론은 인간을 자본주의 인간상에서 해방시키고, 고통스럽기 짝이 없는 자본주의 노동조차 기쁨과 쾌락의 노동으로 전환시키고 있다. 그의 인간관, 노동관은 사회주의 사상사, 협동조합 사상사에서 참으로 독특한 것이었다.

푸리에의 생각에 따르면, 인류의 역사는 말할 것도 없이 우주만물도 통일과 조화의 방향, 즉 열정을 해방하는 방향으로 운동하고 있다. 그는 인류의 역사를 다음과 같이 8단계로 나누고 현재를 5단계인 문명시대라고 진단한다.

1. 원시시대
2. 야만시대
3. 족장시대(소산업시대)
4. 미개시대(중산업시대)
5. 문명시대(대산업시대)
6. 보증주의시대(반¾협동사회)
7. 연합주의시대(단순협동사회)
8. 조화주의시대(복합협동사회)

우리는 현재 문명시대에 살고 있다. 그런데 문명시대의 최대 약점은 푸리에가 혐오하는 상업이다. 인간에 대한 인간의 싸움이 이루어지는 곳이 상업의 세계이다. 그 속에서 조화나 선 등 인간의 고귀한 모습은 압살당하고 있다. 문명시대의 산업은 행복을 위한 재료는 생산해도 행복 그 자체를 만들어내지는 못한다. 무질서, 무조직의 산업 밑바닥에는 과잉이 빈곤을 만들어낸다. 노동자는 빈곤 때문에 굶어 죽든지, 그렇지 않으면 공장에서 노예처럼 일을 해야 한다.

하지만 문명시대는 머지않아 끝나고 곧 협동사회의 산업시대인 보증주의 시대에 접어들 것이라고 푸리에는 예언하였다. 그는 스스로 발견한 과학에 적합한 공동체를 구상하고, 그 공동체를 만들어가는 사회운동을 통해 보증주의시대의 도래를 촉진하려고 시도하였다.

공동체의 구상 - 팔랑주

문명시대에 이어 등장하는 보증주의시대는 팔랑주Phalange의 건설에서 시작된다. 푸리에는 팔랑주를 현실에 실현하려 했다. 팔랑주는 일종의 협동조합적인 사회조직이었다. 그는 인간의 본성인 12가지 열정을 조화롭게 충족하기 위해서는 노동의 쾌락화가, 노동의 쾌락화를 위해서는 노동의 조직화가, 노동의 조직화를 위해서는 생산과 소비의 재조직화가 불가결하다고 주장하였다. 그는 팔랑주를 생산과 소비의 완전한 결합과 각 개인의 복지 증진을 이루는 이상사회의 모델로 제시하였다. 세계 각지에 팔랑주가 건설되면 인류는 보증주의시대, 연합주의시대, 조화주의시대로 이행해 갈 수 있을 것이라고 역설하였다.

푸리에가 제창한 팔랑주는 일정한 면적의 토지에 일정한 수의 구성원이 공동생활을 하는 조직이다. 농업을 중심으로 다른 산업이 복합적으로 결합되고 개인의 자유나 이익이 전체의 이익과 조화를 이룬다. 80가족 400명에서 400가족 1800명으로 이루어지는 구성원은 팔랑스테르Phalanstere라 부르는 공동주택과 그것을 중심으로 배치된

학교, 극장, 교회 등의 여러 시설을 이용하며 생활한다. 노동은, 열정 인력론에 근거하여, 경합적 소집단의 분업을 통해 변화를 주면서 조화롭게 실시된다. 팔랑주는 일과 먹는 것, 양육이 공동으로 이루어진다. 즉, 팔랑주는 생산과 소비의 통일을 기초로 한 협동체였다.

팔랑주에서는 임금제도가 폐지되고 공동의 이익 중 일부는 구성원의 최저생활을 보장하기 위하여 공제되지만, 그 밖의 잔여 부분은 노동에 대하여 12분의 5, 자본에 대하여 12분의 4, 재능에 대하여 12분의 3의 비율로 분배된다. 또한 토지의 사유는 인정되지만 공동으로 경작하고, 수익은 지분에 따라 분배된다. 사회주의자들이 사유재산의 부정과 생산수단의 공유를 주장했던 것과 달리 푸리에는 사유재산을 부정하지 않고 인간의 생산 활동, 특히 노동의 공동화를 이상사회의 기초로 파악하고 있었다. 이 점 또한 생시몽과 마찬가지로 이후 등장하는 프랑스 생산협동조합 사상의 뿌리를 이루게 된다.

더 나아가 푸리에는 여성의 생산능력, 특히 가사노동을 강조하여 남녀의 평등한 권리와 자유를 주장하였다. 상품생산 사회는 주부의 가정노동, 가사노동을 화폐로 환산할 수 없는 노동이고 이윤을 생산하지 않기 때문에 비생산적 노동이라고 여기고 있지만, 그에게 가사노동은 생활의 재생산을 담당하고 있다는 점에서 인간에게 가장 필요한 노동 분야였던 것이다. 이 주장은 20세기 후반에 등장하는 생태주의적 여성관을 150여 년이나 앞서 말하고 있었다는 점에서 경이적인 것이었다.

푸리에는 자신의 계획을 실행에 옮기기 위하여 상류계급이나 부자들에게 자선을 기대했지만 뜻을 이루지 못했다. 그러나 그의 생각은 협동사회의 건설을 열망하는 지지자를 끌어들였다. 충실한 푸리에주의자 콘시데란[P. V. Considernt, 1808-1893]은 〈팔랑스테르〉[1832], 〈팔랑주〉[1836], 〈평화적 민주주의〉 등을 발간하여 푸리에의 사상을 전파하고, 나중에 미국 텍사스 주에서 팔랑주를 실천에 옮기나 자금을 조달하지 못해 실패하고 말았다. 그 후에도 미국에서는 30여 개의 팔랑주 건설이 시도되었다. 고딘[J.B.A. Godin, 1817-1888]은 1859년 푸리에의 사상을 받아들여 기즈에서 난로를 생산하는 기업을 푸리에가 구상한 팔랑스테르를 차용한 패밀리스테르로 협동조직화 하여 커다란 중앙 정원이 있는 공장에 250명의 노동자 가족을 위한 주택, 유치원, 대규모의 세탁장과 극장을 건설하였다. 여기에 소비조합을 조직하여 생활필수품을 공급하기도 하였다. 그는 1880년 패밀리스테르를 협동조합으로 전환하여 자신의 사후에도 노동자의 공동재산이 되도록 하였다.

푸리에가 프랑스의 협동조합 역사에서 차지하는 의미는, 자본주의를 극복하는 공동체적인 인간상과 노동관을 바탕으로 생산 공동체를 꿈꾸며 전 생활영역의 공동화를 구상함으로써 프랑스 생산협동조합 운동의 사상적 뿌리를 형성했다는 점이다.

협동조합의 오래된 미래, 선구자들

오언, 생시몽 그리고 푸리에

엥겔스가 유토피아 사회주의자로 불렸던 오언, 생시몽 그리고 푸리에는 모두 자신의 경험을 바탕으로 괴물처럼 등장하고 있었던 자본주의 사회를 나름대로 진단하고 격렬하게 비판하면서 새로운 이상사회를 꿈꾸었다. 그들은 많은 차이점에도 불구하고 본질적으로 세 가지의 공통된 사회적인 접근방법을 취하고 있었다.

첫째, 세 사람은 모두 산업혁명 초기의 사회 문제를 해결하여 인간의 행복과 복리를 증진하기 위하여 노력하였다. 둘째, 이들은 모두 당시의 사회질서가 지속된다면 행복과 복리를 이룰 수 없다고 당시 사회를 비판적으로 바라보았다. 셋째, 문제의 해결은 정치를 통해서가 아니라 생산자들에 의해 이룩될 수 있으리라고 믿었다.

이러한 공통점에도 불구하고 그들의 견해는 상당한 차이를 보였다. 오언과 푸리에가 협동적인 공동사회를 건설하고 그 연대를 통해 새로운 세계를 건설할 수 있다고 믿었던 데 반하여, 생시몽은 과학을 바탕으로 한 대규모의 생산조직체를 건설하려고 하였다. 오언과 푸리에는 정치를 회피하거나 소극적으로 다루었지만, 생시몽은 자신이 구상한 생산조직체에 맞게 국가나 정부를 변형하려고 했다.

오언과 푸리에는 모두 협동적인 공동체를 구상했다. 그런데 오언은 공동체의 내용에 따라, 즉 환경에 의해 인간의 모습이 변할 수 있다고 생각했지만, 푸리에는 정반대로 인간의 본능에 맞추어 공동체가 구상되어야 한다고 주장했다. 두 사람은 사유재산에 대해서도 견해를 달리 했다. 오언은 공동체적 소유를 주장했고 푸리에는 사적 소유를 인정했다.

유토피아 사회주의의 의의

오언, 생시몽 그리고 푸리에로 대표되는 유토피아 사회주의가 산업혁명기 기계의 등장으로 직업을 잃고 자본가에 패배한 노동자, 수공업자들의 운동원리로 정착할 수 있었던 것은 협동적인 공동체를 통해 그들의 자립과 평등, 상호부조의 사회제도를 실현할 수 있었기 때문이다. 하지만 오언 등이 꿈꾸던 운동은 1850년 무렵이 되면 대부분 쇠퇴하고 소멸되고 만다. 그것들은 현실사회에서 고립되어 있었고 자급자족에 필요한 생산적 노동력과 조직, 기술이 부족했고, 무엇보다도 시장경제체제에 침식되면서 몰락의 길을 걸을 수밖에 없었다.

하지만 자본주의 경제체제를 대신할 공동체적 경제체제의 가능성을 탐구한 그들은 영원할 것이다. 그들은 생산과 소비의 통일을 목표로 그 중간과정인 분배와 교환을 평등과 상호부조의 원리를 토대로 재구성하려고 했다.

협동조합의 오래된 미래, 선구자들

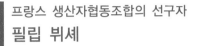

프랑스 생산자협동조합의 선구자
필립 뷔셰

1789년 시작된 프랑스혁명으로 절대주의 왕정은 타도되었다. 혁명 과정에

서 자본가계급은 절대왕정에 기생하는 지주들을 몰아내고 구제도를 붕괴시

키기 위하여 장인계급이나 농민과 노동자 등 무산대중과 일시적으로 손을 잡

았다. 하지만 그들은 왕정 타도라는 목적을 달성하자 자신들의 지위를 지키

기 위하여 무산대중의 요구를 무시해 버렸다. 동업자조합을 폐기하고 노동자

들의 단결권을 금지시킨 르 샤플리에 법La loile chapelier이 대표적인 예였다.

1796년 6월 제정된 이 법은 노동자들의 단결권을 송두리째 강탈해 버렸다.

협동조합 탄생의 시대적 배경

혁명은 희생만큼 진보를 가져온 것도 사
실이지만, 노동자들의 생활을 한층 압박하는 요인이기도 했다. 1792
년 국민의회는 구시대에 누적되어 온 재정난을 해결하기 위하여 앗시
니아 지폐를 유통시킨다. 그 결과 돈의 가치 하락에 따른 심각한 인플
레이션이 일어나 노동자들의 생활은 더 어려워졌다. 게다가 7월 왕정
이 유지되던 1830년대 본격적으로 진행된 산업혁명은 직인을 몰락시
키고 노동자들의 빈곤을 가속시켰으며, 새로운 불평등과 빈부의 대
립을 가져왔다. 프랑스에서 생산의 대부분은 소규모 작업장에서 이
루어졌으나 이들은 산업혁명 과정에서 기계 설비를 갖춘 대규모 공
장들과 경쟁에서 패배해 위기에 처해 있었다. 산업구조의 변화 속에
서 가장 심하게 타격을 받은 사람들은 사치품을 만드는 숙련노동자

들이었다. 노동의 장을 상호부조의 정신을 바탕으로 협동조합적으로 조직하려는 움직임이 생겨났다.

프랑스는 소비조합이 발달한 영국과는 달리 생산의 공동화를 바탕으로 하는 노동자들의 생산자협동조합이 꽃을 피웠다. 이는 생시몽과 푸리에의 생산공동체 사상을 계승한 것으로 프랑스 생산자협동조합의 선구자, 필립 뷔세P. J. B. Buchez, 1796-1865에 의해 본격화 되었다.

뷔셰의 생애와 사상

뷔셰는 1796년 아르덴 주에서 태어났다. 처음에는 의사가 되고자 했으나 뜻을 이루지 못하고 하급관리가 되었다. 불의를 보면 참지 못하는 성격이었던 그는 사회 문제에 관심을 갖고 혁명 과정을 지켜보면서 정치에 몸을 던졌다. 그는 부활한 왕정을 타도하기 위한 비밀결사에 참여했다. 1825년 반정부 혐의로 체포되어 심문을 받았으나 운 좋게도 증거불충분으로 풀려날 수 있었다. 이후 그는 생시몽의 사상에 감동하여 생시몽주의자가 되어 생시몽주의자들이 발행하는 잡지인 〈생산자〉에 자신의 생각을 발표하기도 하였다.

하지만 생시몽주의가 앙팡탕의 주도 아래 신흥종교로 변질되자 뷔셰는 생시몽주의를 떠나서 독자적인 활동을 시작했다. 그럼에도 그는 여전히 생시몽의 강력한 영향을 받고 있었다. 그는 경제제도보다

사회도덕을 중시하는 생각을 토대로 신가톨릭 학파를 창설하였으며, 산업분야에서도 생시몽의 사상을 실천하고자 노력하였다. 그는 노동자들의 조직에 관심을 갖고 1831년 〈유럽인〉을 발간하여 자신의 사상을 널리 알렸다. 그는 농업생산에 기초를 두고 있었던 푸리에의 팔랑주와는 달리 노동자들의 협동조합을 통하여 노동자와 자본가의 차별 철폐가 가능하다고 생각했다. 그 해 실험적으로 가구공들의 생산자협동조합을 설립하였으나 오래가지는 못했다. 그는 기존 사회체제에서 생산자협동조합이 새로운 사회창조를 위한 수단이 될 수 있다고 생각했다. 1834년에는 뷔셰의 지도로 금세공협동조합이 설립되어 1873년까지 존속하였다.

그는 이후에도 〈유럽인〉, 〈작업〉 등의 잡지에 자신의 생각을 기고하였고, 여러 생산자협동조합에도 관여하였다. 블랑Louis Blanc, 1811-1882과 함께 일하기도 한 그는 1848년 혁명 후에는 제헌국민의회 의장으로 추대되었으나 별다른 공무능력을 발휘하지 못하고 그 자리에서 물러났다. 그는 이후 일체 공적인 활동에서 은퇴하고 저작에만 힘썼다. 이때 쓴 〈사회과학의 정치 계약〉은 그가 죽은 1년 후인 1866년 출판되었다.

기독교적인 역사관과 생산자협동조합

1840년에 발표한 〈가톨릭 교

리와 발전의 관점에서 본 철학의 완전한 계약〉이라는 논문에서 뷔셰는 자신의 기독교적인 역사관을 보여주었다. 그는, 인간사회는 도덕과 함께 변한다고 주장한다. 역사를 통해 살펴보면 노예제는 농노제로 변하였고, 현재는 임금노동을 바탕으로 하는 경제 질서가 지배한다. 이처럼 인간의 인간에 대한 착취는 점차 약화되어 언젠가는 모든 사람이 평등하게 되리라고 생각했다. 그는 최고의 이상을 개인의 자유에서 찾았고, 경제제도보다 도덕원리를 중시했다. 그는 기독교적인 역사관을 바탕으로 노동자들의 생산자협동조합을 구상하였다.

뷔셰는 1830년대가 되면서 청년기에 가졌던 혁명주의를 탈피하고 노동조직에 관심을 갖게 되어 생산자협동조합을 자본주의를 극복할 수 있는 새로운 사회조직이라고 생각하였다. 그가 생각한 자본주의의 가장 큰 결함은 노동과 자본의 분리로, 이로 인해 노동자의 빈곤은 필연적인 것이었다. 따라서 그는 수공업적인 소규모 생산에 종사하는 숙련 노동자나 공장제 수공업(매뉴팩처) 생산에 고용된 노동자들은 생산자협동조합을 통하여 생산수단을 직접 소유함으로써 빈곤에서 해방될 수 있다고 생각했다. 그는 동일업종에 종사하는 노동자들이 모여 만드는 생산자협동조합을 주창했다.

그가 생각한 생산자협동조합은 블랑이 시도했던 국가에 의해 만들어지는 생산자협동조합과는 거리가 멀었다. 그는 노동자들의 자발적인 의사로 이루어지는 자조적인 생산자협동조합을 생각했다. 이것은 그가 지니고 있던 가톨릭의 종교관에서 나온 것이다. 그는 생산자협동조합이 기독교의 형제애를 바탕으로 만들어져야 하고, 이를 통하여 노동자들은 자유로워질 수 있다고 여겼다. 그는 생산자협동조합의 내부조직을 강력한 종교교단처럼 생각했다.

미래를 위한 생산자협동조합

뷔셰는 〈유럽인〉에서 생산자협동조합은 도시 임금노동자의 처우를 개선하는 수단으로서 아래와 같은 규정을 가져야 한다고 주장했다.

1. 한 사람 또는 두 사람의 노동자를 민주적인 방법으로 회사의 대표로 선출해야 한다.

2. 각 조합원은 관례에 따라 급료를 받는다. 그 기준은 노동시간, 일의 양, 그리고 숙련도에 따라 정해진다(그는 평등한 임금을 주장하지는 않았지만 일반 시장에 미치지 못하는 임금으로 협동조합이 자기 착취에 빠질 가능성이 있다고 생각했다).

3. 중간이윤을 배제함으로써 얻는 잉여의 20%는 매년 말에 조합원의 노동 비율에 따라 분배한다.

4. 매년 잉여의 20%를 적립하는 조합의 자본은 양도할 수 없고 조합으로부터 분할할 수 없다. 조합원은 자유로이 탈퇴할 수 있으나 계속 신규 가입을 하기 때문에 조합은 해산해서는 안 된다.

협동조합의 오래된 미래, 선구자들

뷔셰는 잉여를 조합 자본으로 적립하고 노동자들이 자치하는 생산자협동조합을 제창하였는데, 그 계획에서 가장 중요한 특징은 조합으로부터 자본을 분할할 수 없다는 규정이었다. 자본을 분할하지 않는다는 원칙은, 앞서 살펴본 것처럼, 영국에서는 윌리엄 킹을 비롯한 오언주의 협동조합운동에서 관철되었던 것인데, 그의 주장은 더 나아가 조합을 해산하더라도 적립된 조합의 자본은 분할할 수 없다는 것이었다.

그는 조합이 해산하는 일은 있을 수 없다고 생각하였는데, 혹시 그런 일이 생기더라도 조합의 자본은 같은 업종의 생산자협동조합에 기부하도록 하였다. 이 주장은 현재의 노동이 미래를 위해 봉사할 수 있다는 생각에서 나온 것이다.

뷔셰는 이렇게 말한다. "개개의 조합원은 죽더라도 조합은 영구적이다. 과거, 현재, 미래 언제나 인간 상호 간의 결합은 역사적인 필연이다. 우리의 후손들은 조합의 자본을 언제나 자유롭게 사용할 수 있어야 한다. 따라서 우리의 노동은 오늘만을 위해서가 아니라 미래에 대해서도 봉사해야 한다. 이를 위하여 우리는 조합 수익의 많은 부분을 미래를 위한 자금으로 준비해야 한다." 그가 주장한 적립자본의 의미는 이렇게 관철되고, 인류의 협동조합적 결합의 역사적 연속성은 자리를 잡을 수 있게 되었다.

뷔셰는 프랑스 생산자협동조합 사상의 창시자라는 이름에 걸맞게 조합의 공동자본뿐만 아니라 생산수단도 협동조합이 소유하여 조합

원인 노동자가 자본가의 착취 대상이 되는 것을 막고, 또한 자선적 구제수단을 사용하지 않고도 합법적으로 노동자계급을 해방할 수 있다고 주장했다.

하지만 뷔세의 이상은 실현되지 않았다. 1834년 그의 지도로 생겨난 금세공생산자협동조합은 성장을 구가하게 되자 곧바로 운동의 원칙들을 후퇴시켜 버렸다. 원래 수익의 5분의 1이었던 조합의 적립기금을 7분의 1로 줄였고, 조합에서 생겨나는 수익을 독점하기 위하여 신규조합원을 받아들이지도 않았다. 나중에는 적립되었던 공동기금조차 조합원에게 분할하여 1873년이 되면 이 생산자협동조합은 일반적인 회사조직처럼 되어버린다.

뷔세의 사상은 프랑스뿐만 아니라 영국의 생산자협동조합운동에도 영향을 미쳤다. 앞서 살펴본 영국의 기독교 사회주의자 루드로우는 뷔세의 지도로 설립된 생산자협동조합을 견학하고 그의 기독교적인 생산자협동조합 사상을 모방하여 영국 기독교 사회주의 생산자협동조합운동을 펼치는 데 응용했다.

프랑스 소비조합운동과
샤를르 지드

제2제정과 협동조합운동

　　　　　　　유토피아 사회주의자나 그 후계자들의 협동
조합 사상과 그 실천은 프랑스의 광범위한 소생산자적인 노동자들을
기반으로 하고 있었다. 블랑이 제창한 사회공장, 즉 노동자생산협동
조합이 실험될 수 있었던 것도 그런 사정을 반영한 것이었다.

　그러나 1848년 6월에 일어났던 노동자 폭동은 부르주아 공화주의
자와 대중의 관계를 단절하는 결정적인 계기가 되었다. 결국 그 해
12월 대통령 선거에서 공화주의자들은 패배했다. 대통령으로 당선
된 나폴레옹은 1851년 12월 쿠데타를 일으켜 제2공화정을 무너뜨리
고 제2제정 시대를 열었다.

　제2제정기에 프랑스 경제는 비교적 순조롭게 발전하여 기계제 공

장으로 전환한 대기업들이 상당한 성장을 이루었다. 대기업들이 새로운 생산수단을 갖추면서 낡고 작은 공장에서 일하는 노동자들의 불안은 가중되었고, 부녀자나 아동 노동이 늘어나면서 노동시장에서 성인 남자 노동자들은 큰 위협을 느꼈다. 특히 1860년대에 들어서면서 프랑스가 독점자본주의 체제를 갖추면서 중소기업이 붕괴하고 대량의 실업이 발생하여 노동 불안은 더욱 심해졌다.

1871년 파리 코뮌과 피의 탄압은 제1차 인터내셔널(국제노동자협회)의 영향력을 강화시켜 주었는데, 이듬해인 1872년 3월 인터내셔널 가입자에 대한 가혹한 처형을 규정한 법률이 공포되어 노동자의 파업을 철저하게 탄압하였다. 프랑스의 노동운동은 멈칫하는 것처럼 보였지만, 결코 좌절하지 않았다.

1876년 10월 파리에서는 제1회 노동자회의가 열렸다. 이 회의는 사실상 생산자협동조합, 소비자협동조합 그리고 신용협동조합의 문제를 다룬 협동조합회의였다. 1878년 리옹에서 열린 제2회 노동자회의에서도 노동자가 해방되고 빈곤을 극복하기 위해서는 협동조합이 가장 유효하다는 의견이 지배적이었다.

1879년 마르세이유에서 열린 제3회 노동자회의는 모습이 다소 달랐다. 초기 프랑스 마르크스주의자들의 영향으로 이 회의에서는 생산자협동조합과 소비자협동조합은 소수 특권계급의 생활만을 개선할 뿐이기 때문에 무산계급을 해방하기 위한 유력한 수단이 될 수 없다는 주장이 등장하였다. 그 후 급진파들은 협동조합, 특히 소비조

협동조합의 오래된 미래, 선구자들

합에 대하여 계급투쟁 보완론을 주장하고 협동조합주의의 환상을 비
판한다.

소비조합 사상의 발생과 전개

프랑스에 소비조합이 최초로 생긴 것
은 1835년이었다. 프랑스 남부도시 리옹에서 푸리에의 영향을 받은
드리옹의 지도로 설립된 '성실한 거래와 사회봉사를 위한 점포'라는
이름의 식료품점이었다. 몇 년 지속되지는 못했지만, 출자 배당과 이
용고 배당을 하는 소비조합 형태를 충실히 갖추었다.

이후에도 소비조합은 꾸준히 생겨났지만, 프랑스 협동조합운동의
주류는 생산자협동조합이었다.

그런데 19세기 말이 되면 사정이 달라진다. 프랑스에도 소비조
합 사상이 생겨났고, 계급투쟁에 대한 관점의 차이에 따라 사회주의
적인 노선과 소시민적인 노선으로 구분되었다. 전자는 생클로드 파
L'Ecole de saint-claude라 불렸는데, 길드 사회주의적 협동조합의 기본
원칙에 기초하여 1895년 프랑스 사회주의자 협동조합 거래소를 창
설하였다. 후자는 님 파L'Ecole de Nimes라 부르며 1885년 협동조합연
맹을 창설하였다.

지드, 파브르Auguste Fabre 그리고 보이브Édouard de Boyve 등의 지도
를 받으며 형성되었던 님 파의 형성이야말로 프랑스 협동조합 사상

사에서 큰 전환점이 되었다. 생클로드 파와 님 파가 통합하여 1912년 소비협동조합전국연맹을 결성했는데, 이때 소비조합 사상의 주류를 형성했던 것이 님 파의 사상이었다.

님 파의 지도자 중 보이브는 1885년 영국협동조합 제17회 대회에 출석하여 국제협동조합연맹 설립을 제안했던 일로 유명한데, 그는 이미 1883년 로치데일 공정선구자협동조합을 모델로 한 '님의 꿀벌'이란 소비조합을 설립하였다. 또한 파브르는 그보다 일찍 1878년 29명의 조합원과 함께 25프랑을 모아 노동자를 중심으로 하는 소비조합 '라 솔리달리테'를 설립하여 1879년 설립된 '라 르네상스'와 함께 님 파의 대표적인 소비조합으로 성장시켰다. 하지만 그 누구보다도 프랑스 소비자협동조합 사상을 굳건하게 다진 사람은 샤를르 지드Charles Gide, 1847-1932였다.

사회연대주의의 토대인 소비조합

경제학자였던 지드는 인간의 경제활동에서 소비를 중시하여 소비조합운동을 높이 평가했다. 그는 1883년 〈경제학원리〉를 세상에 내놓았는데, 이 책에서 자유경쟁주의를 대신하는 사회연대주의를 주장하였다. 사회연대주의는 그가 1904년 발표한 〈소비조합론〉의 기초였다. 1922년 발표한 〈경제학원론〉에서는 결론 부분의 제목을 '경쟁과 협동'이라고 붙여 사회연대주의를 강조하였다.

그는 자본주의 사회에서 경제활동의 원동력은 이기심이고 궁극적인 목적은 이윤의 획득이라고 말한다. 따라서 자본주의 사회는 사회적 정의와 평화를 실현하는 데 적합한 환경이라고 하기 어렵다고 주장한다. 그는 이기심을 부정하지는 않았지만, 경쟁원리를 대신할 사회연대, 상호부조의 정신을 강조했다. 사회연대와 상호부조의 정신을 실현하는 것이 소비자협동조합이었다.

그는 1885년 창립된 협동조합연맹의 규약에서 "이윤을 위해서가 아니라 소비자의 집단이익을 위해서 조직된 생산양식을 통하여 현존하는 자본주의적 경쟁 제도는 교체되어야 한다"고 주장하여, 지금까지 주류를 이루던 생산자협동조합을 넘어서 소비자협동조합이 자리잡을 수 있는 발전의 계기를 만들었다.

"소비조합은 파랑새를 쫓지만, 그것을 꿈나라에서 찾지 않고 점포 속에서 찾는다. 사회의 개혁을 부르짖지만, 우선 문 앞을 스스로 청소하고 가정 일을 스스로 정돈하는 데서 시작한다. 그는 이상의 별을 지향하며 나아간다. 하지만 자신의 발 아래를 응시하는 것을 잊지 않는다."

소비조합의 목적

지드는 〈소비조합론〉에서 소비조합의 목적을 다음

과 같이 말한다.

1. 인간 사회에 본래부터 존재하는 자연적인 협동을 의식적이고 또한 조직적인 것으로 발전시킨다.

2. 자본주의의 기생적인 가격 상승을 없애고, 정당한 가격을 형성하여 경제적 정의를 실현한다.

3. 소비조합에서 생기는 개인의 저축 일부 또는 전부를 조합의 금고에 예치하여 공동자본을 만들고, 이 공동자본으로 생산을 실현하여 이윤을 확보한다. 하지만 이것은 자본가가 소유하는 자본에 대한 몰수가 아니라 노동자 계급을 위한 새로운 자본의 형성을 의미한다.

4. 협동조합주의자에게 소비조합은 계급투쟁의 수단이 아니라 그 자체가 목적이다. 따라서 소비조합은 자발적인 자기 법칙에 의하여 작은 자기의 세계를 형성하고, 자기 세계의 발전에 노력하면서 새로운 사회를 실현해 간다.

지드는 자본주의 제도에서는 모든 상품의 가격이 기생적으로 상승하여 소비자는 정당한 가격으로 생활필수품을 구입할 수 없다고 주장한다. 이것은 자본주의 제도에서는 사회정의가 실현될 수 없다는 것을 의미한다.

이런 상황에서 소비조합은 정당한 가격을 구현함으로써 물가를 인하하고 사회정의를 실현하는 것을 목적으로 한다. 로치데일 노동자들이 자신들을 '공정' 선구자협동조합이라고 한 것도 같은 맥락에서라고 볼 수 있다.

지드는 더 나아가 '단지 교환경제만이 아니라, 부의 생산과 분배의 영역에서도 경제적 변혁을 실현할' 수단으로서 소비조합을 생각하였다. "경쟁을 원리로 하는 생산조직은 불안정하고 살아남기 어렵다. 따라서 협동을 원리로 하는 생산조직으로 바꾸지 않으면 안 된다… 분배에 관하여 생각하면 소비자가 생산에서 나오는 이익을 모두 차지하는 조직으로 변혁되지 않으면 안 된다. 그것은 자본의 이윤을 인정하지 않고 전혀 새로운 분배 방법을 창조하는 것이다."

소비조합 성립의 요건

이런 의미를 갖고 있는 소비자협동조합은 현실적으로 성립할 수 있을까. 전문빵집에서 공급하고 있는 것보다 질이 좋은 빵을 저렴하게 공급할 수 있는가 여부가 소비자협동조합의 가장 큰 과제다. 전문가가 아닌 아마추어 소비자가 모여 빵을 생산하면서 어떻게 전문빵집 이상으로 경제적일 수 있을까.

사실 이것은 분업이나 교환이라는 경제적인 대원칙을 무시하는 것이다. 소비조합은 어쩌면 경제가 아직 발달하지 않았던 야만시대나 로빈슨 크루소의 생활로 돌아가는 것이거나 봉건시대처럼 모든 생활 필수품의 자급자족을 주장하는 것일 수 있다. 그렇다면 자본주의 사회에서 소비조합은 필연적으로 실패할 수밖에 없는 것 아닌가.

현실적으로도 협동적인 사업경영에는 여러 가지 문제가 있을 수 있다. 우선 기술과 능력이 부족하다. 기술이 뛰어난 능력 있는 사람을 써서 관리하는 데도 어려움이 있다. 특히 사업 집행을 담당하는 사람에게 개인적 이익을 보장하는 자극을 주는 것도 곤란하다. 그렇다고 오랜 전통으로 쌓아올린 점포로서의 신용도 없다.

이렇게 말하면, 소비조합이 성립할 수 있는 근거가 없는 듯하다. 하지만 지드는 소비자협동조합은 반드시 성공할 수 있다고 단언한다. 그리고 그 근거를 다음과 같이 설명한다.

소비조합은 원래 소비자인 조합원에 의해 이루어지는 것이다. 즉, 조합원의 필요를 충족하기 위해서만 사업 활동을 한다. 따라서 조합원의 필요량을 예측하고, 준비할 수 있다. 그렇기 때문에 예측이 어긋나거나 투기를 하여 생각지도 못한 손해를 입지 않는다. 게다가 불특정 다수를 상대로 사업하는 것이 아니기 때문에 광고를 하거나 필요 이상으로 점포를 예쁘게 장식하여 사람들의 구매 의욕을 불러일으킬 필요도 없다.

이런 이유로 소비조합은 많은 비용을 절약할 수 있다. 게다가 영리보다 훨씬 매력적인 소비조합의 이상이 있기 때문에 낮은 임금에도 정직하고 헌신적인 종업원을 찾을 수 있다.

그렇기 때문에 소비조합운동은 착실히 발전해 갈 것이라고 지드는 말한다. 그런데 그는 여기에 한 가지 사실을 덧붙이는 것을 잊지 않았다. 조합원이 된 사람들이 조합의 일을 충분히 이해하고, 조합원으로서 책임을 다하는 것이 불가결한 전제조건이라는 사실이다. 그런 의미에서 지드는 협동조합운동에서 교육의 중요성을 강조했던 것이다.

현실을 중시했던 이상주의자

지드는 로치데일을 모델로 자신의 이론적 틀을 마련하였다. 그는 로치데일 공정선구자들의 시도를 19세기에 유일하게 성공한 사회적 경험이라고 평가했다. 그는 로치데일의 성공이야말로 전 세계적으로 소비조합운동이 확산될 수 있었던 원인이 되었다고 극찬한다. 그는 푸리에의 사상에서도 많은 영향을 받았던 것으로 보인다.

지드는 "사람들은 푸리에의 저작에서 협동조합, 또는 소비조합이라는 말을 발견하지 못할지도 모른다. 그러나 소비조합의 사상은 발견할 수 있다"고 말하면서 푸리에를 소비조합 사상의 선구자로 평가하였다. 그는 "소비조합은 사회개혁을 위한 운동 가운데 가장 이상적일 뿐만 아니라, 매우 실제적이고 특별한 성격을 갖고 있다. 소비조합운동은 마태이면서 동시에 마리아이고, 돈키호테이면서 동시에 산초다"라고 하면서, 앞에서 말했던 것처럼 파랑새를 점포에서 찾는 운동이고, 이상의 별을 지향함과 동시에 자신의 발밑을 주목하는 운동이라고 말했다.

열렬한 이상주의자였지만, 소비조합운동은 현실을 중시하고 특히 일상생활에서 실천을 중요시해야 한다고 생각했다. 지드는 생산자 협동조합이 주류를 이루던 프랑스에 사회주의와 결별한 소비조합운동을 처음으로 정착시켰다. 그는 사회연대주의의 기초를 이루는 소비조합 사상을 통해 프랑스 협동조합운동의 20세기 문을 활짝 연 사람이었다.

신용협동조합의 탄생과
독일의 소비조합

슐체와 도시형 신용협동조합

라이파이젠과 농촌형 신용협동조합

후벨과 독일 소비자협동조합의 발전

슐체와
도시형 신용협동조합

19세기 독일 사회와 협동조합운동

로치데일형 소비자협동조합이 주로 발전한 영국과는 달리 19세기 중엽 이후 독일은 도시나 농촌을 불문하고 신용협동조합이 협동조합운동의 주류를 이루었다. 물론 독일에서도 도시에는 소비자협동조합이, 농촌에는 각종 농업협동조합이 적지 않게 활동했다. 하지만 19세기 중엽 이후 독일의 사회경제적 배경을 고려할 때 신용협동조합이야말로 독일 협동조합운동을 대표한다고 할 수 있었다.

후발 자본주의 국가였던 독일은 19세기 중엽 일어난 산업혁명 이후에도 도시에는 수공업자나 상인이, 농촌에는 소농 경영자 등 이른바 중산계급이 여전히 많이 남아 있었다. 그들은 자본주의 경제가 발전하면 할수록 대자본과의 격렬한 경쟁 속에 내몰려 몰락의 위기에 처했다. 상품, 화폐 경제가 자리 잡으면서 자금 수요가 늘어난 중산계급 앞에 격심한 경쟁과 고리대 자본이 가로막고 있었던 것이다.

당시 중산계급들은 경영을 유지하고 몰락을 막기 위한 자금 수요에 대응해 줄 신용기관이 생겨나기를 희망하고 있었다. 시대적 상황이 자조自助 원리에 입각한 신용협동조합이 발달할 수밖에 없는 조건을 성숙시키고 있었다.

1850년대 이후 독일 각지에서 자생적인 신용협동조합운동이 나타났다. 하지만 도시와 농촌의 양상은 전혀 달랐다. 도시의 슐체와 농촌의 라이파이젠 신용협동조합이 서로 다른 모습으로 협동조합운동을 싹틔우고 있었다.

슐체와 라이파이젠에 앞서 〈노동의 조직, 또는 세계경제 체계의 연구〉를 지은 빈켈블레흐K.G. Winkelblech, 1810-1865는 독일 중세의 준프트(길드의 한 형태로 도시 수공업자의 독점적인 동업조직)를 계승하는 수공업자의 협동조합, 즉 직업별 협동조합을 구상하였다. 하지만 그의 구상은 봉건적인 성격을 띠고 있었기 때문에 독일을 대표하는 근대적 협동조합운동의 출발은 슐체와 라이파이젠이 발전시킨 신용협동조합이라고 할 수 있다.

슐체의 등장과 독일의 수공업자들

산업혁명이 시작되던 19세기 초에서 중엽에 이르기까지 독일의 주요 산업은 여전히 농업이었다. 공업의 발전은 느렸고, 준프트에 기반을 둔 수공업이 아직도 강력한 기반을 구축하고 있었다. 그러나 후발 자본주의 국가였던 독일의 부르주아들은 영국이나 프랑스의 선진 자본주의에 대항하기 위하여 독일 국내에서의 영업의 자유와 관세정책의 확립을 강력하게 요구했다. 이 요구에 대하여 절대주의 권력은 이른바 위로부터의 근대화 – 영업의 자유, 농민해방, 공업화 그리고 관세동맹을 추진했다. 특히 영업의 자유는 준프트 제도를 점차 해소하는 것을 의미하였다. 독일 절대주의 권력에 의한 위로부터의 근대화는 1840년대 들어서면서 점차 폭발할 기세를 보이던 부르주아 혁명에 대한 대응책이었다.

독일 자본주의는 프랑스 2월 혁명의 영향으로 점화되어 빌헬름 4세의 굴복으로 막을 내린 1848년 3월 혁명 이후 도시와 농촌의 계급 분해가 미완성인 채로 급속하게 전개되었다. 그 결과 도시의 수공업자들과 농촌 소농들의 빈곤화가 사회적 문제로 등장했다.

독일 수공업자들의 처지에 주목하면서 사회적인 문제가 된 수공업자들의 가난과 어려움을 해결하고 이들을 구제하려고 노력했던 사람이 바로 슐체 델리치Franz Hearmann Schulze Delitzsch, 1808-1883였다.

협동조합의 오래된 미래, 선구자들

슐체의 생애

슐체는 1808년 작센 왕국 땅이던 델리치에서 영주 재판
관이자 마을의 이장이던 아우구스트 슐체의 장남으로 태어났다. 그
는 라이프치히 대학 및 프리드릭스 대학에서 법률학을 전공하여 졸
업한 후에 재판관으로 활약하였다. 1838년 베를린 법관 시험에 최종
합격하여 나움베르크 주 고등법원에서 재판관으로 활약하다 1841년
고향의 영주 재판관이 죽자 그의 후임으로 임명되었다. 그는 1848년
까지 그 자리를 지키면서 사회의식과 강한 소명의식으로 지역주민들
을 위해 활동했다.

그가 성장하고 사회적으로 자리를 잡아가던 시절, 독일은 역사적
격동기를 겪고 있었다. 산업혁명의 소용돌이 속에서 종교, 도덕, 사
상의 자유를 주장하고 정치적, 경제적 자치를 이루기 위한 운동이 각
지에서 일어났다. 또한 경제적 지위를 개선하고자 갈망하는 노동자
계급의 움직임도 격렬했다.

슐체는 피억압 계층에 헌신해야 한다는 의무감을 키워갔다. 민중
의 자유와 권리를 위한 투쟁이었던 1848년 3월 혁명 후 슐체는 고향
에서 프로이센 국민입법의회 의원에 당선되었다. 그는 일하는 노동
자들 편에 서서 중앙당 좌파의 지도적인 인물로 활약했다. 그는 상
공업 노동위원회 서기와 이 위원회에 속한 수공업 사무를 위한 특별
위원회 위원장으로 활동하면서, 당시 수공업자들의 처지를 이해하
고 그들을 구제하는 방식에 관심을 기울였다. 이런 경험과 관심은 그

가 나중에 신용협동조합운동의 사상과 조직을 구상할 수 있는 토대를 마련해 주었다.

1849년이 되자 3월 혁명으로 후퇴했던 절대주의 왕정과 반동세력들이 의회를 해산하고 정치적인 승리를 거두자 그는 몸담았던 정치활동에서 멀어질 수밖에 없었다. 이후 그는 판사나 변호사가 되려고 했지만 정부의 방해로 꿈을 이루지 못했다. 1851년 잠시 떠나 있었던 델리치로 돌아와 법률상담 등으로 생계를 유지하면서 중산계급, 특히 수공업자들의 경제 문제에 관심을 갖고 이들의 곤궁과 불만을 해결하려는 사회적 활동에 나서게 되었다. 그는 신용협동조합 조직에서 그 해법을 찾을 수 있었다. 그는 실제 협동조합을 설립하고, 다양한 실험을 통해 그것을 더 유익한 조직으로 개선하는 데 노력하였다.

슐체는 독일 협동조합의 중심적인 지도자가 되었는데, 그 중에서 그가 가장 비중을 두었던 것이 바로 대부신용협동조합이었다. 그는 개별적인 단위조직뿐만 아니라 협동조합의 중앙기관으로서 자조의 원칙을 바탕으로 한 독일 산업 및 경제협동조합 총연합을 1864년 주창하여 만들고, 1875년에는 총연합 산하에 30개 주의 연합회를 만들어 연합조직을 정비하였다.

1861년 국민의회 의원으로 선출되어 정치활동을 재개하고, 1863년 협동조합법안을 프로이센 의회에 제출하여 1867년 프로이센 산업 및 경제협동조합법을 제정하는 데 결정적인 역할을 하였다. 그는 정치 활동과 협동조합 활동을 통하여 평생 중산계급의 자율적이고 자조적인 경제활동을 장려하고 촉발시키는 데 전력을 기울이다 1883년 포츠담에서 눈을 감았다.

빈민 구제활동의 출발

산업혁명으로 대자본과 경쟁해야 했던 농민과 수공업자들의 처지가 흉작으로 몹시 어려워진 1846년 슐체는 델리치에서 빈민 구제활동을 시작했다. 부유한 사람들로부터 기부를 받아 제분소와 빵 공장을 빌려 빈민들에게 빵을 적정한 가격 또는 무상으로 배급하였다. 영주 재판관의 지위에 있던 그의 단호하고 적극적인 노력으로 델리치 사람들은 기아의 위협에서 벗어날 수 있었다. 이 일은 그의 조직력과 실행력을 입증해 주는 사건이었다.

의회 수공업 사무위원회 활동으로 중산계급의 경제 문제에 관심을 갖기 시작한 슐체는 당시 사회가 경제적, 사회적인 발전과정에서 근본적인 변혁기를 맞고 있다는 사실을 인식하였다. 1840년대 독일 공업화 과정에서 수공업자나 자영업자들은 공장 설비와 기계를 도입하고 분업 체계를 도입하여 상품을 대량생산하는 대기업들에 패배하여 공업노동자로 전락해 갔다. 이런 현실에 주목하면서 슐체는 그들을 구제할 수 있는 방법을 고민하고 있었다.

그는 수공업자나 자영업자들이 살아남을 수 있는 길은 자조와 협동의 정신이 결합된 협동조합밖에 없다고 생각하였다. 이미 2~3년 전부터 독일에서도 협동조합에 대한 이야기가 나돌고 있었다. 특히 프랑스의 영향이 강하여 1832년 뷔세가 조직한 목공조합이나 비록 외형적인 형식만을 갖춘 것이지만 1848년 2월 혁명 후 조직된 국민 공장에 대한 논의가 있었다. 이들의 영향으로 1848년 이후 독일에서도 국가나 지방자치단체, 개인으로부터 보조금을 받아서 운영되는 협동조합들이 만들어졌다. 하지만 그것들은 대부분 파산하여 사람들에게 실망만 주었다.

1849년 여름 슐체는 델리치에서 보험조합의 성격을 띤 질병사망공제조합을 설립하였다. 조합원들은 가입비와 매월 출자금을 납부해야 했는데, 조합원을 경제 상태에 따라 세 개의 계층으로 구분하여 보험 혜택을 주었다. 이 조합은 민주적이거나 협동조합적인 특성은 부족했고 빈민구제를 위한 자선적인 성격이 강했다. 이 공제조합은 이듬해인 1850년 초에는 300명의 조합원이 가입할 정도로 큰 성공을 거두었고, 그 후에도 꾸준히 활동하여 1889년까지 존속하였다.

원료구매조합의 실험

슐체는 제각각 흩어져 있는 수공업자들을 활동적인 경제조직으로 결합하는 것만이 그들의 지위를 존속시킬 수 있고, 이 결합을 통해서만이 수공업자들이 유효적절하게 활용할 수 있는 자본을 마련할 수 있다고 생각했다. 이런 생각이 현실로 나타난

것이 1849년 말 슐체의 발의에 의하여 델리치에 설립된 수공업자의
원료구매조합이었다.

그는 우선 직물공들을 위해서, 곧이어 피혁공을 위해서 원료구매
조합을 설립하였다. 이 조합들은 수공업자인 개개 조합원이 필요로
하는 원료를 현금으로 대량 구매함으로써 가격을 낮출 수 있었다. 대
기업만이 가질 수 있는 이점을 조합원의 협동의 힘으로 성취할 수 있
었던 것이다. 이때 필요한 자본은 조합원의 출자금과 신용 차입금으
로 충당하였다.

직물공들의 원료구매조합은 처음에는 가난한 직물공들이 조합원
의 연대보증에 의한 차입금만을 가지고 출발하였다. 중개상인의 배
제로 생겨나는 이익은 현금 지불 원칙 아래 조합원들에게 분배되었
다. 하지만 슐체가 잠시 고향을 떠난 후 직물공들의 원료구매조합은
외상판매가 만연해져 곧 해체되어 버렸다.

반면, 피혁공들의 원료구매조합은 조합원들의 참여도 많았고 경영
자본도 충분하여 오랫동안 번창할 수 있었다. 라이프치히에서 원료
를 공동구매하였고 그곳에 공동판매소를 두어 조합원에게 이익을 남
길 수 있었다. 게다가 제품들을 외국에까지 수출하기도 하였다. 하지
만 아쉽게도 1867년 화재로 인하여 해산하였다.

최초의 신용협동조합

원료구매협동조합의 활동을 지켜보면서 슐체는 유능하고 근면한 수공업자들이 몰락해 가는 이유가 자본 및 신용의 부족에 있다고 확신했다. 그는 1850년 수공업자들에게 유리한 조건으로 자본을 제공하는 대부조합 설립을 제안하여 그해 6월 실제로 그것을 설립하였다. 하지만 이 대부조합은 자선적인 성격이 상당히 강했다. 기금의 대부분을 기부금과 무이자의 차입금, 그리고 조합원의 출자금에 의존하였고, 조합원에게 특별히 부여하는 의무는 없었다. 즉, 자조정신과 연대성이 결여되어 있었다.

슐체는 그간의 활동을 정리하여 〈협동조합, 노동조합에 대한 보고〉라는 논문을 발표했지만, 여기에서 거론된 협동조합은 아직 근대적인 성격의 협동조합과는 거리가 있었다. 임금노동자와 독립적인 수공업자를 구분하지 않고, 양자를 동일한 경제조건에 놓여 있는 것처럼 생각했다. 게다가 협동조합이 자선적인 성격에서 벗어나지 못했다.

잠시 브렛센에 머물다 다시 고향으로 돌아온 슐체는 1852년 자조와 연대의 정신을 바탕으로 델리치의 대부조합을 재구성하였다. 조합원의 출자로 자본을 조달하고 비조합원에게는 대출을 해 주지 않으며 연대책임제도를 채용한 대부조합의 개혁에 성공한 것이었다. 이후 조합은 크게 발전했다. 근대적인 신용협동조합의 모델이 등장한 것이다.

슐체의 협동조합 사상이 가진 가장 큰 특징은 자조^{Selbsthilfe}와 사회연대주의^{Solidarismus}였다. 그는 1853년 3월 발표한 〈독일 수공업자, 노동자를 위한 조합 독본〉이란 논문에서 이렇게 주장하고 있다.

"협동조합의 원칙은 모든 인간에게 이익이 될 수 있는 일을 보증하는 것이다. 이 점은 사회주의와 공통적이다. 양자 모두 연대주의의 기초 위에 서 있지만, 그 방법은 다르다. 사회주의는 국가사회라는 전체적인 입장에서 이것을 보증하려고 하며, 이것을 실현하기 위하여 새로운 기초 위에 사회를 재조직하는 것을 요구한다. 그러나 협동조합은 현재 사회에서 발견되는 가능성을 발전시키는 것을 통하여 그것이 실현되기를 기대하는 것이다. 즉, 협동조합은 조합원들이 '1인은 만인을 위하여 만인은 1인을 위하여^{Einer fur Alle, Alle Fur Einen}'라는 원칙을 받아들여 조합원의 생존에 필요한 보증을 제공받을 수 있는 조직이다. 전 국민들에게 개별 조합을 보증하기 위해서는 조합의 힘이 사회적으로 집중되어야 한다. 인간이 사회적으로 협동하는 것은 인간성에 뿌리를 두고 있기 때문이다. 하지만 지금까지 사회에서는 인간의 협동적인 경향은 무시되고 개인적이고 이기적인 경향만이 강조되었다."

슐체는 협동조합을 인간성 중의 하나인 개인주의, 즉 개인적 의지에 기초한 자유로운 행위와 다른 한편의 협동적 경향, 즉 이타주의적 의지라는 두 가지 의지가 가장 합리적으로 결합한 모습이라고 생각하였다. 그러나 이러한 슐체의 협동조합에 대한 정의는 계급 대립을 무시한 것이었다. 슐체에게 중요한 것은 자유경쟁에 참가하는 '조건의 평등'이었다. 그는, 약자인 수공업자들이 대자본에 의해 압박받는 상황은 수공업자가 대자본과 평등한 조건에서 자유경쟁에 참가할 수 없다는 것을 의미한다고 생각하였다.

슐체는 국가의 보호나 원조를 통해 평등한 조건을 만들어내는 것에 반대했다. 자기 책임의식을 굳게 지니고 있는 수공업자들의 자조의 정신이 평등한 조건을 만들어내는 것이 가장 이상적이라고 생각했다. 즉, 협동조합이 그것을 실현할 수 있는 조직이었다.

이런 생각을 토대로 슐체는 1852년 자선적 성격을 지니고 있던 대부조합을 재편했다. 기부금이나 차입금에 대한 의존을 폐지하고 자기 자금에 의해 운영되는 것을 원칙으로 하는 대부조합의 개혁을 실천한 것이었다. 결과는 조합의 성장으로 나타났다.

수공업자들 사이에서는 슐체의 협동조합 사상과 실천이 모범이 되어 인근 마을에서도 대부조합 등 협동조합이 줄지어 설립되고 발전해 갔다. 특히 1854년 라이프치히의 산업신문에 대부조합의 활동과 발전성과를 보고한 〈미래의 조합〉이란 글이 발표되면서 독일 각지에서는 협동조합 설립이 왕성해졌다. 이 조합들은 슐체와 긴밀한 관계를 갖고 있었다.

슐체계 신용협동조합의 원칙

　　　　　　　　1855년 슐체는 〈서민은행으로서 대부조합Vorschussvereine als Volksbanken〉이란 책을 출판하여 자조와 연대 책임에 기반을 둔 신용협동조합의 아홉 가지 기본원칙을 제시하였다.

　1. 신용조합의 주인은 조합원임과 동시에 경영의 담당자이고, 따라서 조합 사업의 위험 및 이익은 모든 조합원에게 공통된 것이다.
　2. 조합의 자금 거래는 일반적인 은행 거래에 준하고 시장 이자율에 따라 이자 및 수수료를 지불한다. 또한 조합 사업의 담당자 및 사용인은 그 노력에 따라 보수를 받는다.
　3. 준비금은 순이익 중에서 적립하고, 손실 보전 및 조합 재산의 증가에 충당한다.
　4. 조합원은 모두 출자를 하며 그 출자액에 따라 배당을 받지만, 그 배당금을 출자금에 적립하여 조합 자본을 늘려간다.
　5. 그밖에 사업경영에 필요한 자금은 조합원이 연대책임을 가지고 모은다.
　6. 조합은 직업에 관계없이 모든 사람들에게 공개되고, 어떤 직업의 자금 수요에도 따른다.
　7. 조합은 인적 결합체로 경영 신용의 충족에 대해서만 활동한다.
　8. 조합원에 대여하는 신용은 단기적인 것을 원칙으로 한다.
　9. 신용협동조합의 발전은 조합원의 어떠한 자금 수요라도 조달이

가능하게 만든다.

이 원칙들에서 알 수 있는 것처럼, 슐체가 지향한 신용협동조합은 출자자, 이용자, 운영자라는 삼위일체의 관계를 바탕으로 자조에 의한 상호 협력이라는 이념으로 일관하였다. 특히 다음과 같은 특징이 있었다.

첫째, 슐체계 협동조합은 다른 은행업과 마찬가지로 충분히 채산을 맞출 수 있는 경영의 기반을 확립해야 한다는 점을 기본원칙으로 삼았다.

둘째, 조합원의 범위를 수공업자에 한정하고 있지 않다는 점이다. 이 원칙은 조합원의 확대를 가져왔고 그 결과 자금 형성을 한층 용이하게 하여 운영 기반을 튼튼하게 만들었다.

이 두 가지 특징은 신용협동조합이 수공업자들의 신용기관으로서 자본주의 형성기 독일 은행제도의 결함을 메우는 데 크게 이바지할 수 있는 힘이 되었다.

연합조직의 성립

슐체의 활동은 독일 각지에 수많은 신용협동조합 및 각종 협동조합의 발생을 촉진시켰다. 그리하여 1858년 고타에서 열린 제1회 독일 경제학자 회의에서는 협동조합이 국가가 아니라 중소상공인과 노동자계급의 독립적인 의지로 충분히 이룩할 수 있다는 것을 천명한다. 독일에서 대부조합, 원료구매조합, 소비조합 등 협동조합은 가난한 중소상공인들과 노동자들의 자기 번영의 수단으로 장려되었다.

1859년 제2회 독일 경제학자 회의가 열릴 당시 대부조합은 111개나 되었지만 별다른 조직적인 연대가 이루어지지 않았다. 슐체의 문필 활동만이 단위조합들에 지침을 제시하고 방향을 결정하는 유일한 실마리이자 연대의 끈이었다. 아무런 법적 보호 장치도 없는 상황이었기 때문에 슐체에게는 이 현실이 큰 부담이었다. 슐체는 대회 연설을 통해 단위조합들의 단결을 요구하였고, 그의 요구는 곧 실현되었다.

1859년 29개 조합, 38명의 대표자가 슐체의 초청으로 바이마르에 모여 제1회 독일 대부신용협동조합 합동회의를 열었다. 이 회의를 통하여 단위조합 간 의사소통을 담당할 중앙 연락기관의 설치를 결정하고, 이 기관을 위하여 각 조합은 해마다 수익의 0.5%에 해당하는 회비를 납부하기로 의결하였다. 그리고 1864년 라이프치히에서 주간신문으로 바뀐 〈협동조합 신문〉의 전신인 〈미래의 조합〉을 기관지로 발행하기로 하였다.

1861년 말에는 이 중앙 연락기관에 208개 조합이 참여하였고, 이듬해에 '독일 산업 및 경제조합 대표기관'으로 명칭을 바꾸고, 슐체를 종신 대표로 선출하였다. 이 기관은 1864년 '독일 산업 및 경제조합

총연합'으로 자리를 잡는데, 당시 참여하고 있던 조합은 337개 대부 신용협동조합과 40개 원료조합, 공동판매조합, 생산조합, 그리고 15개의 소비조합이었다.

하지만 조합의 수가 급속도로 늘어나면서 총연합만으로 독일 전국에 분산된 엄청난 수의 단위조합과 연락하는 것이 불가능해져 각 주마다 하부조직이 필요해졌다. 이에 1875년 총연합이 30개 연합회로 나눠져 각 주마다 그리고 각 직종마다 연합회가 건설되어 체험을 교류하고 내부를 정비하였다.

하지만 슐체계 협동조합들은 그리 강력한 연합조직을 필요로 하지는 않았다. 이 점은 슐체계 협동조합들이 대부분 단위조합들의 자주적이고 독립적인 자세를 존중했다는 점과 깊은 관련이 있었다.

협동조합법의 제정

1860년 개최된 고타의 제2회 합동회의에서 슐체는 협동조합을 특수한 형태의 경제 시스템이며 인적인 요소를 기초로 하는 회사라고 규정하는 법률 초안을 제안하였다. 1861년 국민의회 의원으로 선출되어 정치에 다시 나서게 된 후 1863년 법안을 프로이센 의회에 제출하였다. 하지만 의회가 협동조합에 대한 행정관청의 허가사항 규정을 추가하려 하자 오히려 슐체가 법의 제정에 반대하였다. 결국 1867년 슐체의 제안대로 '사법상의 지위에 관한 산업

194   협동조합의 오래된 미래, 선구자들

및 경제 협동조합법'이 채택되었고, 이듬해 북부독일연합에서 이 법을 수정, 보완하여 통과시켰다.

　1874년 슐체는 독일제국 의회에 수정안을 제출했는데, 여기서 주목할 점은 슐체가 그때까지 강력하게 주장하던 조합원 연대책임제를 조합원 유한책임제로 변경한 수정안이었다는 것이다. 1880년이 되면 독일에는 1,895개 신용협동조합, 654개 소비조합, 150개 원료조합, 131개 생산조합이 결성되어 활동한다. 슐체가 세상을 떠난 후인 1889년 5월 슐체의 제안을 바탕으로 독일 제국에는 '산업 및 경제 협동조합에 관한 법률'이 공포되었다.

　협동조합법 제정을 위한 슐체의 노력을 굳이 강조할 필요는 없을 것이다. 국민의 일반적 복지를 위한 조직으로서 협동조합에 대한 슐체의 생각에 비춰볼 때, 자율적 조직으로서의 협동조합을 뒷받침할 법률은 당연한 것이었다. 그의 생각과 노력이 독일 협동조합 기본법을 형성하게 된 주요 원동력이었다.

슐체계 협동조합의 특징

　　　　　　　뒤에서 다룰 농촌형 신용협동조합인 라이파이젠계 조합과 비교하면 더 선명하겠지만, 슐체계 협동조합은 슐체가 단위조합을 설립할 때 강력하게 주장했던 지도 원리를 살펴본다면 그 특징이 분명해진다.

첫째, 조합의 자본은 조합원의 출자로 조성되어야 한다.

둘째, 조합은 한 가지 종류의 사업 경영을 원칙으로 해야 한다. 한 조합이 여러 사업을 병행하는 것은 능률을 떨어뜨릴 뿐 아니라 폐해도 적지 않다.

셋째, 조합이 성립되는 구역, 즉 공동유대의 구역은 사업을 하는 데 필요한 최소 규모 이상이어야 한다. 사업별로 지역의 규모가 결정되는데, 수공업자들의 조합은 직종별 조직이었으므로 그 구역 자체가 넓을 수밖에 없다.

넷째, 대출 기간은 단기로 한정해야 한다. 슐체는 이 원칙을 수공업자뿐 아니라 농민들에게도 적용하려고 하였다. 농민들이 한 예금도 단기적이기 때문에 대출 기간도 짧아야 한다고 주장한 것인데, 라이파이젠과 견해 차이가 나는 지점이었다.

다섯째, 단위조합의 자율성을 강조했다. 따라서 연합회나 중앙회 설립에 소극적이었다.

여섯째, 외부의 원조와 간섭을 모두 배제하였다. 슐체는 라이파이젠이 공공기관에서 융자받아 조합을 운영하고 있다는 사실을 격렬하게 비난했다.

일곱째, 자조와 연대, 즉 협동을 협동조합운동의 기본원칙으로 삼았다.

슐체계 협동조합은 라이파이젠과 달리 도시의 수공업자들을 위한

협동조합의 오래된 미래, 선구자들

것이었다. 하지만 독일에서도 수공업자들을 위한 협동조합은 다른 조합들에 비해 발전이 더디었고, 제 역할을 해내지도 못했다.

슐체의 협동조합은 서민은행으로서 신용협동조합, 혹은 중소상공인을 위한 상공업협동조합이나 중소기업협동조합으로 발전하여 생산자협동조합과 소비자협동조합과는 다른 협동조합운동의 한 맥을 형성하였다.

협동조합 논쟁 – 후벨의 슐체 비판

슐체가 활발하게 활동하던 시절 독일에서는 협동조합의 사상과 형태를 둘러싸고 슐체와 라살레^{Ferdi-nand Lassalle, 1825-1864} 그리고 독일 소비조합의 아버지라 불리는 후벨^{Victor Aime Huber, 1800-1869}과 슐체 사이에 논쟁이 일어나 협동조합운동 발전의 밑거름이 되었다.

최초의 논쟁은 슐체와 후벨 사이에 일어났다. 후벨은 영국의 협동조합운동을 돌아보고 그 내용을 독일에 소개하여 슐체에게 영향을 미쳤다. 둘 사이에 친교가 시작된 것은 1855년 무렵이었다. 이듬해 후벨은 슐체의 고향을 방문하여 원료조합과 신용협동조합을 방문하고, 슐체의 신용협동조합이 정신적, 윤리적으로 뒤떨어져 있다고 지적하면서 슐체가 말하는 자조^{自助}에 대해서도 의구심을 나타냈다. 협동조합이 가져오는 물질적인 이익의 본질은 조합원의 도덕적, 윤리적, 지적인 향상을 가져오는 것이라고 생각했던 후벨에게는 슐체의 신용협동조합이 물질적 이익만을 강조하고 개인주의적인 자유의지의 발휘를 부정적으로 다루고 있는 것으로 보였기 때문이다.

후벨의 비판은 슐체의 소시민적인 자유주의 사상을 움직이는 데까지는 이르지 못했다. 슐체의 협동조합 구상에는 후벨이 가장 핵심적이라고 주장하던 소비조합은 들어있지 않았다. 슐체가 당시 사회 문제의 본질이라고 생각한 수공업자 문제를 후벨은 본질적인 것이라고 느끼지 않았다. 후벨은, 국민경제적인 입장에서 거시적으로 볼 때 공장제 대공업이 발전하면 수공업자들은 불가피하게 몰락할 수밖에 없다고 생각했다. 따라서 노동자와 소규모 상인, 직인을 포함한 노동계급 생활 전반의 문제를 해결하는 것만이 가장 시급한 과제라고 생각했기 때문에, 후벨은 수공업자만을 구제하려고 한 슐체의 생각에 기본적으로 동의할 수 없었다. 후벨이 신용협동조합보다도 소비조합을 노동 문제 해결을 위한 긴요한 사회조직이라고 주장했던 배경에는 이런 맥락이 있었다.

슐체와 라살레의 논쟁

슐체와 국가 사회주의자였던 라살레 사이에서도 논쟁이 벌어졌다. 두 사람의 협동조합 사상의 가장 큰 차이는 슐체가 자조 원리를 협동조합의 원칙으로 삼은 데 반하여 라살레는 국

협동조합의 오래된 미래, 선구자들

가 원조를 기본으로 삼았다는 점이다. 두 사람의 차이는 정치적 입장의 차이에서 생겨나는 것이기도 하였지만, 역시 협동조합에 대한 기본적인 생각의 차이에 원인이 있었다.

라살레의 협동조합 사상은 그가 주장한 '임금철칙Das eherne Lohng-esetz'에 의해 규정된다. 그는 노동자계급의 빈곤과 가난은 임금을 결정하는 사회법칙인 임금철칙으로 인한 것이기 때문에 그들을 빈곤에서 해방하기 위해서는 임금철칙을 폐기해야 한다고 주장하였다. 노동자가 받는 임금은 노동하여 생겨나는 수익의 일부분에 지나지 않고, 게다가 일반적 관례에 의하여 겨우 생존 가능한, 즉 노동자를 재생산하는 데 기본적으로 필요한 최저생계비까지 떨어지게 된다. 만약 임금이 인상되어 노동자의 생활상태가 개선되면 노동자 사이에 결혼이 증가하여 인구가 증가하고, 따라서 노동력 공급이 늘어나 임금은 다시 떨어진다. 역의 경우도 마찬가지로 임금은 필연적으로 생존을 위한 최저생계비 수준으로 떨어지게 되어 있다.

라살레는 임금철칙이 폐지되고 노동자가 얻는 임금은 전노동수익권에 근접하는 것이어야 한다고 생각하여 노동자생산협동조합을 주창하였다. 그는 이렇게 말했다. "노동자계급이 스스로 기업가가 되었을 때 임금과 기업 이윤 사이에 나타나는 분리와 그것에 동반하는 단순한 임금은 완전히 폐기되고, 노동의 보수로서 노동수입이 임금을 대신한다."

라살레의 견해는 노동자계급의 지위 향상을 위하여 노동자를 소비자가 아닌 생산자로 평가하게 되고, 따라서 소비조합이 아니라 생산조합을 중시하게 된다. 슐체의 원료구매조합이나 신용협동조합이 소시민적인 한계를 가졌다는 라살레의 비판은 이러한 입장에서 연유한 것이다.

그런데 라살레는 왜 노동자생산협동조합에 대한 국가의 원조를 주장했을까. 그것은 그의 국가관과 관계가 있다. 라살레는 헤겔의 국가관에서 지대한 영향을 받았다. 헤겔에게 국가는 인륜적인 이념의 실체이고 개인을 초월한 이성적 존재였다. 개인의 자유는 국가를 통해서 비로소 보증된다. 라살레는 이러한 헤겔의 국가관을 그대로 따랐다.

헤겔과 마찬가지로 국가를 인륜적인 총체라고 여겼던 라살레는 인간의 자유를 확립하기 위하여 국가가 노동자계급에게 경제적 자유를 보증해야 한다고 이야기했다. 그리고 이 목적을 달성하기 위하여 보통선거제를 실현하여 노동자계급이 국가 의지의 형성에 참가할 수 있는 길을 확립해야 하며, 그래야 사회정의가 구현될 수 있다고 주장했다. 임금철칙이 고전파 경제학, 특히 아담 스미스의 경제학에서 빌려온 생각이었던 것처럼, 그는 국가의 원조에 의한 생산협동조합의 발달이라는 환상도 갖고 있었다.

슐체는 라살레의 생각에 대하여 이렇게 반론하였다.

"라살레는 국가의 원조를 당연한 것처럼 말하지만, 국가는 자금의 재원을 어떻게 조달할 수 있을까. 이 점에 관한 라살레의 대답은 정말 가치 없는 것이다. 라살레에 의하면, 국가의 자본 및 신용은 세금, 즉 국민의 납세에 기초한 것인데 이것은 국가를 구성하는 하나의 계급인 시민을 다른 시민의 희생을 통해서 구제하려고 하는 것과 다를 바 없다… 라살레에 의하면, 노동자 자체가 국가라지만, 노동자가 국가의 원조에 의존한다는 것은 바로 갈 수 있는 길을 무의미하게 돌아서 가는 꼴이다. 결국 라살레가 말하고 있는 국가의 원조는 똑바른 길을 돌아서 가는 자조自助라고 밖에는 생각할 수 없는 것은 아닐까."

또한 슐체는 라살레의 소비조합 비판에 대해서도 다음과 같이 반박하고, 자조를 토대로 한 협동조합의 유효성을 강조하였다. "라살레는 임금철칙이 소비조합을 효과가 없는 것으로 만든다고 하지만, 생활필수품의 가격 인하가 임금의 삭감을 가져오지는 않는다. 무릇 1820년 이후 많은 소비조합이 활약하고 있는 영국에서는 곡물 관세가 폐지되고, 빵 가격은 상당히 저렴해졌다. 임금은 노동 시간의 감소에 따라 낮아지는 것이 아니라 오히려 끊임없이 상승하는 경향을 나타낸다. 노동자계급은 소비조합에 의한 대량구매의 이익을 얻고 있지, 임금에서 어떤 손실을 받고 있지는 않다. 오히려 가계에서 이익을 얻고 있다."

협동조합 논쟁은 협동조합의 모습을 더욱 굳건하게 정립해 가는 노력이라고 볼 수 있다. 슐체의 신용협동조합은 논쟁을 통하여 독일 자본주의의 특수성으로 나타나는 신용제도의 결함을 보완하면서 수공업자들의 급속한 노동자화를 방지하고, 그 결과로 나타날 사회적인 불안과 위기를 무사히 넘길 수 있는 건널목 역할을 충실히 수행하였다. 그리하여 독일 자본주의의 사회정책적인 요청에 부응하면서 크게 발전하여 도시형 신용협동조합, 상공업협동조합의 원형을 형성하였다.

라이파이젠과
농촌형 신용협동조합

슐체 델리치가 후발 자본주의 국가였던 독일의 경제발전 과정에서 생겨난 도시 수공업자들의 어려움을 구제하는 방법으로 도시의 신용협동조합을 발전시켰던 것과 마찬가지로 농촌에서도 곤궁에 처한 농민들을 구제하는 일이 급박한 과제였다. 이 과제에 정면으로 맞서 나간 인물이 바로 프리드리히 빌헬름 라이파이젠F.W. Raiffeisen, 1818-1888이었다.

고리대금업과 독일 농촌의 피폐

앞선 자본주의 국가인 영국과 프랑스의 위협에 직면해 있던 독일은 절대주의 권력의 대응을 서두르지 않으면 안 되었다. 프로이센의 왕이었던 프리드리히 빌헬름 3세 치하에서 이루어진 슈타인 헤르덴베르크의 개혁은 독일 자본주의 발전의 기반을 절대주의적인 관료들 중심으로 위로부터 만들어내려고 한 것이었다.

1807년 10월 빌헬름 3세는 슈타인의 진언을 받아 농노해방 칙령을 발표하였다. 이 칙령으로 독일 농민들은 형식적으로는 토지 양도나 직업 선택의 자유를 얻었지만, 실제로 농노라는 지위에서 벗어나기 위해서는 일정한 액수의 돈을 내놓아야만 했다. 이것 때문에 농민들이 고리대 자본에게 돈을 빌리게 되어, 오히려 그들의 수탈 아래 놓이는 처지가 되어 버렸다.

고리대금업의 횡포는 정말 무시무시한 것이었다. 농민을 곤궁과 피폐 속에 몰아넣은 것에는 '가축 고리'와 '토지 고리'가 있었다.

'가축 고리'는 가축의 외상 판매나 가축의 대부라는 형태로 이루어 졌다. 농민은 나중에 대금을 갚을 것을 전제로 엄청나게 높은 가격으로 가축을 구입한다. 그런데 기한이 되어도 대금을 갚지 못할 경우에는 가축을 돌려주어야 할 뿐 아니라 이자도 내야 했다.

가축의 대부는 농민이 고리대금업자에게 가축을 빌려 쓰는 것을 말한다. 실상은 고리대금업자가 여윈 소를 빌려주면 농민은 그 소를 먹이지만, 농사일에 잘 써먹지도 못하고 돌려주는 일이 많았다. 고리대금업자는 살찐 소를 다른 곳에 높은 가격으로 팔아 폭리를 취했다.

또한 '토지 고리'는 중개업자가 현금이 필요한 토지를 파는 측과 토지가 필요한 농민 사이에 개입하여 양자를 농락하는 것이었다. 즉, 토지를 파는 측에는 농지가격을 아주 싸게 매겨 현금을 지불하고, 현금을 지불할 수 없는 사는 측에는 나중에 엄청나게 높은 금액을 요구하여 폭리를 취하는 방법이었다.

라이파이젠이 독일의 농촌에 신용협동조합을 만들어 지도하고 발전시켰던 배경에는 이런 농민의 곤궁과 농촌의 피폐 상태가 있었던 것이다.

라이파이젠의 젊은 시절

　　　　　　　　1818년 지그 강변의 함에서 태어난 라이파이젠은 4세 때 읍장이었던 아버지를 여의고 경건한 어머니 밑에서 자랐다. 어린 그에게 누구보다도 정신적으로 큰 영향을 미친 사람은 목사 자이펠이었다. 이런 환경에서 그는 기독교적인 이웃 사랑과 성실한 삶의 자세를 키울 수 있었다.

　아버지를 일찍 잃은 라이파이젠은 17세 때 포병에 지원하여 직업군인이 되기를 희망했다. 20세에는 하사관이 되어 병기학교에 입학하여 군사학 이외에도 수학, 물리학, 화학 등을 공부할 수 있었다. 이 무렵 그는 음악, 문학, 미술 등에도 관심을 갖고 서클에 들어가 교우관계를 넓혔다.

　1839년 그는 상급 포병 시험에 합격했으나 아쉽게도 군인이란 직업을 포기할 수밖에 없었다. 일생 따라다닌 눈병에 걸려 그는 1843년 제대를 할 수밖에 없었다. 제대 후 그는 코블렌츠의 행정관이 되었고, 2년 후인 1845년 안델키르헨 주의 바이에르 부시의 읍장이 되어 어느 정도 안정된 가정생활을 할 수 있었다. 그해 9월 그는 서클에서 만난 에밀리 슈토르크와 결혼하여 7남매를 낳았다. 맏아들인 아마리는 나중에 아버지가 이룩한 협동조합운동의 충실한 보조자로 활동하였다.

　몸이 약한 아내는 1863년 먼저 세상을 떠났다. 라이파이젠도 늘 병이 끊이지 않을 정도로 허약했다. 군인을 그만두게 하였던 안질은 나

　　　　　　　　협동조합의 오래된 미래, 선구자들

중에 그를 실명 상태에 이르게 하였고, 늘 신경성 질환에 고통받았다.

농민들에 대한 자선활동의 출발

1846년부터 47년에 걸쳐 독일을 휩쓸고 간 흉작은 농민들을 기아상태에 몰아넣었다. 농민들을 구제하기 위하여 정부는 왕실 창고의 밀가루를 현금을 받고 배급했다. 현금이 없는 농민들에게는 아무 소용도 없는 일이었다.

당시 바이에르 부시의 이장이었던 라이파이젠은 군수의 명령을 어기고 구제위원회를 설치하여 농민들을 대신하여 밀가루 대금을 지급하고 농민들에게 밀가루를 나누어 주었다. 그리고 마을 부자들로부터 자금을 차입하여 종자를 조달하고, 빵집을 경영하여 싼 가격으로 농민들에게 빵을 제공했다. 이 빵집은 '빵 조합'이라고 불렸는데 이 빵집이 라이파이젠이 최초로 시도한 협동조합 사업이었다(나중에 이것은 농업협동조합의 기원으로 주목받는다). 라이파이젠이 가지고 있던 기독교적인 이웃 사랑의 정신을 실천한 이 사업은 지극히 자선적인 성격이 강했다. 하지만 개인들의 협동을 통해 이루어지는 공동사업은 독일의 다른 지방에도 급속하게 파급되어 갔다.

1848년 라이파이젠은 프람멜스펠트의 이장에 취임했는데, 그는 여기에서도 곧 공익사업을 시작했다. 이 지방도 다른 여느 지방과 마찬가지로 농민들의 처지는 어려웠다. 흉작으로 인한 굶주림보다 무서운 것은 농민들을 좀먹어 들어가는 고리대금업이었다. 고리대금업은 사회악이요, 사회적인 독초였다.

"심한 연작으로 수확이 없는 땅에는 기생식물이나 독버섯이 돋아나듯 그 지방에서도 착취를 당하여 궁핍해진 사람들 사이에서 이른바 인간 독초들이 이웃의 곤궁은 아랑곳하지 않고 자신의 부만을 꾀하는 고리대금업을 하고 있었다. 양심도 없는 악독한 고리대금업자들은 농민들의 무지와 궁핍을 이용하여 폭리를 취하고 있었다. 농민들은 차례로 파산해 갔다."

이런 상황을 극복하기 위해 라이파이젠은 부임한 다음해인 1849년 12월 부유한 마을사람들을 참가시켜 프람멜스펠트 빈농구제조합을 설립하였다. 이 조합은 농민을 '가축 고리'로부터 보호하기 위하여 가축을 일괄 구입하여 5년 분할 대금 상환을 조건으로 농민들에게 가축을 양도했다. 자금은 60명의 마을사람들이 무한연대 책임을 지고 쾰른 시의 자본가로부터 차입했다. 무한연대 책임에 의한 차입은 바이에르 부시의 경우보다는 나아졌지만, 자기 자본으로 신용을 보증하지 못하고 차입된 자금을 대부하는 방법이기 때문에 위험성이 많다는 여론이 일어났다. 하지만 라이파이젠은 조직력을 통하여 어려움을 극복했다. 자기 자본의 부족을 조합원의 연대책임으로 보완했던 것이다. 조합에는 이사회와 조합장이 있었으나 모두 무급이었다.

라이파이젠의 조직력으로 자선을 위하여 조직된 빈농구제조합이 대부조합으로 변모하는 계기는 조합이 직접 가축을 구입하는 것을

협동조합의 오래된 미래, 선구자들

중단하고 농민에게 5년 분할로 자금을 직접 대출해 주어 농업 생산에 필요한 건물, 토지, 가축, 농기구, 종자 등을 농민 스스로 구입할 수 있도록 하는 방법이 채택되면서부터였다. 3년 동안 대출을 통하여 마을에 늘어난 소는 300마리 이상이었다. 하지만 이 조합은 라이파이젠이 마을을 떠난 뒤 사업 부진으로 문을 닫았다.

신용협동조합운동의 정착

그간 활동으로 능력을 인정받은 라이파이젠은 1852년 8월 자신이 펼친 신용협동조합운동의 거점이 되었던 햇데스도르프 이장으로 임명되어 공무를 수행하면서 기독교적인 박애, 동정심, 자선의 철학을 갖고 복지사업에 헌신하였다. 가톨릭과 개신교의 성직자들과 교우 관계를 유지하고 문학 애호클럽에서도 활동했다.

그는 전근한 이듬해인 1853년 햇데스도르프 복지조합을 창립했다. 이 조합의 정관 제2조는 다음과 같이 조합의 목적을 밝히고 있다. "물질적인 행복의 향상을 통하여 복지도 이루어진다는 생각에서 우리 조합은 물질적인 행복을 위한 활동과 더불어 활동 분야를 가능한 한 확대하는 것을 목적으로 한다. 특히 몸을 의지할 곳이 없는 고아들의 보육과 교육, 나태한 부랑아나 형량이 남은 전과자에 대한 직업 알선, 가난한 농가에 대한 가축의 보급, 그리고 혜택 받지 못한 하층민을 위한 신용금고의 설립으로 활동영역을 넓혀야 한다."라이파이젠은 이런 목적을 가진 조합에 지역의 유지들을 참여시키는 데 성공했다.

우리가 주목해야 할 또 한 가지가 조합 규약에 명시되어 있었다. 규약에는 잉여는 일정 자본(당시 5천 탈레르)에 이를 때까지 지출하지 못하도록 되어 있었다. 이 자본은 절대로 분배할 수 없으며, 조합이 해산할 때에도 빈민구제금고로 전환하도록 하는 장치를 갖추었다. 즉, 이 규약은 조합이 이윤이 아니라 빈민구제를 위한 조직이라는 라이파이젠의 생각이 집약된 것이라고 볼 수 있다.

그러나 빈민구제를 위해 단일한 협동조합에서 다양한 사업을 취급하는 것에는 큰 한계가 있었다. 조합원들의 관심도 점차 줄어들어 이 조합은 1864년 대출 업무만을 담당하는 헷데스도르프 대부조합으로 변모되었다. 하지만 이 대부조합도 차입금액이 2만 탈레르를 넘어서게 되자 조합원들은 손실을 우려해 조합의 해산을 요구하였다. 라이파이젠은 이 상황을 신중히 검토하고 심사숙고한 후에 "자선과 자발적인 원조를 보수 없이 오랫동안 기대할 수 없다"는 사실을 깨달았다. 라이파이젠은 이기적인 욕구를 갖고 있는 인간들이 그리스도의 사랑과 박애의 원리만으로 조합을 지탱하기 어렵다는 현실을 인정하게 되었다.

라이파이젠은 1862년 헷데스도르프 대부조합의 조직과 활동을 슐체에게 보고하고 앞으로의 방향에 대하여 상의하였다. 그리고 "나는,

이런 유형의 조합은 무조건 자조자립했을 때만 생명력이 있고 존속이 가능하다는 슐체의 의견에 전적으로 동의한다."라고 결론을 내렸다. 자선의 원리를 기초로 했던 라이파이젠의 신용협동조합은 자조를 원리로 한 조합으로 전환하게 되었다.

헷데스도르프 대부조합은 출자금 등 조합원 참가제도의 채택, 무보수였던 회계 담당자에게 보수를 지불하는 등 슐체계 신용협동조합 제도를 대폭 받아들였다. 또한 1865년 5월 총회에서는 슐체계 총연합에 참가하기로 결정했다. 이 시기는 라이파이젠계 신용협동조합이 요동하는 시기였다. 1869년 라이파이젠은 교구나 마을을 중심으로 눈에 보이는 범위의 작은 지역에 조합을 둔다는 안하우젠에서 확인된 원칙을 바탕으로 조합을 여러 개의 작은 조합으로 분할하였다.

라이파이젠이 협동조합운동을 지탱할 수 있었던 기본적 사상은, 앞에서도 여러 번 언급한 바와 같이 경건한 기독교도로서 그가 지니고 있었던 이웃 사랑의 정신이었다. 그는 이웃 사랑의 정신을 바탕으로 제1의 근본원리인 자조적인 실천과 제2의 근본원리인 자치와 자주관리를 기본으로 하는 대부조합을 통하여 가난한 농민들의 정신적 행복과 물질적 행복을 동시에 실현하려고 했다.

농촌형 신용협동조합 연합조직의 성립

헷데스도르프에서 이장으로 활

동하던 라이파이젠은 티프스 감염과 신경질환 및 시력 악화 등 건강 악화로 47세이던 1865년 퇴직하고 말았다. 하지만 가계를 위해 경제적인 활동을 하지 않을 수 없었던 그는 담배공장을 경영하기도 하고, 차입금으로 라이파이젠 상회를 열어 포도주 장사를 하기도 하였다. 그렇지만 사회 문제를 해결할 수 있는 조직으로서의 협동조합에 둔 그의 뜻은 쉽사리 사라지지 않았다. 그는 16년간의 경험을 집약한 〈농민이 처한 빈곤 구제의 수단인 대부조합〉을 1866년 완성하여 노이비트에서 출판하였다. 이 책은 관청 등에서 널리 읽혔으며, 심지어 라인 주 농업회의의 정기간행물에 소개되어 라인 주 농업회의에서는 직접 라이파이젠 조합을 조직하기도 하였다. 라이파이젠계 신용협동조합은 라인 주에 급속하게 보급되었다. 라이파이젠도 적극 지원에 나서 1868년 라인 주에는 75개의 조합이 생겨났다.

이 조합들을 기반으로 1872년 노이비트에는 라인농업협동조합은행이 설립되었다. 슐체의 격렬한 반대에도 불구하고 생겨난 이 협동조합은행은 각 대부조합을 구성원으로 하는 연합적인 협동조합이었고, 단위조합에 대한 대출이나 결산뿐만 아니라 중앙 구입기관의 역할도 담당하였다.

앞에서 말한 안하우젠 원칙에 따라 라이파이젠 조합의 구역은 마을이나 교구 단위와 같이 의식적으로 소지역에 한정되었는데, 여기에는 조합원 사이의 강한 연대의식이 가능하다는 점과 주민의 재산 관계에 별 위험 없이 신용공여가 가능하다는 강점이 있었다. 반면, 농촌

지역이라는 특수성으로 인해 일정한 시기에 조합의 자금이 부족하게 된다는 약점이 있었다. 즉, 각 조합의 자금 수급 조정이 어려웠다. 이 때문에 각 조합이 금융 고립에서 탈출하고 이를 조정할 수 있는 연합 조직이나 중앙은행의 설립은 필연적인 귀결이었다. 더 나아가 협동 조합의 경제 문제를 해결할 수 있는 위대한 사상적 귀결이라고도 볼 수 있었다. 협동조합은행은 협동조합 금융조직 3단계 조직화의 출발 점이었다. 이 중앙금고를 본보기로 독일 곳곳에서 저축조합, 대부조 합에 재정 지원을 하는 주 단위의 은행이 생겨났다.

1874년에 이 협동조합은행은 베스트팔렌 농업은행 및 헷센 농업중 앙금고와 합병하여 독일 농업종합은행이 되었다. 그러나 이 은행은 슐체와 대립으로 1876년 해산하고, 대신 같은 해 9월 노이비트에 실 제는 협동조합이나 주식회사 형태를 띤 독일 농업중앙대부금고가 설 립되었다. 또한 1877년 6월 라이파이젠은 협동조합의 법률 문제, 경 제 문제를 해결해 주는 알선기관으로서 중앙집권적인 농촌협동조합 대표연합을 설립하였다. 라이파이젠이 대표로 있던 이 대표연합에서 는 협동조합법에 따라 조합의 유지, 효과적인 활동, 조합원의 신뢰를 유지하는 데 필수적이던 단위조합 정기감사를 1889년 5월부터 실시 하였다. 물론 이미 1882년부터 연합소속 조합은 감사가 의무화되어 있었다. 이 대표연합은 설립 당시 24개 대부조합이 참가하였는데, 라 이파이젠이 세상을 뜰 무렵에는 400여 개, 1891년에는 830개, 1901 년에는 3,379개, 1921년에는 5,399개 회원조합으로 증가하여 라이파이젠 협동조합의 발전상을 보여주었다. 이 대표연합은 나중에 독일 라이파이젠 협동조합총연합으로 이름을 바꿨다.

라이파이젠계 협동조합 원칙의 확립

라이파이젠계 협동조합은 1872년부터 본격적으로 발전했는데, 라이파이젠계 협동조합 발전의 기초라고 할 수 있는 협동조합 원칙은 1873년 라인 주 농업회의 서기장 티루마니를 중심으로 한 위원회에서 정해졌다. 조합 원칙의 확립이 단위조합의 발전에 큰 힘이 되었다는 것은 말할 것도 없다. 당시 원칙을 확립할 수밖에 없었던 이면에는 슐체계 총연합으로부터 라이파이젠계 협동조합과 농업회의의 제휴가 협동조합운동의 자주성을 침해하는 작태라는 비판이 거세었기 때문에 라이파이젠 측에서도 서둘러 자주적인 지도 원리를 확립할 필요가 있었던 것이다. 라이파이젠계 협동조합 원칙은 다음과 같은 내용을 갖고 있었다.

1. 조합은 기독교적인 이웃 사랑, 상부상조의 정신을 존중하며 독일 협동조합법에 기초하여 조합원의 무한 연대책임을 토대로 설립한다.
2. 적당한 설비를 통하여 도덕적으로 그리고 물질적으로 조합원의 상태를 개선하기 위해 노력한다.

협동조합의 오래된 미래, 선구자들

3. 조합의 활동 구역은 활동 능력이 손상되지 않는 한도 내에서 가능한 한 마을 또는 교구 단위의 작은 구역으로 한정하고, 조합원은 그 구역 내에 거주하면서 두 개 이상의 조합에 가입하지 않는다.

4. 법률이 인정하는 한 비출자제로 하며, 만약 출자제를 택할 경우에 출자구좌수는 1인 1구좌로 하고, 이에 대한 배당은 조합 대출금의 이자율을 넘지 않는 것으로 한다. 그 밖의 이자는 지불하지 않는다.

5. 회계(출납계)를 제외한 임직원에게는 보수를 지급하지 않고 실비만을 변상한다.

6. 사업으로 인해 생기는 이익은 나눌 수 없는 공동재산으로 적립한다.

7. 업무의 운영 및 기장에 대해서는 중앙회의 지시를 준수하고, 그 감독에 복종하고 수시로 감사를 받는다.

라이파이젠계 협동조합은 구판사업도 경영했으나 본래는 신용사업을 단일한 업무로 하는 신용협동조합이었다. 이밖에도 라이파이젠계 협동조합의 영향을 받으면서 별개 조직으로 보험, 낙농, 포도 재배, 가축보험 등의 농업협동조합들이 생겨나 발전하고 있었다.

기독교적인 이웃 사랑의 정신에 바탕을 둔 협동을 통하여 신용협동조합을 설립한 라이파이젠이 소구역주의를 주장한 이유는 인간적인 상호대면을 존중했기 때문이다. 이웃 사랑의 정신은 서로 얼굴을 마주 대하고 있는 사람들 사이에서 이루어질 수 있다고 생각했다. 무한

책임제 역시 소구역이 아니면 이루어지기 어려운 것이었다. 이들 원칙과 별도로 라이파이젠계 협동조합에서는 대출금의 상환 기간이 긴 장기대출이 원칙이었다. 슐체계 협동조합과 달리 농촌이라는 특성이 대출상환 기간을 규정했던 것이다.

이런 원칙을 정립함으로써 라이파이젠계 협동조합은 발전의 기초를 확립하였는데, 나중에 슐체계 협동조합으로부터 받은 비판의 합리적인 측면을 보완하여 체제를 정비해 나갔다. 슐체나 라이파이젠의 신용협동조합은 모두 독일 자본주의 아래에서 불완전한 신용제도를 보완함으로써 독일의 사회정책을 뒷받침해 주고 있었다.

말년의 라이파이젠

1877년 농촌협동조합대표연합을 만들었을 때 빌헬름 하스 등이 중심적인 역할을 하고 있었던 헷센 대부금고조합은 참가하지 않았다. 이 사건은 1879년 농촌의 협동조합운동을 분열시키는 결과를 가져왔다. 헷센의 협동조합들은 농업구매조합, 소비조합들이 결합되어 있었는데, 이 조합들이 연합해서 헷센 농업소비조합연합을 결성하였다. 여기에서는 농업신문 〈전진〉을 발행하여 협동조합운동을 독려하였는데, 1878년에는 66개 조합에 4,200여 명의 조합원이 이 조직에 참가했다. 빌헬름 하스가 중심이 된 헷센의 협동조합과 노이비트의 라이파이젠계 협동조합 간의 갈등이 결정적으로 표면화된 것은 라이파이젠이 추진한 협동조합의 화폐 유통 집중화를 실현하려던 종합은행의 중앙집권화에 헷센의 협동조합들이 반기를 들면서였다. 슐체의 반대에 힘입어 하스 등도 라이파이젠의 정책 방향을 거스를 수 있었던 것이다.

1881년 라이파이젠은 대표연합이 효과적으로 수행할 수 없는 업무, 즉 개인적인 포도주 거래, 생명보험 대리점을 겸한 라이파이젠 상회를 설립하였다. 하지만 이 회사는 개인적인 영리와는 거리가 먼 것이었다. 영리보다도 협동조합운동에 대한 보조적인 차원의 사업이었다. 포도 재배자 조합이 생기자 라이파이젠은 즉시 포도주 거래업을 그만두었다. 그는 조합들에 업무용 서식을 보급하는 인쇄소를 만들고, 이곳에서 1879년부터 발간되기 시작한 〈농업협동조합신문〉을 인쇄하였다. 이 상회는 출자자의 영리 목적과는 전혀 상관없이 이익은 사원에게 분배되지 않고 예비자금화 하여 빈민구제에 쓰이고, 이익금은 대부조합, 저축조합 등을 설립하는 데 사용되었다. 그의 기독교적인 윤리의식과 협동조합에 대한 애정이 짙게 배어 있는 사업 아닌 사업이었다. 그 이면에는 라이파이젠계 협동조합의 원칙에서는 조합 업무를 수행하는 사람이나 지도자에게 줄 돈이 없다는 사실이 존재했다. 라이파이젠은 상업을 통해 조합에 필요한 자금을 조달하려고 생각했다. 이 상회는 1899년 해산했다.

나중에 협동조합에 관심을 가졌던 귀족 비트 공의 노력으로 빌헬름 1세가 농업중앙대부금고에 3만 마르크를 하사하고 라이파이젠에

게 훈장을 수여함으로써 그가 독일 농민들에게 가졌던 애정이 평가
받는 일도 있었다.

하지만 평생 협동조합운동만을 위해 일해 온 라이파이젠은 1880
년 이후 결국 실명하고 갖은 병고에 시달리다가 1888년 노이비트 근
교 헷데스도르프에서 70년의 인생을 마감했다. 그는 단순하다고 할
수 있을 정도로 순수했으며 실험적인 성격이 강했고 고지식했다. 이
런 그의 성격이 자본주의 국가로서 후발주자였던 독일의 사회상황에
서 농촌형 신용협동조합을 탄생시킬 수 있었던 것이다.

슐체와 라이파이젠

        슐체계 협동조합과 라이파이젠계 협동조합의 차이
는 근본적으로 도시와 농촌의 차이라는 점으로 귀결된다. 그 지역적
인 차이가 그들이 설립한 협동조합 원칙까지 확대되었다.

우선 라이파이젠이나 슐체는 모두 자선적인 동기를 가지고 처음 신
용협동조합을 설립하였다. 슐체는 곧바로 자선을 자조 원리로 대체
시켰다. 하지만 라이파이젠은 자조 원칙과 함께 기독교적인 자선의
사상을 고수했다. 이런 이유 때문에 라이파이젠계 협동조합은 물질
적인 충족과 더불어 교육을 통한 사람들의 윤리적인 고양을 목적으로
했다. 라이파이젠의 생각은 이상적인 성격을 갖고 있었다.

가입비와 출자금에 대한 두 사람의 차이도 현격하였다. 라이파이

        협동조합의 오래된 미래, 선구자들

젠은 저축 습관이 없고 현금을 갖고 있지 못한 농민들에게 출자는 부담만 줄 뿐이라고 확신했고, 지역적으로도 그것은 불가능하다고 생각했다. 출자 없이도, 즉 자기자본이 없이도 대부조합이 충분히 운영될 수 있다고 주장했다. 하지만 슐체는 대부조합의 기초는 될 수 있는 대로 많은 자기자본이라고 여겼다.

무엇보다도 슐체와 라이파이젠을 구별하게 만드는 것은 1868년 라인 주 농업회의에서 농촌 대부조합의 신용관계 형성에 관한 양측의 의견에서 나타난다. 슐체는, 자본은 단기신탁을 통해 마련하면서 농업생산이라는 특수성으로 인하여 자금 대출이 장기간일 수밖에 없는 농촌 대부조합의 신용관계는 모순이라고 비판하였다. 라이파이젠은 자기 조합이 자금의 유동성에 문제가 있다는 점을 잘 알고 있었다. 그렇기 때문에 중앙금고를 만들어 이 문제를 해결하려고 했던 것이다. 이에 반하여 슐체는 끝까지 분산주의적인 생각을 고수하며 중앙금고는 협동조합법에 대한 위반이라고 주장하였다.

또한 라이파이젠은 잉여에 대한 배당과 경영지분의 인정은 조합원의 협동조합 정신을 해칠 수 있다고 생각하여 무한책임을 택하고 배당을 인정하지 않은 점도 슐체계 협동조합과 근본적으로 달랐다. 그는 배당을 인정한다 해도 대출이자 이하로 한정했다.

도시형과 농촌형 신용협동조합을 대표하는 이 양자의 차이점을 표로 나타내면 다음과 같다.

표. 슐체와 라이파이젠계 협동조합의 차이

구분 / 내용	슐 체 계	라이파이젠계
지 역	광범위하다	교구 단위의 농촌에 한정
조합원	모든 사회계층	농민에 한정
임직원	조합의 관리자도 유급	회계실무자 이외에는 무보수
사업	모든 은행업무	대인 신용에 의한 농업대출
대출기간	단기대출	장기대출
배당	지분 중시 배당 제한 없음	지분 인정하지 않음(본래는 무출자)
책임영역	유한책임제	무한책임제
잉여금	잉여금은 준비금 공제 후 배분	잉여는 내부 유보
가입절차	가입금 징수	가입금 없음
연합조직	지방분권	중앙집권
하부조직	전혀 생각하지 않음	하부조직을 중시
특징	정부 원조의 부정, 출자권 매매 인정	교육의 중시, 복합적인 사업 인정

로치데일 그리고 라이파이젠

　　　　　협동조합운동의 양대산맥이라고 할 수 있는 로치데일 공정선구자협동조합과 라이파이젠계 협동조합을 비교, 분석하는 것도 협동조합운동의 특성을 이해하는 데 큰 도움이 될 것이다. 도시형 조합이라는 면에서 로치데일 조합은 어찌 보면 슐체계 협동조합과 유사한 점이 많았다.

　우선 라이파이젠 원칙의 가장 핵심적인 특징은, 협동조합이 지역사회와 결합되어 한 마을 또는 하나의 교구를 단위로 이루어진다는 점이었다. 긴밀한 정신적인 연대감과 책임의식을 바탕으로 했기 때문에 조합원의 무한책임제가 가능했다. 하지만 경제적 이익이나 특정 목적을 위해서만 결합된 도시형 협동조합, 즉 노동자들의 조직인 로치데일이나 중소상공업자의 조직인 슐체계 조합에서는 좀처럼 생각할 수 없는 부분이었다. 또한 로치데일 조합에서는 조합 사업에 필요한 자금은 아무리 가난한 조합원이라도 스스로 마련하는 것이 필수적인 조건이었다. 하지만 라이파이젠의 경우는 조합 사업에 필요한 자금은 처음부터 차입한다는 방침을 갖고 있었다.

그리고 로치데일이 강력한 지도력이 없이도 보통사람인 노동자들의 자주적인 힘으로 조합이 운영되었지만 라이파이젠계 협동조합은 라이파이젠과 같은 지도력을 필요로 했다. 농촌마을이었기 때문에 마을의 장로와 같은 인물, 즉 마을사람들을 협동시킬 구심점이 필요했던 것이다. 또한 잉여금을 처분하지 않고 적립한다는 원칙도 정신적인 지도력이 없이는 지켜지기 어려운 점이었다. 영국에서도 협동촌의 이상을 간직하고 있던 오언주의 협동조합운동이 이 원칙을 택하고 있었다는 점에 주목할 필요가 있다.

로치데일 조합이 도시 노동자들에게 적합한 양식이었다면, 라이파이젠계 협동조합은 전통적 연대의식이 강한 농촌사회에 적합한 협동조합 양식이었다. 유럽에서 가장 낙후한 독일의 농촌이었기에 이러한 협동조합이 나타났던 것이다. 이 점은 나중에 아시아를 포함한 제

3세계 국가 농촌의 협동조합운동에 라이파이젠계 협동조합이 엄청난 영향을 미치게 된다는 점과도 무관하지 않을 것이다.

222   협동조합의 오래된 미래, 선구자들

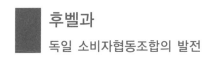

후벨과
독일 소비자협동조합의 발전

앞서 살펴본 것처럼 영국 및 프랑스에 비해 자본주의가 뒤늦게 발달하기 시작한 독일에서는 19세기 중엽부터 슐체와 라이파이젠이 지도한 수공업자, 농민 등 소생산자를 위한 신용협동조합이 발달하였는데, 사상적으로는 소비자협동조합 사상이 앞서 보급되었다.

독일에서 최초로 소비자협동조합의 사회적 가치를 인정하고 보급에 노력한 것은 독일 협동조합의 아버지라 불리는 후벨Victor Aime Huber, 1800-1869이었다. 직접 조합을 조직하는 실천적인 활동에 나서지는 않았지만, 그럼에도 불구하고 독일 협동조합 사상의 형성과 전개에 대하여 이야기할 경우에는 반드시 그의 이름이 거론된다.

협동조합 사상과 함께 한 후벨의 생애

후벨은 사색형 인간이면서 지극히 학자형의 인간으로 현실의 경제생활에 직접 나선 적이 없었다. 그는 여기저기 발표한 글을 통해서 세상의 불행은 물질적인 곤궁보다도 오히려 인간의 마음가짐 때문이라는 생각을 강하게 피력하였다. 그래서 그는 사람들의 마음을 바꾸는 것이 인생의 목표였고 협동조합 운동이 그것을 가능하게 할 수 있다고 생각했다.

후벨의 할머니도, 어머니도 프랑스인이었다. 그의 할아버지는 라이프치히 대학의 교수였으며, 그의 아버지는 젊은 시절 외교관 생활을 하였고 이후에는 신문, 잡지 등을 편집하거나 자유기고가로 활약하였다. 어렸을 때 아버지를 여읜 후벨은 어머니와 함께 독일의 농촌 마을로 이주해 살았다. 자녀들의 교육에 열의를 갖고 있던 어머니의 희망대로 페스탈로치 계열의 학교에 입학하여 1806년 6세 때 어머니의 품을 떠나게 되었다.

학교는 페스탈로치의 교육이념을 바탕으로 세상을 살기 좋게 만들기 위해서는 우선 인간을 제대로 만드는 것이 필요하다는 생각을 가진 선생님들이 운영하고 있었다. 후벨은 6세부터 16세까지 10여년 간 이 학교에 다니며 성격을 형성하였다. 이 무렵 사람들의 마음가짐을 변혁하는 것을 인생의 목표로 삼았던 그의 생각이 다져지고 있었던 것이다.

그는 1817년부터 의학공부에 뜻을 두어 1820년에 학위를 받았다. 하지만 그의 희망은 단순히 의사가 되는 것이 아니라 의사로서의 안정된 생활을 바탕으로 좋은 일을 하고 아름다운 것을 생각하려는 것이었다. 그의 관심과 흥미는 의학뿐만 아니라 역사나 어학, 시 등 다방면에 미쳤다.

의사란 직업에 만족할 수 없었던 후벨은 어머니의 모국인 프랑스 파리로 유학을 떠났다. 하지만 그는 거기서 냉담한 학우들 속에서 입을 닫고 고독하게 지냈다. 그는 대개 가난한 화가, 조각가, 음악가들 속에 있었다. 이 사람들은 인생을 더 높은 곳에서 바라보며 이상을 추구하기 위해 노력하고 있었다.

그렇지만 파리의 생활도 길지는 않았다. 무언가에 사로잡힌 듯 그는 스페인을 여행하며 기나긴 기행문을 써서 고국에 보냈다. 나아가 그는 포르투갈에서 영국으로 건너갔다. 이 과정에서 그는 결국 의사

직업을 포기하고 신문 기고를 계속하면서 다시 파리와 런던을 전전하며 나그네 생활을 계속하였다.

인생의 방향을 잡지 못하는 자식에 대하여 마음 아파하는 어머니에게 보낸 편지에서 후벨은 "우리들 인생에서 가장 중요한 목적은 자기 안에 가능한 한 자유로운 인간 정신을 발전시키는 것이며, 이 목적을 다른 사람에게 나아가 국민 모두에게 실현하는 것입니다"라고 썼다.

후벨은 1828년 고국 독일에서 교사직을 얻을 수 있었는데, 그 후에도 얼마간 대학에서 교수로서 언어학이나 문학을 강의하면서 저작 활동을 계속하였다. 1840년대 들어서면서는 본격적으로 협동조합에 대한 생각을 피력한 저술활동을 시작했다.

경제조합, 국내 식민지론

후벨은 1848년 6월 〈경제조합과 국내 식민지에 의한 노동계급의 자조自助〉를 펴냈다. 이 책은 후벨이 지은 협동조합에 관한 최초의 저서일 뿐만 아니라 그가 영국의 로치데일 공정선구자조합을 알기 이전에 씌어졌다는 점에서 주목해야 할 글이다.

그는 이 책에서 다음과 같은 국내 식민지론, 즉 공동체론을 전개한다. 노동자와 그 가족들의 개별화는 생활필수품을 구입할 때 중간상인이 개입할 여지를 만들어 버린다. 그로 인해서 노동자들은 중간비용을 부담하게 된다. 즉, 후벨은 빈민들이 주택, 가구 및 노동 도구를 포함한 생활필수품을 구입하면서 부자들보다도 더 많은 비용을 지불한다는 사실을 지적한다.

그는 지극히 제한적이기는 하지만, 이런 상황을 절약조합^{Sparverein}을 통해 어느 정도 막을 수 있다고 주장한다. 그는 오언이나 푸리에 등의 공상과는 달리 절약조합은 가정생활의 자립이 허용되는 범위에 한정되어야 한다고 말한다. 노동자는 경제의 공유화를 토대로 하는 경제조합을 통해 자신들을 위하여 가장 적정한 가격으로 집을 짓고, 거기에서 노동자의 윤리적, 정신적, 그리고 육체적 건강의 원천을 확보할 수 있다고 주장했다. 이것이 후벨이 주장한 아소시아시옹, 즉 국내 식민지의 모습이었다. 이 무렵 후벨은 협동조합을 주택협동조합 내지는 건축협동조합으로 생각하였다.

그는 당시 프로이센의 상황에서 주택협동조합의 장소나 모습을 다음과 같은 세 종류로 생각하였다.

1. 노동자가 이제까지 노동하고 있었던 곳에서 가능한 한 가까운 장소, 즉 대규모 공장이 있는 비교적 큰 도시 가까운 장소나 대규모 농장이 있는 교외 또는 (사정이 허락한다면) 도시 내에 건설한다. 100~500가족이 함께 생활한다.

2. 대규모 식민지를 필요로 하지 않거나 비용이 부족한 경우에는 소규모 조합을 건설한다. 따라서 일부는 인구가 적은 지방에, 일부는 토지 가격이 높기 때문에 한정된 대도시에 일정 수의 직인이나 노

동자가 참가하여 건설한다. 소규모라는 점에서 생겨나는 결점은 대도시에 건설된다는 이점으로 극복할 수 있다. 20가족 내지 100가족에 해당된다.

3. 50~200명의 독신노동자조합이나 10~50가족의 조합원이 모여 농촌 또는 농촌과 유사한 지역에 건설한다. 조합의 사람들은 큰 건물에서 공동으로 살면서 독립된 주택은 갖지 않는다.

이 조합들, 바로 국내 식민지에는 경제의 공동화를 촉진하기 위하여 역학, 화학, 물리학을 응용한 대규모 시설을 가진 빵 공장, 공동 저장을 위한 창고, 세탁소나 목욕탕 그리고 관리, 휴양, 교육, 간호를 위한 건물이 주요 시설로 건설된다.

후벨이 제안한 국내 식민지는 주택조합과 소비조합을 결합한 형태로 보인다. 하지만 후벨은 영국의 로치데일 공정선구자협동조합을 실제로 목격하기 전까지는 소비조합을 주택조합의 보완 정도로 생각하였기 때문에 이 책에서 그가 주장한 협동조합은 주택협동조합을 중심으로 한 종합협동조합이라고 규정할 수 있다.

후벨이 주창한 국내 식민지에 대한 제안은 사람들의 주목을 끌지는 못했지만, 공익건축조합 사람들에게는 일부 받아들여졌다. 후벨은 이 조합의 사업에 7,000타이넬을 출자하고, 또한 이 조합이 사회 문제를 해결하기 위한 것이라는 사실을 홍보할 〈콘코르디아Concordia〉라는 잡지를 출판하여 건축조합의 과제와 활동에 대하여 세상에 알렸다. 〈콘크르디아〉는 1849년부터 1850년 사이 8개월밖에 발행되지 않았는데, 여기에 후벨은 자신의 주장을 담았다.

영국 여행의 교훈

후벨이 협동조합 사상에 대하여 최초로 확신할 수 있었던 것은 그가 영국의 공업지역을 여행하면서 현물 임금제도의 남용을 목격했을 때였다. 하지만 후벨이 실제로 소비자협동조합에 독자적인 의의를 부여하고 확신을 갖게 된 것은 1854년, 1858년 및 1860년에 로치데일을 방문하여 공정선구자협동조합의 성공을 목격한 이후부터였다.

그보다 훨씬 전인 1844년 여름 후벨은 영국을 여행하면서 기독교 사회주의자인 모리스나 킹슬리와 만날 수 있었다. 이때 그는 기업가 헨리 어슈워드가 자신의 공장노동자에게 주택을 건설해 주고, 기업가 하코트가 노동자들이 생활용품을 구매할 때 받는 불이익에 대하여 교육하면서 노동자들에게 생활용품을 원가에 공급해 주는 현장을 보고 강한 인상을 받았다. 이 여행이 계기가 되어 후벨은 건축조합과 소비조합 등 협동조합에 대해 관심을 갖고 생각의 토대를 형성할 수 있었다.

후벨의 협동조합 사상이 지닌 중요한 특징은 기독교적인 윤리, 즉 이웃 사랑을 인간의 생활규범으로 보고 협동조합 속에서 이웃 사랑을 통해 부활한 인간적인 결합을 발견하려고 했던 것이다. 후벨은 이 것을 자기 나름대로는 '잠재적 협동조합'이라고 표현한다.

후벨이 주장하는 기독교적인 윤리는 정치적 보수주의와 결합하여 혁명적인 성격의 오언주의와 대치되었다. 후벨은 의식적으로 영국 협동조합운동사에서 오언의 위치를 과소평가하였다. 그는 원래 정치 적으로는 보수주의자였다. 그는 국가 형태로서 군주제 또는 귀족정 치를 이상적으로 보고 있었는데, 군주제를 넓은 의미로 해석하여 귀 족정치에 포함시켰다. 더 나아가 그는 노동자계급도 노동귀족이라는 엘리트를 가질 수 있는데, 로치데일의 선구자들이 바로 노동자계급 중에서 선택된 엘리트라고 여겼다.

후벨은 노동자계급의 엘리트인 선구자들이 건설한 로치데일조합 은 자조와 평등에 기초를 둔 약자들의 자립적 협동조합인데, 영국에 서는 국민경제의 입장에서 볼 때 이미 그 이전에 사회적 강자에 의하 여 준비되고 지도되었던 협동조합이 존재했다고 말한다. 잠재적 협 동조합이 바로 그것인데, 그 대표적인 것으로 오언의 뉴라나크 공장 을 꼽았다. 잠재적 협동조합은 공장경영자나 대토지 소유자 등 사회 적으로 영향력이 있는 자들이 빈민을 보호하기 위하여 조직한 것이 었다. 보호를 받는 빈민들은 단순히 보호를 받은 대상에 지나지 않았 다. 왜냐하면 잠재적 협동조합은 사회개혁의 지렛대로서만 존재 의 의를 갖기 때문이었다.

이렇듯 후벨은, 자신만의 독특한 주장을 통해 잠재적 협동조합의 의의를 강조하면서 사회주의적인 오언주의 사상에 바탕을 둔 운동은 가능한 한 피하려고 하였다. 하지만 로치데일 공정선구자조합의 성공과 발전을 눈으로 직접 확인하고 나서 그는 잠재적 협동조합에서 벗어나 노동자들이 직접 만들고 조직한 협동조합, 즉 민주적인 소비자협동조합을 강조하게 되었다.

후벨 협동조합 사상의 의의

독일 협동조합 사상사에서 후벨은 소비자협동조합에 독립적인 의미를 부여하고, 소비자협동조합과 생산자협동조합 등 다른 협동조합의 성격을 명확히 구분한 최초의 인물이었다. 실제로 수공업자들의 협동조합에서 출발한 슐체에게 소비자협동조합의 중요성을 인식시킨 것은 후벨이었다. 그는 협동조합 운동을 직접 실천했던 것은 아니지만, 독일 소비자협동조합의 아버지라고 불리는 데 전혀 어색하지 않을 정도로 사상의 선구자 역할을 담당했다.

후벨은 로치데일 공정선구자협동조합의 발전을 높게 평가하여 독일에 그 운동성과를 보고하고 소개하는 데 노력하였다. 후벨의 노력은 슐체에게 영향을 주어 슐체로 하여금 소비조합의 발전 가능성을 인정하게 만들었다. 그러나 슐체는 신용협동조합 제도의 눈부신 발전으로 소비자 조직까지 활동의 영역을 확대할 수 없었다. 독일 협동조합의 아버지라 불리는 슐체가 소비조합을 현실적으로 실천할 수 없었다는 점은 독일에서 소비자협동조합이 발전할 수 있는 계기가 사라졌다는 것을 의미하였다.

초기 소비조합운동의 전개

독일 최초의 소비자협동조합은 슐체가 신용협동조합 사업에 착수한 것보다 앞서 조직되었다. 1845년 햄닛에서 몇 명의 방적공과 직물공들이 만든 엘문테르크('격노'라는 의미) 조합이었다. 그들은 매주 2그로셴 반을 출자하는 소박한 활동에서부터 조합을 시작했다. 처음에는 잎담배, 비누 그리고 소다를 구입했다. 조합에는 점포도, 창고도 없었기 때문에 조합원들은 일요일에 모여서 구입한 상품을 나눴다. 상품을 한꺼번에 구입하는 이점은 분명히 나타났다. 이 조합은 나중에 장례비 적립 공제금고가 되었다. 엘문테르크 조합은 노동자가 만든 독일 최초의 소비자협동조합이었다.

소비조합의 발전은 미미했다. 1850년대 말이 되어도 열 개 조합도 안 되었는데, 이 조합들은 모두 델리치 조합을 모범으로 삼았다.

독일에서 소비자협동조합운동이 본격적으로 추진된 때는 1860년대에 들어서면서부터였다. 1863년 소비자협동조합은 200개를 넘었다. 그 중에는 노동자만이 조합원이 될 수 있다는 회칙을 마련한 조합도 생겨났다. 이런 상황은 당시 노동자들의 사회운동과 관계가 깊었다. 많은 노동자들이 자유주의의 입장에서 기존의 지배사상이나 관념, 예전의 관습에 반항하는 생각을 갖기 시작했던 것이다.

파이펠과 소비조합 연합의 성립과 좌절

수가 늘어남에 따라 로치데일 공정선구자협동조합을 모범으로 삼아 소비조합운동을 재편성하려는 노력이 이루어졌다. 그러나 슐체계 총연합의 지도 아래 소비조합만의 재편성은 그다지 괄목할 만한 성과를 거두지는 못했다. 이때 소비자협동조합만의 연합조직을 만들려고 나선 사람이 파이펠Eduard Pfeiffer, 1835-1921이었다. 그는 1862년 로치데일조합을 견학하고, 다음해에 명저 〈협동조합제도론〉을 지어 협동주의와 노동자의 자기 갱생을 동시에 주장하면서 노동자계급과 소비자협동조합운동을 결합시키기 위해 노력했다.

파이펠은, 라살레가 주장했던 국가 원조를 통해 구성되는 협동조합과는 다르지만 협동조합의 궁극적인 목적을 대규모 공동경영에 기초한 생산자협동조합의 형성에 두었다. 그러나 당면한 목표로서 소비자협동조합을 성공시키는 것이 필요하다고 생각하였다. 파이펠에 의하면, 소비자협동조합은 재화의 공정한 분배를 확립하고 중간이윤을 배제하고 광고비 등 사회적 비용을 절감하는 등의 역할을 통해 유통과정을 합리화한다. 그렇지만 소비자협동조합의 출현은 경제적 이익에만 머물지 않고 사회 속에 반드시 있어야 할 윤리적 요소인 정의, 자유, 평화를 육성하는 것이고, 그것을 통해 노동자계급의 사회적 책임을 실현할 수 있게 만든다.

파이펠은 노동자들을 소비자협동조합운동에 끌어들이고 그들에게 소비자협동조합의 독자적인 이념을 가르치고 있었지만, 그의 생각 속에는 계급투쟁이 아니라 계급 간의 조화에 대한 지향이 있었다.

1865년 파이펠은 슈투트가르트에 저장 소비자협동조합을 설립했다. 이 조합은 여러 가지 직종이나 계층의 사람들을 조합원으로 가입시키고 순조로이 발전하여 다른 조합의 모범이 되었다. 같은 해에 그는 〈소비자협동조합 – 그 본질과 활동〉을 저술하고 〈독일협동조합 기관지〉를 발행하였다. 또한 최초의 독일 소비자협동조합연합을 설립하였다. 그러나 슐체계 총연합이 소비자협동조합연합에 대해 반대운동을 하자 연합은 어처구니없게도 곧바로 슐체계 총연합에 가입하여 그 하부조직이 되어 버렸다. 그 후 상당기간 독일의 소비자협동조합운동은 침체기를 맞는다.

소비자협동조합 사상의 발전

1890년대 들어서면서 소비조합운동에 이론적, 사상적으로 영향을 미친 저서들이 연이어 출판되었다. 1893년 브렌타노는 베아트리스 포터의 〈영국협동조합운동〉을 번역하였고, 1895년 게어하르트가 〈소비조합과 사회민주당〉을 펴냈다. 이 책들은 독일 노동자에게 영국이나 벨기에의 소비조합에 대한 경험과 지식을 전수해 주었다. 1897년에는 카우츠키가 마르크스주의 입장에서 〈소비조합과 노동조합〉을 내놓았다. 이후 독일 사회민주당은 소비조합을 적극적으로 자기 당의 정책으로 제시한다.

스타우딩겔Franz Staudinger, 1849-1921은 사회주의와 칸트 윤리학을 결합하여 마르크스의 계급투쟁을 협동조합으로 극복하려는 이론을 제시하였다. 스타우딩겔에 의하면, 자본주의 체제에서는 노동의 생산력과 인간의 생활에 대한 욕구 충족이 분할된다. 즉, 생활의 필요 충족보다도 비인간적인 노동을 강제하는 이윤 추구의 법칙이 세계를 지배함으로써 인간은 이윤 추구의 노예가 되어 버린다. 노동자를 압박하여 수탈하는 것은 자본가들이 아니라 자본이 지배하는 제도다. 노동자는 자신의 노동의 대가보다 적은 임금을 받고, 한편 물건을 구입하는 자로서는 높은 가격을 지불하지 않으면 안 된다. 앞은 노동자가 처해 있는 생산자로서의 입장이고, 뒤는 소비자로서의 입장을 말하는 것이다. 스타우딩겔은 마르크스가 놓치고 있었던 것은 소비자로서의 노동자의 입장이라고 주장하면서 소비자협동조합의 중요성을 강조하였다.

수정주의자였던 베른슈타인Eduard Bernstein, 1858-1932은 영국 망명 중에 영국의 소비자협동조합운동을 배워 사회주의 사회의 초석으로서 소비자협동조합의 중요성을 강조하고 마르크스를 비판하였다. 또한 생산자협동조합은 비사회주의적이며 노동자는 오히려 소비자협동조합을 통해서 해방될 수 있다고 주장하였다. 현재의 경제 질서는 마르크스주의자들이 주장하는 것처럼 금방이라도 붕괴할 듯이 허약한 것이 아니다. 오히려 노동자계급은 혁명이 아닌 소비자협동조합을 통하여 생활을 유지하면서 폭력에 의존하지 않고도 막대한 사회적인 부를 탈취할 수 있다.

베른슈타인은 이것을 '평화적 사회주의 혁명'이라고 불렀다. 스타우딩겔과 베른슈타인의 소비자협동조합 사상은 이후 '함부르크계 협동조합 이론'이라고 불리면서 독일 소비조합운동에 새 바람을 불어넣는다.

함부르크계 협동조합

독일 소비자협동조합운동의 발전에 전기가 마련된 것은 1902년 크러이츠하에서 열린 협동조합회의였다. 이때 슐체계 총연합은 사회민주당의 성향을 가진 조합들을 제명해 버렸다. 이때 제명된 585개의 '함부르크파' 소비자협동조합들이 중심이 되어 이듬해인 1903년 카우프만Heinlich Kaufmann, 1864-1928, 에름Adolph von Elm, 1857-1916, 그리고 뮬러August Muller 등의 지도 아래 함부르크에서 독일 소비자협동조합중앙연합회를 설립하였다. 중앙연합회는 영국 로치데일 공정선구자협동조합의 원칙에 따라 정치적 중립을 유지하면서 슐체계에 반대하지만 계급투쟁을 중시하는 사회민주당에도 반대한다는 원칙을 택하였다.

중앙연합회의 대표적인 사상가였던 카우프만은 다음과 같이 주장하면서 소시민적인 협동조합주의에 접근하였다. 즉, 자본주의 사회 경제 질서의 본질적 지배자는 생산자가 아니라 소비자이다. 그렇기 때문에 소비자 이익을 보호하는 것이 바로 사회주의로 통하는 길이 된다. 바꾸어 말하면, 소비자협동조합은 모든 국민에게 문호를 개방하여 조직을 확대하고 생산을 조직화하여 지배함으로써 사회주의적인 생산방법에 접근해 갈 수 있다는 것이다. 이런 생각은 앞서 살펴본 프랑스의 님 파의 주장과도 상통한다.

카우프만 등의 지도 아래 독일 소비자협동조합은 엄청난 발전을 기록하였다. 1928년에는 조합 수 1,024개, 지소 10,124개, 공급고 12억 4,032만 마르크에 이르렀다. 독일사회에서 소비자협동조합운동은 이렇게 경제권력의 하나로 자리잡아 갔다.

소비조합은 파랑새를 쫓지만, 그것을 꿈나라에서 찾지 않고

점포 속에서 찾는다.

사회의 개혁을 부르짖지만, 우선 문 앞을 스스로 청소하고

가정 일을 스스로 정돈하는 데서 시작한다.

그는 이상의 별을 지향하며 나아간다.

하지만 자신의 발 아래를 응시하는 것을 잊지 않는다.

-샤를르 지드

협동조합의 변신과 진화

마르크스주의와 협동조합

북미 대륙의 신용협동조합운동

일본의 생활협동조합운동과 가가와 도요히코

마르크스주의와 협동조합

협동조합 사상은 초창기에 사회주의와 동의어로 사용되었다. 자본주의의 모순을 극복하려는 동일한 기반 위에 서 있었기 때문이다.

현실 사회주의는 몰락했다. 그렇다고 자본주의의 모순이 극복된 것도 아니다. 사회주의와 동일한 문제의식으로 출발한 협동조합이 자본주의의 모순을 극복할 대안으로 주목받고 있다. 과연 그럴 수 있을까?

마르크스주의자들은 협동조합을 어떻게 바라보았을까? 현실 사회주의에서는 협동조합이 어떤 위치를 차지하고 있었을까? 이 질문들에 답해가는 과정에서 협동조합이 자본주의의 모순을 극복할 대안이 되기 위해 갖추어야 할 조건과 덕목들이 드러나지 않을까?

마르크스의 협동조합 사상

마르크스K. Marx, 1818-1883는 앞에서 살펴본 라살레의 협동조합론이 계급투쟁의 관점을 결여하고 있다고 비판하고, 자본주의 체제의 변혁을 위해서는 노동자계급에 의한 권력의 탈취가 필요하다고 주장하였다. 그리고 그는 협동조합 중에서 노동자 스스로 조직하고 운영하는 생산자협동조합운동의 의의를 높게 평가하였다. 〈고타강령 비판〉1875에서 마르크스는 다음과 같이 말한다.

"노동자가 협동조합적 생산의 제 조건을 사회적인 규모로, 우선 고국에서 국민적인 규모로 만들어내려는 것은 현재 생산의 제 조건의 변혁을 위하여 노력한다는 것에 불과할 뿐, 국가의 지원에 의한 협동조합의 설립과는 아무런 관련도 없다. 또한 현재의 협동조합에 대해 평가하자면, 그것은 정부로부터도 부르주아로부터도 아무런 보호를 받지 않고 노동자가 자주적으로 만들어낸 것일 때 비로소 가치를 갖게 된다."

노동자가 자주적으로 조직한 생산자협동조합의 의의를 높게 평가한 마르크스의 견해는, 그가 1864년 9월 열린 제1차 인터내셔널 창립 선언에서 분명히 밝혔듯이, 그의 협동조합론이 지닌 특색이라고 할 수 있었다. 마르크스는 이 선언에서 노동자 생산자협동조합 공장을 소유의 경제학에 대한 노동의 경제학의 승리라고 평가하였다. 그리고 생산자협동조합이 첫째, 노동자계급을 고용하는 주인 계급이 없이도 근대과학을 기반으로 한 대규모 생산을 해나갈 수 있다는 가능성을 보여준다. 둘째, 노동수단이 일하는 사람에 대한 지배의 수단, 강탈의 수단으로서 독점되어서는 안 된다는 사실을 알려준다. 셋째로 임금노동은 노예노동이나 농노의 노동과 마찬가지로 하급의 일시적인 노동이기 때문에 결국 자발적인 손, 기쁨에 넘치는 정신, 희망에 찬 노동으로 이루어지는 결합노동에 자리를 양보하여 소멸해야 하는 운명에 있다는 것을 드러내준다고 말하면서 생산자협동조합을 칭송하고 있다.

생산자협동조합에 대한 긍정적 평가

당시 마르크스가 국제 노동운동 중에서 협동조합운동을 어떻게 평가하고 있는가를 보여주는 문헌으로는 1867년 발표한 〈중앙평의회 대의원에게 보내는 개개 문제에 대한 잠정적인 제안〉이 있다. 마르크스는 국제노동자협회의 임무를 자연 발생적인 노동자계급의 운동들을 결합하고 보편화하는 것에 있다고 주장하면서, 공론적인 학설을 운동으로 제시하거나 밀어붙이지 않았다. 따라서 협회는 특수한 협동조합 제도를 만들어내는 것이 아니라 일반적인 원리를 분명히 제시하는 것에만 머물러야 한다고 주장하였다. 그리고 다음과 같은 원칙을 제시하였다.

"첫째, 우리들은 협동조합운동이 계급 대립에 기초한, 현재 사회를 개조하는 여러 힘 중의 하나라는 것을 인정한다. 이 운동의 공적은, 자본에 대한 노동의 예속으로 궁핍을 생겨나게 하는 현재의 전제적인 제도를 자유롭고 평등한 생산자의 연합사회라는 복지의 공화적 제도로 바꿀 수 있다는 사실을 실제로 보여준다는 점에 있다.

둘째, 협동조합 제도가 임금 노예의 개인적인 노력을 통해 만들어 낼 수 있을 정도의 영세한 형태에 머물러 있는 한, 그것은 결코 자본주의 사회를 개조할 수 없을 것이다. 사회적 생산을 자유로운 협동조합 노동의 거대하고 조화 있는 하나의 체계로 전화하기 위해서는 전반적인 사회의 변화와 조건의 변화가 필요하다. 이 변화는 사회를 조직하는 힘, 즉 국가 권력을 자본가와 지주의 손으로부터 생산자의 손으로 이전시키는 것 이외의 방법으로는 결코 실현할 수 없다.

셋째, 우리들은 노동자에게 협동조합 상점보다는 오히려 협동조합

생산에 관여하기를 권한다. 전자는 현재 경제제도의 표면을 건드리기만 할 뿐이지만, 후자는 제도의 토대를 공격하는 것이다.

넷째, 우리들은 실제적인 사례와 교육을 통하여, 바꾸어 말하면 새로운 협동조합공장을 설립하는 것과 설명하고 설교하는 것, 이 두 가지 방법으로 협동조합의 원리를 선전하기 위하여 모든 협동조합이 공동 수입의 일부를 쪼개어 기금을 만들 것을 권고한다.

다섯째, 협동조합이 중간계급적 주식회사로 추락하는 것을 막기 위하여 협동조합에서 일하는 모든 노동자는 주주이든 아니든 평등한 배당을 받지 않으면 안 된다. 단 일시적인 편법으로 주주에게 낮은 이율의 이자를 지불하는 것에는 우리들도 동의한다."

마르크스가 노동자의 생산자협동조합을 높이 평가하고 있었음에도 불구하고 당시 영국을 비롯한 유럽 각국의 협동조합은 로치데일 공정선구자조합과 같은 소비조합을 중심으로 발전하였다. 소비조합들이 내건 원칙은 협동조합이 정당이나 종파로부터 중립적이어야 하고, 계급투쟁에 의한 권력 탈취가 아니라 교육을 통한 협동체의 점진적인 실현을 지향했다. 혁명적인 민주주의 사상이나 사회주의 사상이 협동조합 사상과 연결되어 발전한 예는 서구보다도 오히려 러시아에서 나타났다.

러시아 농민사회주의와 협동조합 사상

오언이나 마르크스의 협동조합론이 서구 선진국 사회주의자들의 협동조합 사상이라면, 게르센A. I. Gertsen, 1813-1877이나 체르니셰프스키N. G. Chernyshevskii, 1828-1889 등 러시아 사회주의자들의 협동조합론은 후진국의 사회경제적 조건을 반영하는 독자적인 성격을 갖는다.

게르센은 1840년대 중엽까지 서구 시민사회를 모범으로 삼아 러시아의 근대화를 주장했던 서구주의자로 러시아의 전통적인 사회원리의 유지를 주장하는 슬라브주의자들과 대립하였다. 하지만 그는 1846년 서구를 여행하면서 노동자계급의 궁핍한 실상을 목격하고 서구 사회에 대한 인식을 바꾸었다. 특히 1848년 2월 파리에서 혁명의 참상을 목격하고 나서 그는 자본주의에 대한 부정적인 신념을 갖게 되었다.

생시몽과 푸리에의 영향으로 사회주의자가 되었던 게르센은 서구의 몰락과 러시아의 농촌공동체 미르를 중시하는 자신의 논적 슬라브주의자들의 생각을 적극적으로 재평가하면서, 미르에 기초를 두고 서구보다 앞서 러시아만의 독자적인 농민사회주의를 구축할 수 있다는 의견을 피력하였다. 러시아의 전통적인 공동체 정신과 서구의 개인해방 사상을 결합하려고 했던 게르센의 사상은 다음 세대에 많은 영향을 미쳤다.

1860년대 러시아의 혁명적 민주주의자 체르니셰프스키와 도브롤

류보프N.A. Dobrolyubov, 1836-1861는 게르센의 사상을 더 현실적인 사회주의 혁명노선으로 발전시켰다. 그들은 농민봉기를 포함한 혁명적인 반정부 활동을 통하여 구 체제를 변혁하고, 농민을 주체로 하는 민주적이고 사회주의적인 사회를 지향하였다. 이 과정에서 러시아가 자본주의 단계로 비약하거나, 곧바로 사회주의사회에 도달하는 것을 전통적인 농촌공동체가 돕게 될 것이라는 게르센의 발상을 더 발전시켜 이론화하였다.

그들의 협동조합 사상은 푸리에, 오언, 블랑 등의 생각을 흡수하여 농민협동조합적인 독자의 사회주의 사상을 구축했다. 게르센, 체르니셰프스키 등이 제창한 러시아 농민사회주의와 협동조합 사상은 바쿠닌의 반국가주의, 반자본주의, 농민의 혁명성에 대한 신앙과 결합하여 이후 러시아 농민해방운동의 주류가 되었던 나로드니키의 사상으로 이어졌다. 이 흐름은 크로포트킨의 무정부주의적인 협동조합 사상이나 20세기 러시아 사회혁명당의 사상에도 영향을 미친다.

농촌사회주의, 소비조합에 대한 레닌의 비판

레닌의 협동조합론은 나로드니키와 러시아 사회혁명당의 협동조합 사상에 대한 비판에서 출발했다. 19세기 말부터 20세기 초 러시아는 나로드니키나 사회혁명당의 영향으로 자본주의를 거치지 않고 곧바로 사회주의로 이행할 수

협동조합의 오래된 미래, 선구자들

있고, 또한 국가의 힘을 통하여 협동조합을 전국적으로 확산해 새로운 사회체제를 만들 수 있다고 생각하는 사람들이 많았다.

레닌Nikolai Lenin, 1870-1924은 1902년 발표한 논문에서 러시아에서 농민들의 협동조합을 발전시켜 집단적인 농업 생산을 완성해야 한다는 러시아 사회혁명당의 주장에는 나로드니키의 오랜 편견이 남아 있다고 지적하였다. 레닌에 의하면, 소농 경영주들의 협동조합은 경제적으로 진보적인 것이기는 하지만 자본주의가 진전된 형태일 뿐이지, 결코 집산주의가 발전한 모습이라고는 할 수 없었다.

1905년 발표한 논문에서는 자본주의 하에서 노동자들의 소비자협동조합은 어떤 의미에서는 사회주의의 한 부분이라고 할 수 있지만, 문제는 거기에 있는 것이 아니라고 말한다. 권력이 부르주아의 수중에 남아 있는 한, 소비조합은 비참함의 한 부분을 드러내는 것일 뿐 아무런 변화의 전기도 마련하지 못하고 어떤 결정적인 변화를 가져오지도 못하며, 때로는 변혁 투쟁에서 빗나가는 길이 되어 버리기도 한다는 것이다.

물론 소비조합이 노동자에게 유익한 기능이 많다는 사실은 말할 필요도 없다. 하지만 이 기능을 본격화하기 위한 길은 프롤레타리아로의 권력 이행뿐이라고 지적한다. 당시 레닌은 마르크스와 마찬가지로 러시아에서도 사회주의의 실현을 위한 협동조합의 의의는 이차적이고, 협동조합의 본격적 발전을 위해서도 무엇보다 필요한 선결 조건은 노동자계급에 의한 권력의 쟁취라고 주장했다.

사회민주당의 협동조합에 대한 평가

레닌의 기본적인 생각은 그 후에
도 변하지 않았지만, 1910년 코펜하겐에서 열린 국제 사회주의자 대
회에서는 러시아 사회민주당 대표단에 속해 노동자의 협동조합에 대
하여 적극적인 평가를 포함하여 다음과 같은 결의안을 제출하였다.

1. 프롤레타리아 협동조합은 중간 착취를 줄이고 상품 공급자 밑에
서의 노동조건에 영향을 미치는 것 등을 통하여 노동자계급이 자신
의 처지를 개선할 수 있게 한다.

2. 프롤레타리아 협동조합은 원조를 통하여 파업이나 박해 등 대중
적인 경제투쟁에서 점차 중요한 의의를 갖기 시작했다.

3. 프롤레타리아 협동조합은 대중을 조직하면서 노동자계급에게
사업을 자주적으로 운영하고 소비 활동을 조직화하는 방법을 가르침
으로써 장래 사회주의 사회에서 경제생활의 조직자 역할을 담당할 수
있도록 노동자계급을 훈련한다.

이 글에는 일반 협동조합에 대하여 다음과 같은 한계를 지적한다.
첫째, 착취계급의 수중에 생산수단과 교환수단이 남아 있는 한, 협동
조합이 할 수 있는 역할은 지극히 협소한 범위로 제한된다. 둘째, 협
동조합은 순수한 상업시설로 여러 가지 경쟁 상황에서 어려움을 겪
기 때문에 부르주아적인 주식회사로 퇴화하는 경향이 있다. 셋째, 협

동조합은 자본과 직접 투쟁하는 조직이 아닌데도 사회 문제를 해결하는 수단일 수 있다는 환상이 생기기 쉽고, 그런 환상은 현재 많은 사람들 사이에서 퍼져 있다.

이런 인식에 기초하여 레닌은 만국의 노동자에게 협동조합운동에 나서서 그것을 민주적인 방향으로 발전시키고, 사회주의 사상을 선전하거나 사회주의 정당이나 노동조합과 유기적인 결합을 강화하기 위해 노력하라고 제안한다. 제안 가운데 눈에 띄는 것은, 마르크스와 달리 레닌은 생산자협동조합이 노동자계급의 투쟁에서 의의를 갖는 것은 그것이 소비자협동조합의 구성 부분인 경우에만 한정하고 있다는 점이다.

사회주의 건설기 협동조합에 대한 레닌의 견해

1917년 11월 러시아 사회주의 혁명과 프롤레타리아 정권 성립 이후 레닌은 사회주의 건설에서 협동조합의 역할에 대하여 해설하고 일련의 지시를 내린다. 그는 기존의 협동조합 조직을 폐지하거나 국영기업으로 개조하는 성급한 정책에 반대하고, 오히려 그것을 구 체제의 토대 위에서 만들어진 귀중한 유산으로서 계승하고 발전시켜 사회 전체로 확산하려는 정책을 폈다.

1918년 4월 레닌은 공산당 기관지 〈프라우다〉에 '소비에트 권력의 당면 임무'를 발표하였는데, 그 초고에서 다음과 같이 주장하였다.

"프롤레타리아가 국가 권력을 획득한 이래, 즉 프롤레타리아가 사회주의 제도 창출에 착수한 이래 협동조합의 지위가 근본적으로 계속 변하고 있는 점에 문제가 있다. 그로 인해 양이 질로 전화하고 있다. 협동조합은 자본주의 사회에서 작은 섬으로서의 상점이었다. 협동조합은 만약 토지의 사유가 사회적인 소유로 이전되고 공장이 국유화되고 있는 사회 전체를 포괄한다면 사회주의적이다. 부르주아가 정치적, 경제적으로 정리된 후 소비에트 권력의 임무는 협동조합 조직을 사회 전체로 확산하고, 이 나라의 전 시민을 한 사람도 남김없이 전국적인, 보다 정확하게 말하면 전 국가적인 하나의 협동조합의 조합원으로 변화시키는 것이다."

레닌은 프롤레타리아적이며 공산주의적 원칙에 선 협동조합으로서 소비 코뮌을 설립하여 전 주민을 가입시키고, 이것을 국가의 유일한 분배기관으로 삼는 것을 모색했던 적도 있었다(1919년 3월 16일자 인민위원회 포고 '소비 코뮌에 대하여'). 나아가 협동조합의 중앙에 지역 통합기관으로서 소비협동조합 중앙연합의 개편과 강화를 시도하였다(같은 해 4월).

당시 레닌이 탄보프 지역의 집행위원회에 보낸 지시는 다음과 같은 내용을 담고 있었다. "세계 협동조합운동의 위대한 창시자 중에서 이 운동의 사회주의로의 전화를 지적하지 않았던 자는 아마 한 사람도 없었을 것이다. 지금 확실한 전화의 시기가 도래하였다. 모든 근로자를 한 사람도 남김없이 소비 코뮌으로 조직한다는 협동조합의 발표를 환영하고 있다.” 동시에 그는 이 조치가 바람직하지 않은 강제조치가 되지 않도록 하기 위하여 자주적인 감독의 권한도 소비 코뮌에 부여하는 배려도 잊지 않았다. 레닌은 정책 실시 과정에서 농민이나 옛날 협동조합 조합원의 저항을 만나면 그들에게 양보하고 타협을 하였다. 신경제정책기를 거치면서 협동조합의 의의를 경시하는 풍조가 볼세비키에 확산되었을 때도 레닌은 협동조합 조직의 폐지에 반대하고, 오히려 협동조합을 사회주의화 하는 과정에서 가장 중요한 기초 조직으로 평가하였다.

사회주의 건설의 토대인 협동조합

1923년 1월 4일 발표한 〈협동조합에 대하여〉란 제언은 협동조합에 대한 레닌의 생각을 가장 선명하게 보여준다. “우리나라에서는 협동조합에 대하여 충분히 주의를 기울이지 않고 있는 것 같다. 현재 우리나라에는 10월 혁명이 일어난 이래, 신경제정책과 관계없이 협동조합이 상당히 중요한 의의를 갖게 되었지만, 누구도 이 사실을 이해하고 있다고는 할 수 없다. 실제 우리나라에서 국가권력이 노동자계급의 손에 장악된 이상, 모든 생산수단이 국가권력의 기초가 된 이상, 우리들에게 남겨진 임무는 민을 협동조합으로 조직하는 것뿐이다. 우리들이 이전에 소상인적인 것으로 하찮게 여겨왔던 협동조합, 또한 어떤 면에서는 현재 신경제 정책의 토대 위에서 하찮게 여기는 것을 당연하다고 생각하는 협동 조합이, 이 협동조합만이 완전한 사회주의 사회를 건설하는 데 필요 한 전부는 아닐까. 협동조합은 아직 사회주의 사회의 건설이라고 할 수는 없다. 그러나 이것이야말로 사회주의 건설을 위하여 필요하고 충분한 모든 것이다."

레닌은 협동조합에 대하여 특혜적인 재정 원조를 해 주는 것이 필 요하고, 더 나아가 농민의 협동조합으로의 조직화를 위하여 그들의 문화 수준을 높이는 문화혁명이 필요하다고 강조하였다. 프롤레타리 아 정권 하에서 사회주의란 협동조합화라는 레닌의 발언에 대한 해 석을 둘러싸고, 나중에 격렬한 논쟁이 벌어졌다. 그러나 이 발언은 뒤 늦게 출발한 경제조건 하에서 사회주의를 건설할 때 협동조합은 반드 시 필요하고, 그 경제적 문화적 역할이 지극히 중요하다는 사실을 표 현한 것으로 이해할 수 있다. 레닌의 협동조합에 관한 일련의 발언은 그 시대적 상황과 연관하여 이해한다면 많은 교훈을 얻을 수 있을 것 이다. 사실 소비에트를 비롯한 사회주의 국가에서 레닌의 저작은 사 회주의적 협동조합론의 고전적 문헌으로서 평가된다.

북미 대륙의 신용협동조합운동

라이파이젠과 슐체의 조합이 성공을 거듭하자 신용협동조합은 유럽 각국으로 확산되기 시작했다. 이탈리아 파두아 대학의 정치경제학 교수였던 루이기 루자티Luigi Luzzatti, 1841-1927는 독일을 방문하여 신용협동조합을 연구하고 고국으로 돌아가서 1866년 밀라노에 협동조합은행을 설립하였다. 조합원의 유한 연대책임의 원칙에 입각해서 운영된 이 서민은행은 슐체계 신용협동조합의 이념을 기반으로 설립되었다. 주로 이탈리아의 도시를 중심으로 발전하였으나 농촌에서도 중요한 역할을 담당하였다. 그 후 이탈리아에는 1883년 최초로 라이파이젠형 신용협동조합이 설립되었고 1893년에는 협동조합중앙회가 설립되었다.

독일과 인접해 있던 오스트리아는 라이파이젠형 신용협동조합을 흡수하여 1877년 이미 신용협동조합운동이 시작되었고, 1880년에는 베른 지방에 신용협동조합이 실립되었다. 신용협동조합운동의 육성과 홍보, 교육을 담당하는 중앙회도 조직되어 중앙금고 역할까지도 맡게 되었다. 이 조합들은 독일보다 더 충실히 라이파이젠의 협동조합 정신을 계승하고 있었다.

스위스, 프랑스 등에도 1860년대 후반 신용협동조합이 생겨났다. 협동조합운동의 근원지였던 영국에서 신용협동조합운동은 소비조합운동의 그늘에 가려 그다지 발전하지 못했으나 1895년부터 1907년까지 국제협동조합연맹(ICA)의 초대의장을 지낸 헨리 울프Henry W. Wolff, 1840-1931가 라이파이젠형의 신용협동조합은행을 주창하며 신용협동조합에 관한 많은 글과 논문을 집필하였다. 또한 그는 신용협동조합을 주제로 수많은 강의를 하고, 세계 도처의 사람들과도 서신 교환을 하여 신용협동조합운동이 세계적으로 확산될 수 있도록 했다. 북미의 신용협동조합은 그가 루자티와 울프 등과 정보교환을 하면서 싹텄다.

캐나다 최초의 신용협동조합과 데잘딩

　　　　　　　　　　　　캐나다의 협동조합운동은 19
세기 중엽 이후 서부 평원과 동부 해안지방에서 발전하였다. 특히 서
부의 곡창지대에서 발전한 협동조합은 유럽에서 이민 온 사람들이
가져온 협동조합의 전통과 이미 싹트기 시작한 미국의 농업협동조
합운동의 영향 그리고 개척자들의 강력한 공동유대와 종교성이 기
반이 되었다.*

　이와는 별개로 캐나다 최초의 신용협동조합은 1900년 퀘벡 주 레
비스에 설립되었다. 알폰스 데잘딩^{Alphonse Dejardins, 1854-1920}이 지도

---

* 북미의 협동조합운동은 신용협동조합보다도 유럽에서 이주한 개척자들이 중심이 되어 만
든 생산자협동조합, 즉 농업협동조합의 전통이 강했다.

한 서민금고는 민간은행의 효시였으며, 북미 신용협동조합운동의 선구가 되었다. 데잘딩은 사상가라기보다는 실천가, 조직가였다.

데잘딩은 퀘벡 주 레비스에서 태어났다. 가난한 가정에서 자란 그는 레비스 교회학교를 졸업한 후 레비스 대학에서 공부하게 되지만, 가계를 돕기 위하여 중도에 학업을 포기하였다. 그 후 군에서 제대한 뒤 데잘딩은 지방의 언론기관에 종사하면서 시민들이 당면하고 있었던 사회, 경제 문제에 관심을 갖게 되었다.

특히 1891년부터 1915년까지 국회의 토론기록자로 일하게 된 데잘딩은 의원들의 연설을 들으며 서민들이 얼마나 고리채에 시달리고 있는가를 알게 되었다. 소액차용의 경우에는 무려 1,200%의 이자가 붙는 경우도 있었다.

사람들은 근검절약과 저축에 대해 별 생각이 없었기 때문에 가난은 당연한 것이었다. 데잘딩은 처음에는 고리대금을 벗어날 수 있는 법률에 대하여 연구하였다. 그리고 가난한 사람들을 빈곤으로부터 지키기 위하여 생명보험 조직을 만드는 것을 생각했다. 하지만 보험이나 법률만으로 사람들을 고리대금의 수렁에서 건지기는 쉽지 않다는 것을 깨달았다. 그는 이런 상황을 극복할 방법을 연구하면서 협동조합에 관심을 갖게 되었다. 즉, 고리대금의 압박에서 벗어날 수 있는 길은 서민들이 이용할 수 있는 금융기관을 만드는 일이었다. 유럽에서 이미 협동조합운동이 빠르게 성장하고 있음을 알게 된 그는 당시 국제협동조합연맹 회장이며 신용협동조합의 이론가였던 헨리 울프와 그 밖의 여러 사람들과 연락을 취하며 협동조합의 철학과 원칙 및 운영방식에 대한 자료를 수집하고 연구하였다.

1900년 9월 20일 데잘딩은 자신의 집에 친구와 이웃들을 초청하여 서민은행을 설립할 것을 제안하면서 그간 자신이 연구한 결과를 보고했다. "나는 깜짝 놀랐다. 내가 그 일에 대하여 설명을 끝내자 사람들은 모두 계획을 적극적으로 받아들이는 것이었다"고 그는 당시 상황을 회고하였다. 그는 설립준비위원회를 조직하였다. 그리고 조합의 성격이나 정관을 작성하기 위해 주 2회 모이기로 하였다. 1900년 100여 명이 넘는 레비스 시민들이 모여 레비스 서민은행을 창립하였다. 북미 최초의 신용협동조합인 이 서민은행은 유럽의 경우와는 달리 농촌조합과 도시조합을 구분하지 않았고, 조합원의 유한 책임제도를 채택하였다.

캐나다 신용협동조합의 발전 과정

데잘딩은 조합을 발전시키기 위해서는 민주적인 관리, 즉 출자의 많고적음에 관계없이 1인 1표에 근거를 둔 여신위원회나 감사위원회, 관리기구를 설치하는 것과 대출보다도 조합원들의 근검절약과 저축이 바탕이 되어야 함을 강조했다.

그는 유럽의 경험을 참고하면서도 일부 원칙은 캐나다의 사정에 맞게 변형하여 적용했다. 헨리 울프 등은 조합원들의 무한책임을 고수했지만, 데잘딩은 조합에 저축한 금액 범위 내의 유한책임제를 도입했다. 그는 1906년 신용협동조합법이 통과될 때까지 모든 저축에 대하여 자신이 책임을 떠맡았다. 그만큼 그는 주민들에게 신용이 있는 인물이었다. 또한 데잘딩은 유럽에서 특히 슐체계 조합에서 조합원의 가입 자격을 크게 제한하지 않았던 것과는 달리 도시 지역임에도 가입 자격을 제한하고 공동유대를 강조하였다. 소단위의 공동체로 조합원 상호간의 친목이 돈독하고 대출 관리가 용이한 곳을 조직 대상으로 삼았다. 여기에 가장 적합했던 것이 바로 교회를 중심으로 하는 공동유대였다. 또한 이탈리아 서민은행의 창시자였던 루자티로부터는 자기 자본의 두 배 적립 원칙과 자기 자본의 50%의 예비 기금 제도를 배워 신용협동조합 조직 원칙으로 도입했다.

1901년 1월 데잘딩의 집에서 업무를 개시한 조합은 1905년에는 조합원 840명에 대출금 8,000달러에 이르렀다. 조합의 기금은 조합원의 출자금, 예탁금, 가입금, 대출이자, 기부금 등으로 조성되었다. 조합은 착실히 발전하여 6년 동안 약 20만 달러를 대출하였으나 한 푼의 손실도 발생하지 않았다.

캐나다의 신용협동조합운동은 처음에는 공업노동자들이 중심이었으나 점차 농민, 산림노동자로 저변이 확대되었다. 신용협동조합이 뿌리를 내리자 데잘딩은 1906년 퀘벡 주 의회에 신용협동조합법을 제안하여 입법에 성공했다. 이듬해에는 캐나다 하원에 법을 제안했으나 의결까지 이르지 못했다. 그럼에도 불구하고 데잘딩의 노력은 계속되어 캐나다에 1916년까지 159개의 조합을 조직했다.

미국으로 전파된 신용협동조합운동

캐나다 신용협동조합운동의 조직가 데잘딩은 협동조합 여신에 대한 권위자가 되어 미국의 매사추세츠 주 은행 감독관이던 피에르 제이Pierre jay, 1870-1949의 협동조합 금융에 관한 정보 제공과 자문에 응하여 1909년 4월 15일 매사추세츠 주 신용협동조합법이 제정되는 데 중추적인 역할을 하였다.

데잘딩은 이보다 며칠 앞선 4월 6일 뉴햄프셔 주에 직접 성 메리 서민은행이란 미국 최초의 신용협동조합을 설립하였다. 그는 이후에도 매사추세츠 주와 뉴햄프셔 주에서 프랑스어를 쓰는 사람들 사이에 23개의 신용조합을 만드는 데 성공하였다. 1918년까지 미국 내 18개 주에서 신용협동조합법이 만들어지고, 나아가 1933년 연방법이 제정될 수 있는 기반을 다졌던 것이다.

데잘딩의 지원과 함께 미국에서 신용협동조합운동을 뿌리내리게 한 인물로 파이린Adward A. Filene, 1860-1937을 빼놓을 수 없다.

파이린과 신용협동조합의 조직 활동

미국 신용협동조합운동의 창시

자로 일컬어지는 파이린은 보스턴의 부유한 상인의 아들로 매사추세츠 주 할렘에서 태어났다. 그는 1908년 세계여행 도중 인도에 들러 그곳 신용협동조합 설립에 노력하고 있던 한 영국인과 만나면서 신용조합의 필요성을 통감하였다.

앞에서도 말했던 것처럼, 당시 매사추세츠 주의 은행 감독관이던 제이는 고리대금업자에게 빌린 돈을 갚는 데 고뇌하는 노동자들을 구제하기 위하여 데잘딩을 초대하여 신용조합의 법제화 작업에 나서고 있었다.

법안은 혁신적이고 공공심에 넘치고 재력도 있었던 파이린의 강력한 지지를 얻어 1909년 통과되었다. 그러나 신용협동조합운동을 적극적으로 추진하는 기관이 없었기 때문에 조합의 설립은 순조롭지 않았다. 1913년 매사추세츠 주에는 겨우 4개의 조합만이 있었다. 뉴욕에도 1913년 신용협동조합법이 제정되었지만 불과 19개의 신용협동조합이 인가를 얻은 상태였다.

파이린 등은 운동을 적극적으로 추진할 조직이 필요하다는 사실을 깨달았다. 이에 파이린이 중심이 되어 1914년 2월 매사추세츠 신용협동조합을 결성하는데, 조합의 목적은 사람들에게 근검절약의 정신을 심어주고 조합을 설립하도록 장려하며 개인뿐만 아니라 지역 조합들에게도 자금을 대여하는 것으로 주 연합회 성격을 가졌다. 이 조합에서는 업무 양식의 공급, 조언 및 상담, 정부 관리와의 협의를 맡아 했으며 임원회의, 이사장회의도 갖추었다.

협동조합의 오래된 미래, 선구자들

매사추세츠 신용협동조합의 발전에도 불구하고 신규 조합의 설립과 성장은 미미하였다. 1915년 당시 그 수는 전국적으로 48개에 불과했다. 신용협동조합운동이 부진할 수밖에 없었던 이유는, 신용협동조합이 일반인들에게 급진적인 모습으로 각인되어 불신과 반감을 사고 있어서 친숙해질 수 없었다는 점이다. 그리고 일반 기업들은 모리스 폴린 뱅크와 같은 별도의 금융기관에서 비록 이자율이 조금 높기는 했지만 쉽게 대출을 받을 수 있었기 때문이다.

　　1916년까지 지지부진한 상황은 계속되었다. 파이린과 신용협동조합의 지도자들은 이러한 상황을 타개하고 신용협동조합운동에 신선한 활력을 불어넣을 새로운 조직을 결성하기로 하고, 매사추세츠 신용협동조합협의회를 만들었다. 사실 협의회는 매사추세츠 신용협동조합과 거의 동일한 목적을 가지고 활동하였다. 하지만 이것조차 신규 조합의 설립이나 신용협동조합운동에 새로운 자극을 만들지는 못했다. 1차 세계대전 시기에도 신용협동조합운동은 부진을 면하지 못했고, 내부적으로도 모범적인 조합이 생겨나지 않는 등 많은 문제점을 안고 있었다.

　　1917년과 1918년 파이린은 매사추세츠 주, 뉴욕 주, 북 캐롤라이나 주에 상당한 수의 조합을 지원하고 조직하면서 이를 전국적인 운동으로 승화시키려고 했다. 1919년에는 여러 지방의 유지들을 모아 전국 서민은행위원회를 조직하였다. 그러나 이 조직은 유명무실해서 아무 역할도 하지 못했다.

신용협동조합운동의 급속한 발전

1920년을 전후로 신용협동조합운동은 결정적인 전환기를 맞았다. 우선 1920년대 미국사회는 사회적으로 경제적 번영기를 구가했다. 개인소득이 늘어나 많은 사람들이 자동차, 세탁기, 라디오 등 많은 소비재를 구입할 수 있었다. 하지만 대부분의 사람들은 소비 욕구는 강했지만 물건을 살 현금이 없었다. 따라서 소비재 구입 자금 대출을 바라는 사람들이 늘어났다. 그렇다고 은행이나 일반 금융기관들이 이들의 욕구를 충족시켜 준 것도 아니었다. 사람들은, 신용협동조합을 자신들의 필요에 맞춰 할부대출을 제공하는 조직으로 이해하기 시작했다. 이런 유리한 국면으로 인해 단위조합은 급속도로 늘어났다.

외부적인 조건과 맞물려 신용협동조합운동 내부에서도 1920년 봄 파이린이 추천한 변호사 버진그렌**Roy F. Bergengren, 1879-1955이 매사추세츠 주 신용협동조합협의회의 실무책임자가 되고, 파이린이 재정지원을 하면서 신용협동조합운동은 급속하게 성장했다. 파이린이 추

** 버진그렌(Roy F. Bergengren, 1879~1955) 1879년 매사추세츠 주 글로세스터에서 스웨덴계 의사의 아들로 태어나 다트마우스 대학을 졸업하고 1906년 하버드 법대에서 변호사 자격을 취득하였다. 이후 18년 동안 변호사 일을 하면서 주로 소송비를 마련할 길 없는 가난한 사람들을 위해 봉사하면서 당시 만연하던 고리대금업의 부덕한 착취와 맞서 싸웠다. 1915년부터 매사추세츠 주 린 시의 재정위원, 1917년부터 이 주의 헌법 제정위원 역임 후 1차대전에 참전하였다. 1921년 파이린과 만나면서 신용협동조합운동에 뛰어든 후 신용협동조합을 조직하는 데 힘쓰고 나중에 전국신용협동조합연합회를 설립하여 전무이사로 활동하였다.

협동조합의 오래된 미래, 선구자들

천할 당시만 해도 버진그렌은 신용협동조합에 대해 아는 것이 없었다. 그는 단지 신용협동조합의 근본 취지인 근검절약과 고리대금업의 착취로부터 사람들을 보호한다는 점에 감동했을 뿐이었다. 하지만 그는 조직가로서 탁월한 자질을 발휘하며 신용협동조합운동을 본격적인 궤도에 올려놓아 1921년 6월 매사추세츠 주 신용협동조합연합회가 설립되는 산파 역할을 하였다.

그는 연합회를 설립한 것으로 자신의 역할이 끝났다고 생각하고 신용협동조합을 떠나려 했다. 하지만 버진그렌의 능력에 반한 파이린은 자금을 지원하면서 1921년 6월 신용협동조합운동을 전국적으로 육성하는 전국교도국Credit Union National Extension Bureau을 설치하고 그를 그곳 책임자로 임명하였다. 전국교도국은 단위조합을 구성하는 데 기초가 되는 주 신용협동조합법 제정을 촉진하여 신용협동조합의 합법적인 활동을 보장하고 단위조합과 주 연합회를 조직하며, 전국적으로 신용협동조합운동을 관장하고 추진할 연합조직을 만드는 것을 목적으로 하였다. 이때부터 미국의 신용협동조합운동은 전국교도국을 중심으로 전개되었다. 교도국의 노력으로 1925년에는 15개 주에서 추가로 신용협동조합법이 제정되어 총 26개 주에 신용협동조합법이 마련되었고, 419개 조합에 10만여 명이 조합원으로 가입하였다.

매사추세츠 주 신용협동조합연합회와 신용협동조합 교도국은 긴밀한 관계를 갖고 미국 전역 신용협동조합운동의 연대를 촉진하였다. 버진그렌은 단위조합의 설립과 주 연합회의 설립에 모든 노력을 기울였다. 신용협동조합에 관심을 가진 사람이 있는 곳이라면 그가 나타나지 않는 곳이 없을 정도였다.

조직의 형태가 견고하다고 할 수는 없었지만 대공황이 일어나기 직전까지 신용협동조합은 급속하게 성장하고 확대되었다. 파이린과 버진그렌의 노력으로 1930년 경에는 32개 주에 신용협동조합법이 제정되었고 조합 수도 1,100여 개에 이르렀다.

대공황과 연방 신용협동조합법의 제정

1930년 일어난 대공황은 미국의 모든 금융기관에 치명적인 타격을 입혔다. 신용협동조합은 몇몇 주에서 조합 수가 약간 줄기는 하였지만 끈질긴 생명력을 보여 전체적으로는 조합 수가 늘고 있었다. 버진그렌은 정액소득자를 중심으로 조직된 신용협동조합운동의 붕괴를 우려하고 있었다. 하지만 엄청난 타격을 입은 일반 금융기관들과 달리 대중들은 자신들의 힘으로 만든 조직에 대하여 이해를 하기 시작하여 오히려 많은 조합들이 새로 조직되고 조합원 수도 늘어났다.

이런 연유로 신용협동조합은 정치적인 힘을 얻었다. 농민조합, 전국 목축조합, 미국 농업협회 등이 신용협동조합운동을 지원하기 시작했다. 그리고 1932년 수도 워싱턴의 콜롬비아 특별지구에도 후버

협동조합의 오래된 미래, 선구자들

대통령의 인가를 얻어 신용협동조합법이 통과되어 연방 신용협동조합법 제정의 기초를 닦는다.

파이린과 버진그렌 등 신용협동조합 지도자들의 성원에 힘입어 1933년 세파드 상원의원 등이 법안을 제출하고 1934년 6월 루즈벨트 대통령의 지지를 얻어 드디어 연방 신용협동조합법이 제정되었다. 이리하여 미국에서는 주 신용협동조합법이나 연방 신용협동조합법 중 원하는 법에 따라 자유로이 신용협동조합을 설립할 수 있게 되었다. 연방 신용협동조합법이 제정된 후인 1934년 8월 콜로라도의 에스테스 파크에서는 21개 주 신용협동조합 대표 52명이 모여 4일 동안 전국연합회 정관 작성을 비롯한 설립 준비회의를 열었다. 이 회의에서는 신용협동조합 전국연합회Credit Union National Association, CUNA의 조직기구와 정관이 채택되었다.

버진그렌 등은 각 단위조합과 주 연합회를 순방하면서 전국연합회를 인준하는 운동을 벌여 1934년 말에는 34개 주의 인준을 받았다. 모든 설립 절차가 완료됨에 따라 1935년 전국연합회는 처음으로 이사회를 열어 회장에 파이린, 전무이사에 버진그렌을 선출하고 연합회의 본부를 위스콘신 주 매디슨 시에 설치하였다.

사무실 설치와 더불어 신용협동조합 조합원에 대한 공제 혜택 제공을 목적으로 신용협동조합전국연합회 상호공제협동조합 및 단위조합 운영에 필요한 양식 및 물품 공급을 목적으로 하는 신용협동조합전국연합회 물자보급협동조합을 설립하였다. 전국연합회를 설립함으로써 신용협동조합운동은 강력한 영향력을 갖게 되면서 파이린이나 버진그렌의 개인적인 영향력에서 벗어나 민주적인 관리에 기초를 둔 조직으로 변모되었다. 자립적인 체계가 갖추어지면서 100만 달러가 넘었던 파이린의 재정 지원에서도 벗어날 수 있었다.

안티고니시 운동

캐나다 동부 해안지역에서 일어난 지역사회개발운동, 주민운동은 캐나다 협동조합운동에 상당히 많은 교훈을 남겼다. 1920년대 시작하여 지금도 계속되고 있는 성인교육운동은 한국의 신용협동조합운동뿐만 아니라 제3세계 여러 나라의 협동조합운동에도 엄청난 영향을 미쳤다.

캐나다 동부 해안지역은 1차 대전 후 엄청난 불황과 불경기를 겪어야 했다. 지역의 농민과 어민, 광부들은 현실적인 필요에 의해 협동조합을 조직할 수밖에 없었다. 연합 정부 및 주 정부의 적극적인 장려 정책도 중요한 자극제가 되었다. 무엇보다 노바스코시아 주 안티고니시 마을에 있는 가톨릭계 세비아 대학의 교도부가 중요한 역할을 하였다. 이 교도부를 중심으로 지역에 펼쳐진 민간운동, 즉 성인교육운동과 협동조합운동을 안티고니시 운동Antigonish Movemont이라 부른다.

노바스코시아는 대부분의 주민이 어업과 농업 그리고 광업에 종사하는 노동자로 구성되어 있어 대대로 경제적 빈곤에서 생활고를 벗어나기 어려운 형편에 놓여 있었다. 주민들이 계속해서 도시로 떠나 농어촌 인구는 점차 감소했다. 이에 톰킨스^{J. J. Tompkins} 박사를 중심으로 몇몇 학자들이 지역에서 일어나고 있는 문제들을 연구하여 해결 방안을 주민들에게 제시하고 교육하며 조직하는 활동을 시작하였다. 이것이 바로 안티고니시 운동의 출발이었다.

성인교육운동은 1921년 겨울 6주 동안 세네팩스에서 시민학교가 열리면서 시작되었다. 그것은 대학을 상아탑에서 지역주민과 대중들과 함께 호흡하는 곳으로 바꾸어 놓았다. 1928년까지 기술 연수, 농업 교육 등을 중심으로 산발적으로 진행되던 성인교육의 성과도 놀랄 만한 것이었지만, 운동을 더 체계화하기 위해 교도부가 조직되면서 안티고니시 운동은 본격화되었다. 즉, 마을의 발전을 위해 무엇을 해야 하는지 체계적으로 연구하고 대안을 마련하는 운동이 시작되었다. 안티고니시 운동은 지역의 문제를 분석하여 대안의 지혜를 짜내는 소수의 교수들과 마을지도자들을 조직하고 실천을 촉발시키는 교도부 소속 교도원 그리고 자원봉사자인 마을지도자들이 일체가 되어 움직였다.

우선 마을을 위한 소규모 연구회가 열렸고, 이어 경제 문제 해결을 위한 단체활동에 관한 의견을 나누었고, 이를 다른 사람들과 공유하는 사회교육이 실시되었다. 교육에 참여하는 사람들은 연구자들과 함께 자신이 살고 있는 마을을 조사하였고, 사회교육 속에는 안티고니시 운동의 사상과 철학을 바탕으로 실물경제, 즉 마을사람들의 생활에 필요한 협동조합을 조직하고 운영하는 것을 병행하였다.

성인교육과 경제적인 협동을 목표로 한 안티고니시 운동은 당면한 경제적 곤란이 주민들 자신의 노력의 부재 때문이라는 사실을 강력하게 인식시키고 주체적이고 자발적으로 문제를 해결하려는 의지를 심어주는 것을 출발점으로 삼았다. 소비자협동조합 및 신용협동조합 등의 조직도 이러한 의지를 바탕으로 결성되었다.

안티고니시 운동은 캐나다 동부 해안지역 수많은 마을을 바꾸어 놓았다. 특히 주민들의 성인협동교육에 주력하여 좌익 쪽으로 기울어져 있던 탄광 및 제철 노동조합이 제 역할을 하는 데 기여하였다. 이 운동이 지역에서 성공을 거두자 세비아 대학 교도부는 코디 국제연구소를 설치하여 농촌 부흥을 위한 성인교육 프로그램을 개발도상국에 제공하여 많은 지도자와 실천가를 육성해냈다.

캐나다의 협동조합운동과 안티고니시의 지역개발운동의 경험은 20세기 후반 하나로 합류하여 지역사회개발협동조합이란 독창적인 성과를 창조해낸다. 개별 협동조합들의 협동과 연대를 통한 지역사회개발협동조합의 지역사회 개발 전략은 협동조합의 선구자들이 꿈꾸던 협동촌의 모습을 현실화 하는 모델로 주목받고 있다.

일본의 생활협동조합운동과
가가와 도요히코

1992년 국제협동조합연맹^{ICA} 제30차 세계대회는 처음으로 유럽지역을 벗어난 일본 도쿄에서 '협동조합의 기본적인 가치'를 주제로 열렸다. 국제협동조합연맹이 생긴 지 100여 년이 흐른 시점에서 협동조합의 기본적인 가치를 두고 대회가 열린 것이나 일본에서 열릴 수 있었던 것은 그만한 이유가 있었다. 전반적으로 침체일로에 있는 세계 협동조합운동에 대해 점검하고 활력을 불어넣기 위해서였다. 특히 일본의 종합 농협과 급속한 성장을 보이고 있는 생활협동조합의 경험이 세계 협동조합운동에 신선한 자극을 주고 있었기 때문이다.

조합원들의 필요에 따른 사업의 전개라는 협동조합의 기본구도를 있는 그대로 적용한 일본 생활협동조합은 1970년대와 1980년대에 걸쳐 조합원, 공급고에서도 급속히 발전하여 조합원이 2천만 명을 넘는 등 선진국 최대의 규모를 자랑한다. 또한 종합 농협은 생산자재 공급, 농산물 공동판매, 저축, 신용, 보험, 생활물자 공급 등 종합적인 사업을 통해 새로운 지역사회 형성에 막대한 공헌을 하고 있다.

특히 일본의 협동조합운동이 주목을 받을 수 있었던 것은, 1995년 일본 고베대지진 때 두드러진 생활협동조합의 활약 때문이었다. 6천 명 가까이 죽고 140조 원 상당의 피해가 발생한 고베대지진이 일어나 물자의 공급망, 도로 등 도시 인프라가 완전히 파괴되어 일본 정부도 대응을 하지 못한 상태에서 당시 고베생활협동조합이 150개 점포 문을 열고 보유한 물건을 일상 가격으로 판매하면서 피해 지역 사람들에게 생필품, 구호물품을 제공하는 통로가 되었다. 교통망이 끊긴 곳에 생활협동조합의 자원봉사자들이 자전거로 물품을 운반하기도 했다. 생활협동조합 조합원들의 상호부조와 협동으로 지진 피해 복구를 당길 수 있었다는 평가를 받으면서 일본의 협동조합운동이 세계적인 평가를 받을 수 있었다.

코프-고베COOP-神戶의 전신인 고베생활협동조합은 90년 역사를 가진 생활협동조합으로 1백만 명이 넘는 조합원이 참여하는 세계 최대의 소비조합이다. 그것을 만든 사람이 가가와 도요히코賀川豊彦, 1888-1960였다.

일본 협동조합운동이 세계적으로 주목을 받고 성장할 수 있었던 것은 제2차 세계대전 이전부터 많은 사상가와 운동가들이 협동조합 사상을 논하고, 그것을 실천에 옮기며 현실화했기 때문일 것인데, 여기서는 가가와의 생애와 사상을 중심으로 일본 협동조합운동의 출발을 살펴본다.

가가와의 생애

　　　　가가와 도요히코는 효고兵庫 현 고베神戶 시에서 태어
났다. 5세 때 양친을 잃고 아버지의 생가인 도쿠시마德島 시에서 어
린 시절을 보냈다. 도쿠시마 중학교에 다닐 때 미국인 선교사 로건,
마야스의 영향을 받아 열렬한 기독교신자가 되었다. 메이지학원 고
등학부 신학 예과와 고베 신학교를 거쳐 미국의 프린스턴 신학교, 시
카고 대학에서 공부하였다.

　고베 신학교를 나온 후인 1909년 가가와는 결핵에 걸린 몸으로 고
베 시의 빈민가에 들어가 매춘과 도박으로 나날을 보내는 사람들과
같이 지내면서 그들의 영혼을 구하기 위하여 기독교를 전도하는 데
전력하였다. 이 과정에서 가가와는 빈민가를 없애고, 가난한 사람들
이 빈민으로 전락하지 않도록 사회를 구하는 것도 영혼을 구하는 것

못지않게 소중한 일이라는 사실을 깨달았다.

이런 경험이 계기가 되어 가가와는 무산정당운동에 관심을 갖고 노동조합운동의 발전에 힘을 기울였다. 일본 최초의 농민조합도 가가와가 고베의 빈민가에서 결성한 것이었다.

빈민구제활동, 사회운동의 일환으로 가가와는 소비조합운동에도 깊은 관심을 나타냈다. 1920년 오사카에 구매조합 고에키샤共益社, 이듬해에는 고베 소비조합과 나다灘 구매조합을 창립하였는데, 두 조합을 합병한 것이 코프 고베의 전신인 나다고베생활협동조합이었다. 1921년 고베의 가와사키川崎 조선소, 미쓰비시三菱 조선소 노동쟁의 때에는 실행위원이 되어 쟁의를 지도하고, 이어 스기야마杉山元治郎, 무라시마村島歸之 등과 함께 일본 농민조합을 결성하였다. 1922년에는 오사카 노동학교 교장이 되었다.

1923년 9월 1일 관동대지진이 일어나자 다음날 직접 도쿄로 가서 기독교산업청년회를 조직하여 구조 활동에 힘썼다. 훗날 이 조직을 바탕으로 독자적인 협동조합운동이 일어났다.

이듬해 도쿄로 집을 옮긴 가가와는 전미 대학연맹의 초청을 받아 미국에 건너갔다. 1925년 도쿄에 '예수의 친구 목공 및 가구 생산협동조합'을, 또한 오사카에는 농촌소비조합협회를 설립하였다. 다음해에는 아베安部磯雄 등과 도쿄학생소비조합을 설립하였다. 1927년에는 도쿄에 고토江東소비조합을 만들었다.

나아가 1930년에는 중국 제남濟南 대학에서 협동조합론을 강의

했는데 이것이 계기가 되어 중국에 합작사合作社 운동이 일어났다. 1931년에는 의사회의 반대를 무릅쓰고 농촌 의료 문제 해결을 위한 모델로서 도쿄의료이용조합을 설립하기 위한 운동을 일으켰는데, 이것이 계기가 되어 전국 농촌에 의료산업조합운동이 확대되었다. 1934년에는 국민건강보험조합 법안을 발표하고 이것을 산업조합 사업으로 실시할 것을 주장하면서 법안 성립 운동에 앞장섰다.

대공황 후 경제부흥을 위한 뉴딜정책의 일환으로 협동조합운동을 추진하려는 미국 정부와 전미 기독교연맹의 초청을 받아 가가와는 미국 전 지역을 돌며 강연회를 열었다. 귀국길에 유럽에 들러 협동조합보험을 둘러보았다. 1941년 다섯 번째 미국에 갔을 때는 민간 평화사절로 4개월 동안 약 300여 회 강연을 통해 미일평화를 주창하였다. 이런 이유 때문에 2차 대전 때에는 반전론자로 낙인찍혀 헌병대나 경찰에 구인 조치되기도 하였다.

2차 대전 발발을 전후로 정당운동과 노동조합운동이 사상의 분열과 주도권 싸움으로 얼룩지자 가가와는 마음의 상처를 입고 실의에 빠졌다. 하지만 형제애의 정신을 바탕으로 한 상호부조의 협동조합운동은 가가와의 사회철학과 연결되어 있었기 때문에 회의란 있을 수 없었다. 그는 죽을 때까지 열정을 다하여 협동조합운동에 전념했다.

전후에는 내각에도 참여하고, 일본사회당 결성에도 고문으로 함께했다. 또한 일본협동조합동맹을 설립하여 회장이 되고 1951년에 전국공제농업협동조합연합회가 설립되자 고문이 되어 농협공제사업

　　　　　　협동조합의 오래된 미래, 선구자들

추진에도 힘쓴다.

가가와가 평생에 걸쳐 평화운동, 노동조합운동, 농민조합, 어민조합, 협동조합 등 폭넓은 활동을 펼칠 수 있었던 것은, 인간 해방을 꿈꾸고 풍요롭고 건강한 사회를 건설하려는 기독교인으로서 가지고 있었던 우애, 봉사, 상호협동의 정신 때문이었다.

실천의 종교, 협동조합운동

"기독교는 뛰어난 교훈을 갖고 있기 때문에 위대한 것이 아니다. 그것은 예수의 의식이 신의 의식과 통했고, 스스로 십자가에 못 박힐 때까지 짧은 일생을 전인적으로 살았기 때문이다. 예수는 신에 대한 사랑과 사람에 대한 사랑을 같은 초점 위에서 연소시켰던 것이다."

가가와는 예수의 친구라는 모임의 기관지 〈구름의 주춧돌〉에 1936년 3월부터 연재한 '기독교의 형제애와 경제 개조'에서 이렇게 말했다. 이런 생각은 1940년 〈산업조합의 본질과 그 진로〉라는 저서의 '종교적 형제 의식의 발전과 협동조합 의식의 서막을 열다'라는 글에 반복해서 나타난다.

가가와 도요히코의 사상을 이해하기 위한 열쇠가 바로 여기에 있다. 예수 그리스도의 종교가 교훈보다도 실천에 더 큰 의의가 있었다는 이해처럼 가가와 도요히코 자신의 신앙이나 사상 또한 지극히 실천적이라는 것을 의미했다. 가가와에게는 협동조합 사상도 뛰어난 이상과 이론, 또는 교훈으로 받아들이기보다는 오히려 평생에 걸쳐 실천을 통해 실현해야 할 지침이었다.

그렇다고 가가와의 사상이 보잘 것 없었던 것은 아니다. 그가 남긴 사상과 교훈은 24권에 이르는 전집으로 간행되었다. 전집은 종교는 물론 교육, 철학, 과학에서 문학에 이르기까지 폭넓은 내용을 담고 있다.

1921년 〈자유조합론〉을 통해 경제 조직을 사회화할 필요가 있다고 강조한 가가와는 그것을 위해서 사랑과 상호부조의 정신에 입각한 소비조합운동이 필요하다고 주장하였다. 이미 구매조합 고리쓰샤共立社와 고베소비조합을 설립하여 이론에 앞서 자신의 생각을 실천에 옮겼다.

가가와의 협동조합 사상은 그의 세계관의 기초였고 생활철학이었다. 그렇기 때문에 그의 종교도, 경제학도, 시나 소설도 협동조합 사상과 깊이 결합되어 있었다.

가가와는 다양한 사회운동에 개척자적인 역할을 수행하였다. 엥겔스가 일찍이 로버트 오언을 가리켜서 "영국 노동자의 이익을 위하여 이루어진 일체의 사회운동, 일체 현실의 진보는 오언의 이름과 연결되어 있다"고 한 말은 일본의 경우 그대로 가가와에게 적용된다고 할 수 있다.

가가와의 사회활동은 고베의 중심가인 산노미야三宮 역 인근 아라

협동조합의 오래된 미래, 선구자들

가와新川의 빈민가에서 시작되었는데, 그는 이곳의 체험을 자전소설 〈사선을 넘어서〉에 담아 일본 군국주의와 자본주의의 광란을 비판하고 이에 대항하여 싸우려는 의지를 불태웠다.

가가와가 가야할 길은 정해져 있었다. 그는 1909년부터 아라가와의 빈민가에 살면서 고베 신학교를 다녔다. 빈민가에서 산 10여 년의 세월은 그를 사회운동의 개척자로 성장시켰다. 그 후 3년의 미국 유학에서 돌아온 가가와는 다시 빈민가 생활을 시작했다.

빈민가에 돌아온 가가와는 슬럼가의 흙 위에 무릎 꿇고 기도하였다. 그는 이미 학자나 전도사가 아니었다. 그는 나사렛의 한 목수를 따라 일본의 빈민들을 위하여 온몸을 던졌고, 일본의 사회 문제를 해결하는 데 전력을 쏟았다. 가가와는 노동운동, 소비조합운동, 농민조합운동에 힘썼을 뿐만 아니라 1919년에는 보통선거운동에도 나서 노동자의 정치운동에도 앞장섰다.

마지막으로 남은 사회운동

가가와에게는 노동운동도, 무산정당운동도, 소비조합운동도 모두 사회악과 싸우는 일이었다. 그는 빈민가 생활을 하면서 사회악을 온몸으로 거부했다. 그렇지만 전쟁을 앞두고 일본사회가 모두 군국주의로 돌아선 위기상황에서 각종 사회운동, 노동운동, 무산정당운동, 농민운동 들은 사상적으로 대립했고 헤게모니를 둘러싸고 사분오열되었다. 가가와는 헤게모니 싸움에는 인간에 대한 사랑의 정신이 결여되어 있다고 생각하였다.

현실 사회운동에 큰 실망을 했지만, 가가와는 사회가 지니고 있는 문제들을 외면할 수는 없었다. 그에게 마지막으로 남은 사회운동은 협동조합운동이었다.

기독교적인 사랑의 실천으로서 사회운동에 몸을 던진 가가와에게는 일본 사회의 기본구조와 거기서 생겨나는 농민, 노동자의 고뇌를 계급적 대립관계로 분석하는 사회과학적 논리를 이해할 수 없었다. 특히 일본 사회 권력구조의 성격을 이해할 수 없었다. 좌익공산계열 사람들이 계급투쟁을 강조하면 할수록 그는 인간과 인간의 상호부조를 기초로 한 사회를 건설하는 데 정열을 쏟았다. 그의 사회철학에 가장 적합한 운동이 협동조합운동이었다. 특히 가가와는 소비조합운동에 애착을 가지고 있었다.

노동운동에서 몸을 빼고 농민운동에도 한계를 느끼고 무산정당운동에도 실망한 가가와는 협동조합운동에서 이상사회의 축소판을 발견하였다. 노동운동이나 농민운동에서 생산조직과 소비자조합을 차의 양 바퀴라고 생각하였던 그의 사회사상에서 생산자조합의 비중이 조금씩 줄어들고, 소비자협동조합이 전면에 나서게 되었다.

협동조합주의 - 기독교 형제애의 실현

가가와는 기독교 신앙과 유물사관에 대한 〈기독교 형제애와 경제구조〉란 글에서 기독교 형제애의 정신을 경제적으로 구현할 수 있는 방법은 두 가지가 있다고 주장한다.

하나는 착취를 벗어날 수 있는 경제구조이고, 또 하나는 협동적으로 서로 돕는 조직이다. 구체적인 예로서 중세의 길드조직을 들고 있는데, 이 경우에는 내부 사람들 사이에는 형제애가 발휘되는데, 조직 밖의 사람들에 대해서는 형제애를 전혀 찾을 수 없었다. 하지만 그는 특정한 직장에 한정되지 않고 모든 사람들에게 상호부조, 즉 형제애의 협동조합 정신을 확산시킬 수 있다고 주장하였다. 그는 이런 생각을 가지고 고베 소비조합, 가와사키 구매조합 등의 지역시민 생활협동조합들을 설립하고 지도했던 것이다.

"처음에 자본주의는 영리제도로 출발하였다. 영리주의는 기계적인 조직의 발달에 따라 완전히 착취제도로 변해 버렸다. 그리고 자유 경쟁주의로 변해갔다. 만약 경쟁 대신에 상호부조, 착취 대신에 공익이 대치된다면 제국주의, 침략주의도 사라지고, 계급투쟁도 없어질 것이다. 같은 지역에서, 혹은 같은 직업을 가진 사람들이 작은 조합을 만들고, 이들이 모인 연합체를 만들고, 나아가 전국연합을 결성하고, 이어 국제적인 협동조합 조직을 만들 수 있다면, 우리들은 착취와 무질서에서 벗어날 수 있을 것이다."

가가와는 협동조합이 다섯 가지 특징을 지니고 있다고 말한다. 첫째는 잉여가치를 없애고, 둘째는 자본의 개인적 축재를 없애고, 셋째는 자본의 사적인 집중을 없애고, 넷째는 공황을 없애고, 다섯째는 계급투쟁을 없앨 수 있다는 것이다.

가가와는 협동조합주의자였다. 그는 협동조합의 이론과 실제를 가장 포괄적이고 논리정연하게 정리하여 1940년 〈상업조합의 본질과 그 진로〉를 발표하였다. 책의 서문에서 그는 "경제는 가치의 운동이다. 가치는 마음의 작용이다. 마음의 작용이 무시된 경우에 경제는 유물적인 것으로 기울고, 반 의식적으로 되었을 때 착취와 자본주의가 생긴다. 그에 대항하여 계급의식을 기초로 한 좌익이론이 발생한다. 계급의식은 의식경제를 각성하게 하는 하나의 조짐이다. 이 의식적인 깨달음이 전 민족에 미치고, 전 인류의 자각이 될 때 경제는 비로소 전 의식적인 것이 되고, 의식 경제학이 사회 전체의 계획적 통제경제를 넘어선다. 한 사람 한 사람의 사회 성원이 착취를 벗어날 수 있는 상호우애의 의식적인 자각 없이 완전한 협동조합의 운용은 불가능하다. 이런 점에서 산업조합운동에는 심리적인 요소와 윤리적인 요소 그리고 교육적 요소라는 세 가지 측면이 있다. 나는 산업조합운동을 시작한 지 23년 동안의 악전고투 끝에 경험을 통해 산업조합 철학의 본질을 배웠다."

이 글이 발표될 무렵 일본은 이미 전쟁 상태에 돌입해 있었다. 가가와는 협동조합 철학을 협동조합 동지들에게 보급하고자 했지만,

　협동조합의 오래된 미래, 선구자들

1943년 무렵에는 협동조합운동은 그림자조차 찾아볼 수 없게 되었다. 전쟁을 수행하기 위하여 민주적 운동인 협동조합운동은 강제로 해산되었고, 정부의 방침에 따라 농민회가 전쟁을 위한 농업단체로 조직되었다. 이 조직은 협동조합과 전혀 관계가 없었다. 도시에서도 노동자들이 주체가 되었던 생활협동조합은 사라져 버렸고, 그 밖의 소비조합운동도 고립된 채 전쟁에 대한 압박, 사상적 탄압과 통제에 힘겹게 싸워 나가야 했다.

이 고난의 시기를 거쳐 전쟁이 끝난 후 일본에서는 소비조합운동을 비롯한 각종 협동조합운동이 급속하게 발전하였다. 패전으로 인한 경제의 파탄, 물자의 부족을 해결할 자구적인 수단으로서 협동조합운동이 빛나게 되었던 것이다. 전쟁으로 엄청난 피해를 겪었던 일본의 협동조합운동은 가가와가 만든 '평화와 더 나은 생활을 위하여' 란 슬로건을 운동의 이념으로 내걸게 되었다.

협동조합적 사회의 완성을 위하여

가가와는 〈산업조합의 본질과 그 진로〉에서 협동사회를 꿈꾸기 위해서는 일곱 가지 협동조합운동이 전개되어야 한다고 주장하였다. 2차 대전 이전의 산업조합법에 따르면 일본의 협동조합은 판매, 구매, 이용, 신용 등 네 종류의 사업을 할 수 있었다. 그는 여기에 생산조합, 공제조합, 보험조합을 추가하여 협동조합을 기반으로 한 협동사회를 완성할 수 있다고 생각하였다.

■ 생산협동조합

생산협동조합은 토지생산조합과 공장생산조합으로 나눌 수 있다. 토지생산조합은 농민이 만든 조직이고, 공장생산조합은 노동자가 만든 협동조합이다. 그렇지만 "오늘날까지 생산조합은 대부분 실패했다. 소비조합과 완벽한 연결을 갖지 못했기 때문이다. 나는 생산조합이 소비조합을 갖지 못한다면 영원히 불안한 상태에 놓일 것이라고 생각한다. 만약 노동조합이 정치적인 힘을 장악해도 소비조합을 조직하지 않은 이상 영원히 자신을 해방할 수 없다. 그런데도 노동조합은 소비조합을 무시하고 신용조합을 등한히 여기는 경향이 있다. 이것은 아주 근시안적인 습성으로 노동조합운동만으로는 무산자를 영원히 해방할 수 없을 것이다."

■ 판매조합

가가와는 "생산조합이 직접 소비조합과 연결을 가질 수 있다면 판매조합을 만들 필요가 없다. 그러나 소비계통이 분명하지 않을 경우에는 반드시 판매조합을 만들어 대도시의 소비계급과 관계를 맺어야 한다"고 주장하면서, 판매사업을 적극적으로 조직하던 당시 농촌협동조합에 대해서는 "판매조합을 조직하는 농민이 영리만을 생각하고 사회 개조의 이상을 갖지 않으면 안 된다"고 경고하였다.

■ 신용조합

가가와는 "신용조합 중에서 가장 이상에 가까운 것은 독일의 라이파이젠식 신용조합"이라고 말한다. 그리고 그 특색을 가난을 막고 가난을 구제하는 일을 겸하는 운동이라고 강조했다.

특히 신용조합운동은 각종 보험회사와 연결을 갖고, 특히 생명보험과 제휴하여 "생명보험을 통해 불입되는 정기예금을 각종 협동조합의 사업자금으로 활용해야 한다"고 주장한다.

■ 이용조합

가가와는 시민들이 공동으로 이용하는 시설도 협동조합으로 만들어 낼 수 있다고 말한다. 주요산업을 사회화하는 것은 근대 사회경제의 큰 특징인데, 가령 전기사업과 같이 거대한 자본이 필요한 사업도 재원을 협동조합화해야 한다고 주장한다. 스웨덴 등을 예로 들면서 주택 문제도 협동조합적인 재원을 통해 해결할 수 있다고 말한다.

더 나아가 이용조합의 하나로 의료조합이 필요하다고 하면서 "의료에 대한 국가정책이 기업의 제도에 맡겨진다고 해결될 수 없다는 사실은 불을 보듯 뻔한 일이 아닌가. 내가 30년 동안 사회운동을 경험하고 십수년의 의료이용조합을 실천하면서 끊임없이 주장했던 것은 국민건강보험조합을 확립하고 의료이용조합을 확충해 나가는 두 가지 방법 이외에는 의료 문제 해결의 길을 도저히 찾을 수 없다는 점이다"라고 하면서 의사회가 원래 의사들의 기술조합이어야 하는데 개업의들의 영리조합으로 추락해 버렸다고 비판한다.

■ 보험조합

가가와는 생명보험이나 국민의 건강보험이 국민경제 안에서 아주 중요한 영역으로 드러나는 것을 보고, 당연히 사회보험으로 조직해야 한다고 주장하였다. 즉, 은행의 자산보다 더 큰 생명보험은 미래를 향한 심리적이고 경제적인 자원으로 여겨 협동조합화 해야 진짜 바른 역할을 할 수 있을 것이라고 보았다. 이것을 소수의 자본가에게 맡긴다면 집중된 금융력으로 인해 공황이 생기고 실업자가 속출하는 원인이 될 것이라고 말한다.

생명보험이나 국민건강보험을 협동조합적으로 운영한다면 상호부조, 우애의 정신을 더 강화할 수 있으리라고 보았던 것이다.

■ 공제조합

"공제조합은 오랜 옛날부터 야만인들 사이에서조차 발달하였다. 기독교가 유럽에 들어가 자리를 잡으면서 장례조합 등은 이미 오래 전부터 생겨났다. 이러한 전통은 협동조합으로 공식화된 영국의 우애협회와 필적할 만한 조합의 형태를 갖추고 있었다."

■ 소비조합

가가와는 위의 여섯 가지 조합의 특성을 거론한 뒤에 가장 주안점을 두고 마지막에 소비조합을 설명한다. "가장 근본적이면서 가장 조직하기 어려운 것이 소비조합이다. 지금까지 이야기한 여러 조합과 비교해 보아도 소비조합의 경영이 가장 어렵다. 소비조합의 경영 방식으로 로치데일보다 탁월한 것은 오늘날까지 발견되지 않았다. 단지 이윤이 생겼을 경우 조합의 이익에만 사용하지 않고 사회복지를 위해 썼다면 더 좋았을 것이다. 중요한 것은 정신적인 형제애의 가치의식이 이익 분배의 표준을 결정하는 것이다."

그는 소비조합운동이 일본에서는 농촌의 협동조합운동에 비해 발전이 굉장히 늦다면서 그 이유를 다음과 같이 들었다.

첫째, 독점자본의 발달이 지연되었다는 것

둘째, 조합을 육성하기 위한 정부의 정책이 결여되어 있었다는 것

셋째, 소매 기업이 많은 일본의 특수성

넷째, 자본주의의 결함을 보완하는 응급처치 사회시설, 즉 회사 경영의 구매부, 상설시장에 의한 압박

다섯째, 노동자의 생활이 너무 빈곤하다는 것

여섯째, 일본인의 생활양식이 너무 복잡하여 소비조합의 취급품이 너무 많다는 것

일곱째, 가옥의 구조, 생활양식, 기후조건 등을 고려한 점포 판매, 현금 판매가 어렵다는 것

여덟째, 소비조합 경영에 대한 과학적 연구가 충분하지 않다는 것

아홉째, 정치의식과 사상의 대립이 많아 경제활동의 측면이 약하고, 정치적 탄압으로 인한 분열 때문에 쓰러지는 경우가 많다는 것 등을 들었다.

그렇지만 가가와는 좌절하지 않았다. 가가와는 평생 폭넓은 활동을 통해 일본 각지에 협동조합이 탄생하고 성장하는 것을 도왔으며, 조합의 운영과 활동에 협동조합의 정신을 불어넣었다.

조용한 혁명운동

가가와에 따르면 협동조합운동은 '조용한 혁명운동'이었다. 혁명은 민중의 분노에서 일어나고, 운동은 민중의 희망으로부터 생겨난다. 제1차 세계대전 후의 생활 불안으로 생긴 대중들의 분노는 1918년 쌀 파동이란 폭동으로 전국에 파급되었다. 이 대중의 분노를 조용한 혁명으로 변화시키며 지도해 나갔던 사람이 가가와였다. 고베소비조합은 이 과정에서 조직된 것이었다.

가가와가 지도하여 만든 협동조합은 단순히 물자의 공동구입만을 목적으로 한 것이 아니었다. 더 높고 더 원대하고 큰 이상을 갖고 있었다. 가가와는 한 논문에서 이제부터 국가는 협동조합을 기초로 해야 하며, 세계 평화도 협동조합을 기반으로 삼아야만 비로소 가능하다고 주장하였다. 가가와는 협동조합운동에 희망을 주며, 고베생활

협동조합 이외에도 수많은 조합을 만들어 일본의 협동조합운동을 일
으켰다.

한 사람 한 사람의 사회 성원이

착취를 벗어날 수 있는 상호-우애의 의식적인 자각 없이

완전한 협동조합의 운용은 불가능하다.

-가가와 도요히코

변화의 물결과
21세기의 협동조합운동

생산자협동조합의 찬란한 부활

–몬드라곤 호세 마리아 신부의 협동조합 사상

협동조합의 제3세대와 레이들로 보고서

한살림, 원주 그리고 무위당 장일순

생산자협동조합의 찬란한 부활
몬드라곤 호세 마리아 신부의 협동조합 사상

로치데일의 선구자들이 시도했던 생산공장은 1859년 외부 자본의 유입으로

노동자들의 통제에서 벗어나 협동조합이 아닌 자본주의 사회의 흔한 회사가

되어 버렸다. 베아트리스 포터는 이 사실을 두고 노동자들의 생산협동조합

은 실패할 수밖에 없으며 노동자들은 공장을 운영할 자본을 스스로 만들어낼

수 없다고 단정지었다. 게다가 생산자협동조합*은 자본주의 시장경제의 한

부분으로 기능할 뿐이지, 결코 자본주의의 대안이 될 수 없다고 주장하였다.

---

* 농민이나 어민들이 조직한 농업협동조합이나 수산업협동조합도 생산자협동조합에 속한다.
생산에 필요한 자재를 구입하거나 생산한 물건을 공동 판매하는 생산자들이 결성한 협동조합
이다. 이와 달리 이 글에서 말하는 생산자협동조합은 일하는 노동자들의 협동조합, 정확하게
는 '노동자 자주관리 생산협동조합'을 말한다.

로치데일의 생산자협동조합이 실패한 지 거의 한 세기가 흐른 후인 1960년을 전후하여 스페인의 한 시골마을 몬드라곤에서는 실패할 수밖에 없다던 생산자협동조합운동이 찬란하게 부활하고 있었다. 유럽의 다른 여러 나라에도 생산자협동조합이 명맥을 유지하고는 있었지만 대개는 소규모이거나 노동집약적이었고, 자본 부족, 경영 능력의 부재, 생산성 향상의 어려움에 시달리고 있었다. 하지만 스페인의 몬드라곤은 규모와 내용 면에서 여타 생산자협동조합들과는 질적으로 다른 모습을 보여주었다.

협동조합 지역사회, 바스크 몬드라곤

                         몬드라곤은 1956년 작은 석유 난로 공장에서 시작하여 지금은 260개 회사들이 금융, 제조업, 유통, 지식 등 4개 부문을 포괄하는 하나의 기업집단, 협동조합복합체를 형성하고 있다. 노동자들이 출자하여 자본을 만들고, 총회와 이사회를 구성하여 경영에 참여하고, 함께 일하는 '노동자 자주관리 생산협동조합'이 중심이 되어 스페인 바스크 지역에 인간의 삶에 필요한 대부분의 영역들을 자주와 협동으로 엮고 있는 협동조합지역사회를 형성하였다. 2010년 말 몬드라곤에는 8만 4천여 명의 노동자들이 일하고 있는데, 그중 39.4%에 해당하는 3만 3천여 명은 바스크 지역에, 41.6%는 여타 스페인 지역에, 나머지 19%는 브라질, 중국 등 해외 18개국에 진출한 77개 공장에 속해 있다.

협동조합의 오래된 미래, 선구자들

가장 많은 수를 차지하는 제조업 부문의 생산협동조합은 가정용품, 자동차 부품, 건설, 산업장비, 엔지니어링 및 자본재, 기계공구, 산업설비 등 12개 소부문으로 구성되어 있다. 노동집약적인 다른 나라의 생산자협동조합과는 비교할 수 없을 정도로 기술집약적이고, 자본집약적인 모습을 띠고 있는 몬드라곤의 생산자협동조합들은 바스크 지역 총 GDP의 8%, 공업 GDP의 17%를 생산한다.

2008년 금융위기 당시 매출 성장세가 꺾이고 8천여 명의 일자리가 줄어들기는 했지만, 2010년부터는 전년 대비 8%의 성장을 기록하며 회복세를 보였고, 일자리를 잃은 노동자들도 일상급여의 80%에 해당하는 휴직급여를 받으며 협동조합복합체에 설치되어 있는 교육기관의 직업교육을 통해 새로운 일자리를 준비하고 있다. 몬드라곤이 자본주의 시스템에 대한 대안으로 세계인들의 주목을 받는 것은 놀랄 만한 일도 아니다.

협동조합을 창업하고 개발하는 데 기금을 지원하는 협동조합은행인 노동인민금고와 기술을 개발하여 지원하는 공업기술연구 협동조합 이켈란, 알레코프 학생협동조합, 인력을 양성하는 몬드라곤 대학 등 교육기관이 생산자협동조합을 뒷받침하고, 의료보험, 고용보험, 산재보험, 국민연금 등 4대 보험을 포괄하는 사회보장협동조합 라군아로와 소비자협동조합 에로스키가 지역주민들의 삶을 풍요롭게 만들고 있다.

노동자들은 가입과 동시에 1만 8천 330유로, 우리 돈으로 약 1천

8백만 원 정도 되는 출자금을 내고 조합원이 된다. 돈이 없는 사람은 협동조합은행으로부터 대출을 받아 출자하고 돈을 벌어가면서 갚아 나가면 된다. 조합원이 되면 경영진을 뽑고 협동조합 기업의 정책을 결정하는 데 권리를 행사할 수 있으며, 스스로 이사가 되어 기업의 경영을 책임질 수도 있다. 출자를 통해 기업의 주인으로, 또 일하는 노동자로, 몬드라곤 협동조합지역사회의 일원으로 살아가고 있는 것이다.

호세 마리아 신부와 바스크 몬드라곤

몬드라곤의 협동조합 관계자들은 어려움에 직면하면 "호세 마리아 신부는 어떻게 생각했을까?"라는 질문을 자신에게 던진다고 한다. 여기서 호세 마리아 신부는 스페인 내전이 끝난 1941년 몬드라곤 교구에 부사제로 부임하여 기술학교를 설립하여 몬드라곤 협동조합복합체의 초석을 놓고, 그 첫 졸업생들에게 최초의 노동자협동조합 울고의 설립을 독려했으며, 제자들의 반대에도 불구하고 노동인민금고와 공업기술연구 협동조합을 설립하게 하여 오늘의 몬드라곤이 있게 한 장본인인 호세 마리아 아리스멘디아리에타José María Arizmendiarrieta, 1915-1976를 가리킨다. 1976년 이미 세상을 떠난 호세 마리아 신부에게 여전히 협동조합 관계자들이 지혜를 구하고 있다는 사실은 그가 몬드라곤에서 차지하는 비중이 얼마만큼 큰가를 반증해 주는 것이리라.

몬드라곤의 발자취와 함께했던 호세 마리아 신부의 생각을 들여다 보면, 우리는 몬드라곤 성공의 비밀을 캐낼 수 있지 않을까. 호세 마리아 신부의 사상은 바스크라는 지역적 특성, 진보적 가톨릭 신학의 전통을 배경으로 하면서 프랑스 인격주의 사상, 기독교 사회주의 등의 영향을 받아 형성된 것이었다.

몬드라곤협동조합은 스페인 북동부 피레네 산맥의 산악지대에서 비스케이만에 이르는 바스크 지역에 자리잡고 있다. 바스크인들은 마드리드에 있는 스페인 왕국과 역사적으로 연계되어 있기는 했어도, 독자의 언어를 갖고 독립된 문화를 형성하면서 자신의 지역을 독립국으로 생각해 왔다. 바스크인들은 대대로 척박한 산악지대의 경사진 땅에서 양을 치며 가난하게 살아야 했다. 하지만 근면한 노동과 기업정신을 가진 이곳 사람들의 노력은 19세기 제철, 제련산업의 발전과 함께 바스크를 부강한 지역으로 만들 수 있었다.

1936년 이들 바스크인들에게 재앙이 닥쳤다. 스페인에 공화국 정부가 들어서 인민전선을 형성하자 프랑코 장군이 이끄는 군부가 쿠데타를 일으켰다. 프랑코는 아프리카에서 정규군을 끌어들이고 우파의 지원을 받아 스페인 전역을 전쟁터로 만들어 버렸다. 공화국 정부는 무장한 노동자들과 예비군에 의존해서 반란군에 맞섰다. 바스크인들은 공화국 정부와 함께했다. 내전의 소용돌이 속에도 공화국 정부의 승인 하에 바스크에는 공화파가 바스크 민족주의파의 지지를 얻어 자치정부를 구성하고, 국기와 국가를 정하고, 군대와 경찰, 대학도 설립할 수 있었다.

하지만 프랑코의 쿠데타군은 2개월만에 스페인과 바스크 사이의 중간지역을 점령하고, 자신에게 대항하던 바스크 지역으로 공격의 방향을 돌렸다. 바스크인들은 프랑코군뿐만이 아니라 파시스트 연합군인 독일군과 이태리군에도 대항해야 했다. 독일 공군은 1937년 4월 26일 바스크의 옛 수도 게르니카를 무차별적으로 공습하여 폐허로 만들어 버렸다. 피카소의 〈게르니카〉는 1,654명의 시민이 죽고 889명이 부상당한 이 비극의 현장을 고발한 작품이다. 1년 넘게 저항하던 바스크는 결국 쿠데타군에 함락되었다. 당시 인구 130만 명이던 바스크에서 프랑코군에 총살된 사람은 2만 1,780명, 전투로 사망한 사람은 2만 9,000명, 부상자는 3만 2,000명, 전후 투옥된 사람은 3만 4,550명, 망명에 나선 사람은 6만 명에 이르렀다.

투옥된 사람 중에 바스크 출신의 학생 사제 한 사람도 있었다. 몬드라곤협동조합의 창시자 호세 마리아. 그는 게르니카 인근의 한 시골마을에서 가난한 농부의 장남으로 태어나 3세 때 왼쪽 눈을 실명하고 가난한 사람이 공부를 할 수 있는 유일한 방법이던 신학교에 진학하여 사제의 길을 걸었다. 그는 바스크 민병대에 참여하여 〈레그나〉라는 바스크어 신문을 편집하는 일을 했다. 바스크의 함락으로 포로가 된 그는 군사법정에서 재판을 받았으나 구사일생으로 사형을 면할 수 있었다. 대신 그는 전쟁 동안 프랑코 보병대에 배치되어어 했다.

호세 마리아는 1939년 전쟁이 끝나자 비토리아 신학대학에 돌아가 사제 수업을 마치고 1941년 전쟁으로 폐허가 된 바스크의 시골마을 몬드라곤 교구의 부사제로 부임하였다. 그는 원래 벨기에 루뱅 대학에 진학하여 사회학 공부를 하고 싶어 했지만, 당시 독일이 벨기에를 점령하고 있었기 때문에 주교는 그것을 허락하지 않았다.

호세 마리아는 스페인어보다 바스크어인 에우스케라어를 잘 구사했고, 프랑코 사후에는 몬드라곤의 각 학교에서 그것을 가르치게 할 정도로 바스크의 문화와 전통을 소중히 여겼다. 몬드라곤협동조합 성공에는 역사의 고난을 함께한 바스크 사람들의 협동과 단결의 힘이 하나의 배경이 되었음에 틀림없다.

진보적 가톨릭 정신과 프랑스의 인격주의

호세 마리아 신부의 사상은 바스크의 진보적 가톨릭 정신에 뿌리를 두었다. 4세기 기독교가 전해진 후로 바스크의 가톨릭 교회는 "바스크는 가톨릭과 같은 뜻"이라 일컬어질 정도로 신앙심이 깊은 곳이었다. 예수회의 창시자 이그나티우스 로욜라도 바스크 출신이었다.

스페인 내전을 전후한 가톨릭의 사회운동은 사회 변혁과 바스크 자치운동, 더 나아가서는 바스크 민족독립운동과 연계되어 많은 노동자들 사이에 깊이 침투해 있었다. 그 뿌리는 19세기 후반 사회주의 계열의 노동운동이 확대되는 모습에 자극받아 1891년 교황 레오 13세가 발표한 〈레룸 노바룸〉이란 교황 칙서였다. 칙서는 노동 문제에 대한 교회의 전통적인 자세를 전면적으로 전환시켰다. 교황은 자본주의의 발달에 따라 생기는 '사회적 불공정'을 인정하고, 이 문제를 해결하기 위해 가톨릭 정신에 입각하여 노동과 자본의 협조를 기반으로 하는 노동조합운동과 중세 길드의 연장선에 있는 협동조합운동을 촉구하였다. 칙서는 최저 임금과 최대 노동시간, 여성과 아동 노동의 보호, 약자와 빈민에 대해서도 관심을 표명하였다. 칙서의 발표로 스페인에서는 가톨릭계 노동조합운동과 사회운동이 활발히 전개될 수 있었다.

가톨릭교회는 1881년 바스크 나바라 주에 노동자 일요학교를 개설하고, 1896년에는 비스카야 주에 소비자협동조합을, 1902년 나바라 주에 농업협동조합과 소비자협동조합을 설립하여 협동조합운동을 추동하고, 1931년에는 스페인 최초의 협동조합법을 제정하는 데 중추적인 역할을 담당하였다. 가톨릭교회는 바스크에서 협동조합운동의 중심에 있었다. 호세 마리아 신부의 제3의 대안, 협동조합운동은 이런 바스크의 진보적 가톨릭 정신에 기댄 것이었다.

내전이 끝난 스페인에는 3천 개 정도의 협동조합이 남아 있었는데, 그중 2천 개는 가톨릭계 농업조합이었다. 그런데 프랑코 독재정권은 1941년 통일조합법을 공표하여 협동조합을 국가기관 아래 강

협동조합의 오래된 미래, 선구자들

제로 복속해 버렸다. 협동조합뿐만 아니라 바스크는 사회 전체가 프랑코 독재의 극심한 탄압 아래 놓였고, 사회주의자, 마르크스주의자, 민족주의자, 진보적 가톨릭 인사 등이 주축이 된 자주적 노동자 운동도 억압받았다.

하지만 프랑코 독재정권에 대한 바스크 가톨릭교회의 저항은 집요했다. 스페인 내전에서는 35명의 바스크 사제가 쿠데타군에 의해 총살되었는데, 내전 종료 후에는 200명 이상이 투옥되고 600명 이상이 강제수용소에 수용되거나 유형에 처해질 정도였다. 1975년 프랑코가 사망할 때까지 군사정권 하에서 가톨릭 사제들은 비합법 노동조합 활동에 지대한 영향을 미쳤고, 1960년에는 바스크에 대한 프랑코 정부의 억압을 폭로하는 문서에 339명의 사제가 서명하여 그것을 바티칸 교황청에 보내기도 했다. 유럽이 변혁의 물결로 휩싸였던 68혁명 이후 저항이 계속되자 에브로 강변에 성직자용 특별감옥을 만들기까지 했는데, 거기 투옥된 대부분이 바스크 사제였다.

몬드라곤협동조합은 프랑코 독재정권 아래서 법적 지위를 얻고 급속한 성장을 이룰 수 있었기 때문에 바스크 민족 문제에 대해 무관심하다거나 프랑코 체제의 트로이 목마라는 비난과 억측을 받기도 했다. 하지만 몬드라곤협동조합과 호세 마리아 신부는 진보적 가톨릭 운동과 바스크 민족주의에 뿌리를 두고 있었다. 그는 진보적인 가톨릭 사제로서 몬드라곤에 부임하자마자 가톨릭청년노동자행동단과 가톨릭청년노동자 학부모회를 조직하여 협동조합운동의 든든한 외

곽 지원군을 확보하였다. 몬드라곤협동조합의 실천도 이러한 진보적 가톨릭운동의 연장선에 있었다.

호세 마리아의 사상에는 프랑스 인격주의도 큰 영향을 미쳤다. 프랑스 인격주의란, 키에르케고르를 시조로 1930~1940년대 우익 파시즘과 좌익 스탈린주의의 득세에 위협을 느끼고 전체주의 극복을 주장하면서 공동체 안에서 인격을 가진 개인을 중시했던 일군의 사상적 흐름을 말한다. 자크 마리탱[1882-1973], 임마누엘 무니에[1905-1950]가 대표적인 인물들이었는데, 그들은 국가주의에 반대하여 경제면에서는 생산협동조합이나 소비협동조합의 중요성을 강조하고, 경제혁명과 도덕혁명을 통합한 공동체 기반의 사회혁명이 필요하다고 주장하였다. 그들의 생각은 통합적, 진보적 가톨릭 혁신사상과도 일맥상통했다.

특히 무니에는 〈인격주의 혁명과 공동체〉라는 저서에서 자본주의 사회를 극복하기 위한 다섯 가지 원칙, 즉 경제적 속박으로부터의 자유, 인간 중심의 생산에 기반한 경제, 자본에 대한 노동의 우위, 노동과 사회서비스의 중요성, 중앙집권이 아닌 분산화된 공동체를 제시하고 있다. 그는 생산과 노동이라는 측면에서 노동자가 스스로 인격을 성숙시키기 위해서는 자신의 책임과 창조 그리고 자유를 조직적으로 확보해야 하는데, 그것은 자본주의적 기업이나 국가 통제의 기업에서는 불가능하다고 이야기하면서 협동조합 기업연합의 필요성을 주창하였다.

호세 마리아는 프랑스 인격주의뿐만 아니라 길드사회주의, 영국의
페비안 협회 등과 함께 1950년대 영국 노동당의 한 줄기를 형성했던
기독교사회주의에서도 크게 영향을 받았다. 기독교사회주의는 1850
년대 노동자협동조합의 개척자로 국유화나 집산주의적 소유보다 공
동소유와 생산협동조합이 사회주의의 바람직한 형태라고 제언하였
다(생산협동조합에 대한 강조 때문에 기독교사회주의자들은 베아트
리스 포터의 맹렬한 비판을 받기도 했었다).

호세 마리아는 이런 생각들을 이어받아 개인주의도 아니고 집산
주의도 아닌 공동소유에 기초한 인간의 얼굴을 한 사회주의를 꿈꾸
게 된다.

노동자들의 생산협동조합
– 인간의 존엄, 교육과 노동의 결합

　　　　　　　　　　　　호세 마리아 신부는, 협동조합은
교육의 기초 위에 세워지며 협동조합 자체가 새로운 사회질서를 지
향하는 경제적 진보를 위한 교육을 제공한다고 여겼다. 그가 몬드라
곤에 부임하여 첫 걸음을 내디딘 것은 청년들이 성장할 수 있는 교육
기반을 만드는 일이었다.

1943년 직업기술학교를 만들고, 1948년에는 지역주민들을 설득

하여 학교를 후원하는 교육문화연맹을 설립하였다. 호세 마리아의 선택은, 협동조합이 발달한 다른 나라에 비교할 때 유난히 교육을 강조해 온 19세기 스페인 협동조합운동의 전통을 잇는 것이었고, 또한 노동자는 교육과 노동을 통해서만 해방될 수 있다는 자신의 사상을 표현한 것이었다.

"교육이란 노동자가 자기 자신의 생각대로 활동할 수 있는 종합적인 능력을 만들어내는 것이다. 이것을 위해서 노동자는 굳게 단결하여 자신들에게 적합한 활동 분야나 활동 형태를 정하지 않으면 안 된다. 노동자는 다른 사람에 의해 해방될 수 없다. 자신들의 힘으로만 자신들을 해방할 수 있고, 또한 그렇게 하지 않으면 안 된다." 호세 마리아에게 교육이란 노동자가 스스로 해방하기 위한 종합적인 능력을 창조하는 것이고, 구체적으로 기술 능력을 개발하기 위한 노력이며 동시에 사회를 도덕적으로 전환하는 힘이었다.

그는 "노동은 신이 내린 형벌이 아니라 신이 인간에게 부여한 증거이다. 인간은 노동을 통해 신의 협력자가 된다"고 말한다. 마르크스주의는 노동에서 인간의 본질을 찾고, 인간은 노동을 통해서 자신을 발전시킨다고 주장했는데, 호세 마리아는 기독교의 교리에 바탕을 두고 노동이 인간의 본질이라고 이야기했다. 그는 노동의 자본에 대한 우위를 원칙으로 삼았다. 자본은 노동의 요소이지, 그 역은 아니라는 것이다.

호세 마리아의 노동과 교육에 대한 정의는 인간성의 실현, 즉 인간의 존엄을 기초로 한 것이었다. 그에게 인간의 존엄이란 각각의 사람이 사회 현실에서 획득해야 하는 것이었다. 그래서 그는 인간의 존엄이 모든 사람의 권리가 되는 사회질서를 만들고자 했던 것이다. 그것이 바로 협동조합이었다.

"우리들은 인간의 존엄이나 교육이나 노동이 자신 안에 갈갈이 찢어져 섞여 있는 것이 아니라 좋든 싫든 하나의 운명체로 함께 있다는 것을 깨달았다. 이 인간적 질서의 세 가지 요소는 하나만 두드러지지 않고 서로 침투해서 형성되는 것이다. 인간의 존엄은 생성되는 것이고 스스로 만드는 것이다. 즉, 인간의 본성은 후천적으로 교육을 통해 형성되는 것이다."

호세 마리아는 노동자의 해방은 노동자가 인간으로서 존엄을 획득하는 일이고, 노동에 의한 해방이며 노동을 통한 인간의 자기실현이라고 말한다. 거기에 이르게 하는 교육도 스스로 확보한 재정에 의한 자주관리를 통해서 이루어져야 한다고 주장한다. 그는 "노동만이 인간의 성격을 변화시킬 수 있다"고 생각했다. 그는 노동에 대한 자본의 지배를 이유로 자본주의에 반대하고, 노동자들이 자본과 소유의 권리를 갖는 것, 노동과 소유의 분열을 종식시키는 것이 협동조합적 소유의 목적이라고 생각했다. 일반 회사로 출발했던 석유난로 공장 울고를 노동자 자주관리 협동조합으로 전환했던 것에는 이런 철학적 배경이 깔려 있었다.

"지금 바로 새로운 체제를 건설하지 않으면 안 된다. 지금 할 수 있는 것은 지금 당장 해야 한다… 새로운 체제가 만약 인간적이라면, 다원적이고 자유롭고 광범위한 영역을 갖고 있지 않으면 안 된다. 그러나 어떤 체제가 선택된다고 하더라도 그것은 교육, 노동, 인간의 존엄에 대한 인식의 기초 위에 놓이지 않으면 안 된다."

호세 마리아는 새로운 체제, 즉 다원적이고 자유로운 협동조합 체제는 교육, 노동, 인간의 존엄을 기반으로 확립되어야 한다고 주장했다.

민주적인 협동조합에서 협동조합지역복합체로

호세 마리아 신부가 자신을 현실주의자라 불렀던 것을 빗대어 말하면, 그에게 가장 잘 어울리는 철학적 호칭은 실용주의자일 것이다. 그는 노동의 인간화와 노동의 효율화를 연결하고, 생산성과 연대를 연계해서 생각했다. 그가 다른 교육기관이 아니라 직업기술학교를 선택한 것은 프랑코 독재의 간섭에서 벗어나기 위한 이유 때문이기도 했지만, 더 본질적인 것은 그의 교육관이 실용적인 기술을 중시했기 때문이다.

"우리는 공상적인 이념을 위해 일하고 있는 것이 아니다. 우리는 현실주의자다. 우리가 할 수 있는 일과 할 수 없는 일을 잘 인식하여… 변화의 희망을 가질 수 있는 일들에 집중해야 한다." "좋은 생각이란 그것을 현실화하는 방법을 우리가 알고 있는 생각이며, 좋은 말이란 그것을 행동화하는 방법을 모든 사람들이 알고 있는 말이다."

호세 마리아는 가공업과 제조업이 생산자협동조합에 가장 적합한 업종이고, 높은 생산성을 얻기 위해서는 대량생산 공정이 불가피하다고 생각했다. 그가 제자들의 반대에도 불구하고 공업기술연구 협동조합 설립에 적극적으로 나섰던 것도 이런 생각을 바탕으로 하였다. 그는 다른 협동조합주의자들과는 달리 협동조합운동을 낭만적이고 이상적으로만 접근하지 않았다.

물론 그는 실용적인 기술만으로는 노동에 대한 참가와 인간화를 성취할 수 없다는 것을 분명히 인식했다. 때문에 협동조합의 사회적 성격을 강조했다. 그는 분업에 의한 소외의 위험을 인식하면서도, 분업에 의한 노동공동체의 유대, 효율, 진보, 연대가 생겨날 수 있고 노동의 창조적 성격에 따라 개인의 노동이 공동체의 창조적 주체가 될 수 있다고 생각했다. 즉, 개인들의 자유의사로 이루어지는 분업의 협동이야말로 노동의 분할에 의한 소외를 극복할 수 있다고 여겼다.

호세 마리아는 전문화는 개인에게 꼭 필요한데, 조정이나 관리 노동이 배타적인 부문이 되는 것은 개인들 사이에서 배제되어야 한다고 생각했다. "오늘날 노동자는 성숙을 통해 해방에 이르러야 한다는 것을 명확하게 천명해야 한다. 미숙하다거나 준비 부족이라고 말해서는 안 된다." 그리하여 강력한 자치의 실행을 통해 절대적 독립성, 권한의 대표성, 정보의 상호 전달, 더 나아가서는 관료주의를 피하기 위한 관리자의 정기적 임무의 순환을 제안한다.

과학 기술의 개발을 통한 분업과 전문화, 규모화를 지향하면서도 한편으로 노동자의 임금이나 복지에 관해 협의하는 일반 회사의 노사협의회 성격의 조합평의회를 설치한 것도 호세 마리아 신부의 탁견이었다. 그는 협동조합의 성공과 함께 발생되는 자기만족에 대해 경고하면서 협동조합의 경험을 끊임없이 재평가해야 한다고 강조한다. "사회경험상 나타난 공리의 하나인 권력이 사람을 부패시킨다는 것은, 오만이나 야심을 정정正定하는 인간적인 면이 결여되어 있을 때에 나타난다. 이것을 정정하는 것이 비판이다… 상부기관이나 지도부는 침묵이 비판보다도 경고가 작은 것이라고 생각해서는 안 된다." "대화와 회의를 통해 비판과 자기비판을 함으로써 전진해야 한다. 조직을 튼튼하게 보호하는 가장 적절한 방법은 비판과 자기비판을 적절하고 철저하게 실시하는 것이다… 다른 사람을 비판하기에 앞서 자기 자신을 더 비판할 수 있어야 한다."

협동조합에서 이사회는 조합원의 대표로 구성되지만, 규모가 커지면 조합원의 참가는 점차 간접적인 것이 되는 게 보통이다. 이것을 막기 위한 장치로 노동 현장에 대한 자문기관으로서 조합평의회를 설치한 것이다. 조합평의회는 노동현장에서의 제반 문제, 급여체계, 정관 등 여러 규칙에 대하여 의견을 낸다. 경영계획, 정책에 대한 정보는 매월 회의에서 의논하고, 사회사업기금의 운영에 대해서는 조합평의회가 결정권을 갖는다. 조합평의회는 노동현장 단위에서 10인에 1인 비율로 선출된다. 조합평의회는 자기비판을 통해 협동조합의 권력화를 견제하면서 노동자들을 해방에 다가서게 하는 길이며, 협동조합의 민주주의를 더 성숙하게 해주는 장치였다.

호세 마리아 신부가 몬드라곤의 발전에 기여한 가장 큰 업적은 협동조합은행인 노동인민금고를 설립한 것이었다. 즉, 노동인민금고의 제안과 실현은 호세 마리아의 협동조합 사상의 핵심을 보여주는 것이었다. 역사 속에서 드러난 협동조합이 가진 맹점 중의 하나는 자본 확보가 쉽지 않다는 점이다. 협동조합은 개인 투자자들을 끌어들여 자본을 모으기 어렵고, 일반 상업은행들은 생산자협동조합에 대출을 꺼릴 것이 분명하고, 또한 민간은행에서 대출을 받으면 독립성을 잃을 가능성이 컸기 때문이다. 호세 마리아는 로치데일의 생산자협동조합이 외부 자본의 유입으로 인해 실패했다는 사실을 정확하게 인식하고 있었다.

"금융 분야의 해결 없이는 적극적이고 발전적인 협동조합운동을 생각할 수 없다… 재원이 부족한 협동조합주의는 나약하고 무너지기 쉽고 장인적인 수준을 벗어나기 어려우며, 가내공업이나 소규모 조직 등 협소한 분야에서나 살아남을 수 있을 뿐이다… 금융은 모든 공동체 조합원들에게 활력을 불어넣어 주는 피와 같은 것이다."

울고가 초창기에 부딪치고 있던 기술 문제나 시장개척 문제를 미처 해결하기도 전에 호세 마리아는 울고의 창립자들에게 협동조합은행을 설립해야 한다고 강변하였다. 제자들은 은행에 대한 정확한 이해가 없었기 때문에 그것은 지금 당면한 과제가 아니며 매우 비현실적인 환상일 뿐이라고 그의 제안을 거들떠보지도 않았다.

하지만 그는 혼자서 정관과 내규를 준비하면서 동시에 제자들과 지역 주민들을 설득해 나갔다. 그리하여 최초의 공장 울고가 창설된 지 3년도 채 안 된 1959년 노동인민금고를 설립할 수 있었다. 개인의 저금을 유치하여 그 개인들에게 소비재 구입자금을 대부해 주는 기존의 신용협동조합과 달리 노동인민금고는 노동자협동조합이나 기타 협동조합을 설립하는 데 필요한 자금을 대주고, 기술과 경영을 컨설팅해 주는 목적을 갖고 있었다. 노동인민금고의 설립은 몬드라곤협동조합의 급속한 성장을 추동하는 밑거름이 되었다. 노동인민금고의 지원으로 1961년에는 6개, 1962년에는 7개, 1963년에는 9개의 노동자생산협동조합이 새로 설립되었다.

스페인에서 노동자생산협동조합의 조합원들은 피고용자로 인정되지 않기 때문에 국가 사회보장제도의 혜택을 받을 수 없었다. 따라서 협동조합은 조합원들의 건강과 정년 이후의 생활 보장을 위한 기구를 만들어야 했다. 1967년 조합원들의 급여에서 공제한 자금을 가지고 몬드라곤은 노동인민금고가 담당하고 있었던 사회보장 영역을 사회보장협동조합 라군아로 독립시켰다. 그밖에도 학생들이 일하면서 공부를 하는 학생협동조합, 지역사회의 농민들이 참여하는 농민협동조합, 공업기술연구협동조합 그리고 지역의 기존 소비자협동조합을 통합한 에로스키, 노동자들의 주거를 해결하기 위한 건설협동조합과 주택협동조합을 연이어 설립함으로써 몬드라곤은 노동자들의 총체적인 삶의 필요를 협동의 힘으로 충족시키는 지역의 협동조합복합체의 위용을 갖추게 된다. 오언과 생시몽, 푸리에가 꿈꾸던 협동촌의 이상이 몬드라곤 협동조합복합체를 통해 비로소 실현된 것이다.

호세 마리아가 노동인민금고를 구상한 것은, 이처럼 개별 협동조합의 건설이 아니라 지역사회의 상호 지원 조직망을 갖춘 협동조합복합체를 위한 것이었다. 그는 제자들에게 끊임없이 특정 기업이라는 한계를 뛰어넘어야 하고, 공동체의 영역을 확대해야 하고, 또한 새로운 사회와 새로운 경제제도의 건설에 도전할 것을 주문했다.

호세 마리아의 꿈은 협동조합 간 상호 지원을 통해 무한경쟁의 자본주의의 거센 물결을 헤쳐나갈 새로운 사회와 경제제도를 실현하는 것이었다. 그의 이런 꿈을 현실화하는 중추적 역할을 한 것이 바로 노동인민금고였다. 노동인민금고의 든든한 뒷받침을 배경으로 생산자협동조합, 교육문화조합, 사회보장협동조합 들이 바스크 지역사회에 노동 기회의 균등, 문화의 기회 균등, 건강한 생활의 기회 균등을 구현하였다.

호세 마리아는 협동조합만이 아니라 협동조합을 둘러싼 지역사회 전반의 변화를 구상했다. 협동조합의 발전에도 지역사회의 부흥은 필수적이었다. 그는 몬드라곤에 부임하자마자 청년들과 함께 문화서클, 스포츠서클을 만들어 합창단, 음악, 민족무용, 각종 스포츠 진흥에 힘쓰고, 지역 주민들을 설득하여 직업기술학교를 후원하는 교육

문화연맹을 조직했다. 그는 문화의 사회화, 지식의 사회화야말로 노동자가 권력의 민주화를 쟁취할 수 있는 길이고, 문화의 부르주아적 독점을 막는 길이라고 주장했다.

이런 이유로 호세 마리아의 연대의 정신은 몬드라곤협동조합 내부에서만이 아니라 지역사회로 펼쳐졌다. 그가 생각한 연대는 추상적인 관념을 넘어서는 구체적인 것이었다. 앞에서 말했듯이 연대는 협동과 연합을 위해 자기희생을 요구한다. 몬드라곤협동조합의 가장 우선적인 목표인 고용 창출은 개별 협동조합이 낸 수익을 새로운 협동조합 개척에 재투자한다는 것을 의미하고, 이것은 협동조합 내부 노동자들의 희생을 의미하였다. 그럼에도 불구하고 몬드라곤의 노동자들은 협동조합의 확대를 통한 고용의 창출을 당연한 것으로 여기고 여기에 적극 동참하고 있다. 새로운 협동조합의 개척을 통한 지역 공동체의 확립이 당장은 개인에게 손해이겠지만, 궁극적으로 노동자들이 행복하게 살아가는 지역사회가 형성된다는 것을 정확하게 인식하고 있기 때문이다. 그들은 협동조합은행에 급여를 저축하고, 잉여의 10%를 지역사회에 내놓고, 배당을 출자금으로 내부 유보하여* 모아진 자금이 지역의 새로운 협동조합에 투자되어 고용을 창출할 수

---

* 몬드라곤의 노동자들은 배당이 덧붙여진 상당한 액수의 출자금을 퇴직할 때만 돌려받을 수 있다. 뿐만 아니라 퇴직 후에 국가연금과 함께 재직 중 급여에서 공제해 모아진 연금을 사회보장협동조합에서 제공받는다. 배당금이 붙은 출자금, 연금 공제금이 모두 협동조합은행에 예치되어 협동조합과 지역사회의 발전을 위해 재투자된다.

있도록 기꺼이 자신을 희생하고 있는 것이다.

"오늘날 우리들은 노동의 존엄에 걸맞은 지평의 추진을 위하여 그리고 평균적인 시민으로서 사회 정치 생활을 성실하게 해 나가기 위하여 우리에게 주어진 단결의 힘에 의존해야 한다. 우리가 외부로부터 보호받기만 한다면 우리들은 항상 미성년이나 2급 인간으로 취급될 것이기 때문이다. 그러나 이 뿌리 깊은 종속의 상태는 기본적인 발전이나 활동의 기반이 되는 투자가 우리들과 무관한 것으로 있는 한 끝나지 않을 것이다. 즉, 우리들은 투자를 우리들이 해낼 수 있는 활동의 가능성이나 미래에 조금도 영향을 주지 못하는 중요하지 않은 것이라고 생각해서는 안 된다. 투자는 활동과 종속 극복의 기초가 되는 열쇠이다. 그렇기 때문에 우리들의 투자는 긴급을 요한다. 기업에서 이루어지는 우리들의 협동, 즉 우리들의 노동을 통하여 획득하는 것을 기업의 설비에 투자하는 것, 월급을 소비하는 것이 아니라 투자로 돌리는 것이다. 그 이후부터 우리들은 다른 기업가들과 마찬가지로 기업을 가졌다고 할 수 있다."

제3의 길 - 협동조합 혁명

호세 마리아 신부는 자본주의도, 집산주의도 아닌 제3의 길인 협동조합 혁명을 제시하였다. 그것은 앞에서 말한 교육, 노동, 인간의 존엄이라는 협동조합의 세 가지 요소를 바탕으로 한 협동조합 혁명을 통한 계급 없는 사회의 실현이었다.

그는 자신의 협동조합 사상에서 계급과 계급투쟁을 배제하려고 했다. 대신에 '기업투쟁'을 통해 자본가계급에 대한 노동자계급의 종속을 극복하려고 했다. 그는 협동조합 기업에서 노동의 회복을 통하여 노동자의 독자적인 문화를 확립할 수 있고, 그리하여 노동자는 시민권을 획득할 수 있을 것이라고 생각했다. 하나의 계급으로서가 아니라 시민의 입장에서 투자에 대한 책임을 강조함으로써 호세 마리아는 '기업투쟁'을 경제혁명과 새로운 사회 체제를 이루는 수단으로 승화했던 것이다.

호세 마리아 신부가 꿈꾼 새로운 체제는 노동자 자주관리 생산협동조합과 협동조합지역사회의 관점에서 국제협동조합연맹의 협동조합 원칙을 보완한 몬드라곤협동조합의 열 가지 원칙에 가장 잘 드러나 있다.

① 자유로운 가입 – 몬드라곤의 기본 원칙에 동의하고 본인이 해당 업무에 적합하다는 것을 증명만 하면, 몬드라곤협동조합은 모든 사람들에게 개방되어 있다. 국제협동조합연맹의 원칙과 마찬가지로 정치, 종교, 인종, 성별을 이유로 사람들을 차별해서는 안 된다.

② 민주적 조직 – 노동자들의 평등에 기초한 조직으로 1인 1표의 원칙에 따라 조합원들이 총회와 이사회를 구성하고, 조직을 운영한다. 민주적으로 선출된 경영조직인 이사회에 일상적인 활동에 대해

권한이 위임되어 있다. 하지만 최종 의사결정과 통제권은 총회에 있다. 2차 협동조합인 노동인민금고는 그곳에서 일하는 노동자 1, 신용조합원 3의 비율로, 소비자협동조합 에로스키는 노동자 1, 소비조합원 1의 비율로 이사회와 총회를 구성한다. 2차 협동조합도 노동자들의 생산협동조합 성격을 조직 운영에 반영한 것이다.

③ 노동자 주권 – 몬드라곤의 협동조합들은 노동이 자연과 사회, 인간을 새롭게 창조하는 힘의 근원이라는 것을 기초로 노동자들이 협동조합의 모든 주권을 행사하고 있으며, 창출된 부도 노동에 따라 분배한다.

④ 자본의 도구적, 종속적 성격 – 호세 마리아가 강조했듯이, 자본은 노동의 수단이며 도구라는 것을 분명히 한다. 따라서 출자에 대한 배당은 제한된다(출자배당은 출자에 대한 7.5% 이자와 인플레이션 고정 이자율을 합하여 지급되는데 전체 11%를 초과할 수는 없다). 국제협동조합연맹의 1937년, 1966년 출자금 배당 제한 원칙과 유사한 점이 있다.

⑤ 참여형 경영 – 투명한 정보 공개와 자주관리를 통한 노동자들의 경영 참여를 명시하고 있다.

⑥ 급여 연대Payment Solidarity – 몬드라곤은 연대에 기초한 충분한 급여 지급을 경영의 기본 원칙으로 삼고, 조합 내에서뿐만 아니라 지역사회와의 연대도 지향한다. 노동자와 최고 경영진의 급여 격차를 1대 6으로 한정하고, 지역 내 일반 기업과 동일한 급여와 노동시간

을 고수하려고 노력한다.

⑦ 상호 협력 - 협동조합 간 협동을 강화해 나간다. 개별 협동조합 간, 지역 및 스페인 협동조합 조직들 간, 유럽 및 세계협동조합과 연대에 노력한다.

⑧ 사회 변혁 - 중앙협동조합기금으로 잉여를 재투자하고, 지역사회 발전기금으로 잉여의 10%를 사용한다. 또한 사회보장 정책과 사회 경제적 기구들과 협력하여 지역사회의 경제적 사회적 발전을 추구한다.

⑨ 보편성 - 몬드라곤은 사회적 경제 영역에서 경제 민주주의를 위해 일하는 모든 사람과 연대하며, 국제협동조합운동이 추구하는 평등, 정의, 발전이라는 목표와 협동조합 문화의 보급을 위해 노력한다.

⑩ 교육 - 교육과 훈련은 노동자들의 성숙과 발전의 열쇠이며, 공정한 사회질서, 새로운 사회체제를 창조하는 기초이다. "지식은 권력을 민주화하기 위하여 반드시 사회화되어야 한다."

기술학교를 만들었을 때도, 학교를 후원하는 교육문화연맹을 구상했을 때도, 노동인민금고를 제안했을 때도, 또한 공업기술연구 협동조합을 추진하고자 할 때도 지역주민들도, 제자들도 호세 마리아 신부의 생각을 이해하지 못했다. 하지만 호세 마리아는 인간의 존엄을 실현하는 교육과 노동을 바탕으로 한 새로운 사회, 새로운 경제 체제를 향한 혁명의 꿈, 즉 지역 협동조합복합체의 이상을 가지고 그들과 끊임없이 대화하면서 그들을 설득하고 그 이상을 공유하고자 했다. 1976년 세상을 떠났는데도 몬드라곤에 여전히 호세 마리아 신부의 흔적이 진하게 남아 있는 것은 새로운 사회, 새로운 경제체제를 향한 그의 꿈이 선명하게 살아남아 더 활기찬 미래로 향하고 있기 때문일 것이다.

"우리들은 노동에 토대를 둔 혁명을 필요로 하고 있다. 현재 나타나고 있는 소비를 위한 소비사회는 단순한 물질적인 행복으로 우리들을 갈기갈기 찢어놓는다. 평가표에 인간은 물질로 기록되어 있을 뿐이지 인격으로 기록되어 있는 것은 아니다. 협동조합운동은 우리들을 인격으로 부르고 지원하고 참가시킨다. 따라서 우리들은 책임을 수행함으로써 우리들의 창조적 능력을 세포에서 또는 창조적 노동의 기관에서 끌어내어 기업을 만든다. 그리하여 우리들은 인간의 존엄과 공동체의 요청에 따라 경제의 새로운 변혁을 추구하면서 새로운 사회, 경제 체제를 만들어낼 수 있는 것이다."

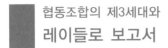

협동조합의 제3세대와
레이들로 보고서

기계의 등장으로 직업을 잃고 자본가에 패배한 노동자, 수공업자들이 처음
시도했던 협동촌은 유토피아 사회주의의 이상을 일상에 실현하는 자립과 평
등, 상호부조의 사회시스템이었다. 이 협동촌들은 자본주의 시장경제 체제
에 대신하는 사회적 경제의 가능성을 제시하면서 생산과 소비, 분배와 교환
에 평등과 상호부조의 원리를 적용하고, 노동자와 가난한 사회적 약자들의
자립과 연대의 자주관리 사회의 전망을 열어주었다.

하지만 협동촌 건설운동은 현실사회에서 고립한 소우주로서의 성격 때문에 쇠퇴, 소멸하고 말았다. 최소한의 자급자족 경제에 필요한 생산적 노동력과 조직, 설비에 관한 기술을 갖추고 있지 못했기 때문이고, 특히 산업혁명이 가져온 시장경제 체제의 거대한 파도를 견뎌낼 수 없었기 때문이다(기독교 재세례파인 아미시 공동체처럼 이 무렵 건설된 협동촌 가운데 부족한 기술력과 시장경제의 파도를 신앙의 힘으로 극복했던 종교 공동체들 중 일부는 현재까지도 살아남아 최근 본격적으로 생겨나기 시작한 생태공동체 운동의 모델로 떠오르기도 한다).

협동촌에서 기능별 협동조합운동으로[*]

　　　　　　　　　　　　　　　　자본주의 시장경제 체제의 거
센 물결 속에서 생활 전체를 자주관리와 상호부조를 통해 통합하려
했던 협동촌 건설이 좌절되면서 협동조합운동은 선구자들의 노력으

---

[*] 이와미 다카시(石見尚), 〈제3세대 협동조합과 사회운동〉(모심과살림연구소 소책자, 2003) 일
본의 협동조합 이론가 이와미 다카시는 세대론을 도입해 협동조합운동의 역사를 재구성한다.
제1세대는 오언, 생시몽, 푸리에 등의 협동촌 건설운동, 제2세대는 로치데일 선구자조합에서
출발하여 오늘에 이르는 분야별, 기능별 협동조합운동, 제3세대는 1970년대를 기점으로 1세대
의 정신과 2세대의 경영과 기술이 결합된 협동조합운동의 흐름을 말한다. 이 글에서는 레이들
로 보고서가 제시한 협동조합운동의 전망을 제3세대 협동조합운동의 문제의식과 상통한 것으
로 보았다. 이와미는 21세기 접어들면서 의료생협, 복지생협, 워커즈콜렉티브 등 조합원의 공
동책임에 기반한 제4세대 협동조합에 대한 저서를 발표했다. 하지만 이 글에서는 제4세대 협
동조합이 그가 말했던 제3세대 협동조합의 연장선에 있는 것으로 보고 이야기를 전개한다. 石
見尚, 〈第四世代の協同組合論─理論と方法〉, 論創社, 2002

로 생활을 분야별, 기능별로 조직하게 된다. 로치데일 공정선구자협동조합에서 출발한 협동조합운동은 소비조합, 신용조합, 생산조합처럼 고립된 개인들의 생활 일부를 분야별로 협동화하여 시장경제에서 살아남을 수 있는 경영시스템을 정착시켰다. 또한 참여하는 일부 사람들만의 폐쇄된 협동촌의 체계를 사회적 약자 일반에게 개방함으로써 급속히 확산되어 현재는 전 세계 10억 명이 참여하는 세계 최대의 민간기구로 성장했다.

하지만 여기에는 한계가 있었다. 협동조합이 자본주의 시장경제 시스템을 보완하는 한 부분으로 전락함으로써 협동촌이 지녔던 사회 비판적 기능, 인간의 삶 전체를 관통하는 대안 사회의 전망을 잃어버렸던 것이다.

특히 제2차 세계대전 이후 협동조합운동은 자본주의 시장경제의 부흥과 함께 거대 자본, 다국적 기업과 경쟁이라는 상황과 만났다. 협동조합 진영에서는 경영 효율화를 통해 상황을 돌파해 나갔다. 전문 경영인을 고용하고, 통합과 합병을 통해 단위조직을 규모화하고, 전국 단위의 연합조직을 만들어 단위조직을 계열화했다.

국제협동조합연맹ICA에서 1937년 제정된 협동조합 원칙을 수정해 만든 1966년 원칙은 협동조합이 기업과 경쟁하기 위한 토대를 마련하기 위한 것이었다. 즉, 다국적 기업과의 경쟁 격화에 따른 조합 조직의 강화에 초점을 맞추었다. 경쟁력을 갖추기 위해 규모를 키우는 연합체에 대해서는 협동조합의 민주적 운영원칙을 유연하게 적용할 수 있도록 사실상 후퇴시키고, 조합원에 대한 이용고 배당을 줄이고 대신 사업 준비금을 강화하도록 함으로써 협동조합 내부에 기업과의 경쟁에 나설 물적 기반을 마련해 주었다. 임직원에 대한 전문적 교육 중시, 협동조합 간 협동을 강조한 것도 경쟁력 강화를 위한 조치였다. 1966년 협동조합 원칙이 개정된 이후 4년마다 개최하는 ICA대회에 서도 '다국적기업과 협동조합', '협동조합 간 협동'과 같이 협동조합의 경쟁력 강화 방안을 주요 의제로 다루었다.

이런 노력들로 인해 협동조합도 대기업과 손색이 없는 규모로 성장했고, 몇몇 국가에서는 오히려 대기업을 능가하는 시장 점유율을 확보하기에 이르렀다. 그러나 다른 한편으로는 조합원 아닌 사람들의 이용이 늘어나면서 협동조합의 결사체적 성격이 점차 사라지고 조합원의 참여 없는 직원 중심의 운영이 일반화되었다. 협동조합은 조합원들에게조차 다른 기업과 별반 차이가 없는 모습으로 보이고, 조합원이 떠난 협동조합은 주식회사로 전환하는 사례도 심심치 않게 나타났다. 자본주의 국가에서 협동조합은 자신이 극복하고자 했던 시장과 닮아갔다. 앞에서도 말했던 것처럼, 협동조합은 자본주의 시장경제 시스템을 보완하는 한 부분으로 전락해 버렸다.

특히 자본주의 체제가 극심한 양극화, 두 차례의 세계대전, 대공황을 겪으며 드러난 자체 모순을 공공영역의 강화, 노동자 임금의 확대, 복지제도의 확립 등을 통해 보완하여 협동조합이 극복하려 했던 문제를 수면 아래로 감춰버린 상황도 협동조합을 기업화하게 만든 중요한 요인이었다. 대자본, 다국적 기업과 경쟁 속에서 협동조합은 점점 자본주의 기업, 시장과 유사한 모습으로 변해갔다.

여기서 협동조합운동 자체의 의미에 대한 의문이 제기되었다. "위협적인 기업권력 시대에서 협동조합이 지금 흔히 듣고 있는 것처럼 '협동조합은 다른 기업과 같이 또 하나의 거대한 사업에 지나지 않는다'는 비난으로부터 벗어나야 한다."(61쪽)**

정체성의 위기 그리고 레이들로

1980년 모스크바에서 열린 제27차 ICA 세계대회에서 발표된 레이들로 보고서 〈서기 2000년의 협동조합〉은 변질되어가고 있던 협동조합운동의 의미에 대한 강력한 문제 제기였다.

레이들로 박사는 보고서에서 당시의 상황을 협동조합이 맞고 있는 제3의 위기인 사상의 위기, 즉 정체성의 위기라고 정리한다. 그는 협동조합의 성장과 변화의 역사에는 세 단계의 위기가 있다고 말한다. 신뢰의 위기, 경영의 위기 그리고 정체성의 위기가 그것이다.

협동조합 초기 단계, 협동조합은 사람들이 신뢰할 수 없는 낯선 조직이었다. 소수 선구자의 신념을 통해 더디지만 점진적으로 사람들

** A. F. 레이들로, 〈서기 2000년의 협동조합〉(김동희 역, (사)협동조합연구소 출판부, 2000) 이하 괄호 속의 쪽수가 있는 글들은 이 책에서 인용한 것이다.

에게 인정을 받으며 이 신뢰의 위기를 극복하였다. 협동조합이라는 아이디어는 대중의 마음을 파고들었고 훌륭하고 숭고한 정신으로 정착되었다.

여기에 두 번째 위기, 경영의 위기가 찾아왔다. 경영과 기술, 경험 부족으로 협동조합운동은 무너지고 사라졌다. 붕괴까지는 아니더라도 미숙한 경영으로 만성적인 부실에 시달렸다. 다수의 젊고 유능한 경영자가 나타나 효율과 최신의 기술로 경영 위기를 돌파하였다. 협동조합이 대자본, 다국적 기업과 경쟁에서 살아남을 수 있게 되었던 것이다.

"대신 협동조합이 다른 종류의 기업과 마찬가지로 상업적 의미에서 성공 이외에 다른 것이 없다 해도 그것으로 충분한가?" "협동조합의 참된 목적은 과연 무엇인가 그리고 협동조합이 차별적인 사업체로서 명백히 독자적인 역할을 수행하고 있는가? 만약 협동조합이 다른 형태의 기업과 똑같은 사업상의 기술과 방법을 사용한다고 하면 그 자체로 조합원의 지지와 충성을 획득하는 충분한 명분이 될 수 있을까? 만약 세계가 이상한 방향으로 또는 때때로 당혹스러운 방향으로 변할 때 협동조합이 그러한 길을 따라가야 하는가? 그렇지 않고 다른 길을 선택하여 다른 종류의 경제적, 사회적 질서를 새로 창조해 가면 안 되는가?"(3쪽)

협동조합에 세 번째, 정체성의 위기가 도래한 것이다. 그것은 협동조합운동의 획기적 전환이 필요하다는 뜻이기도 했다. "협동조합은 그 변화를 가장 바람직한 방향으로 유도하기 위하여 할 수 있는 모든 노력을 다 해야 한다."(10쪽) 발표된 지 30년이 넘는 세월이 흘렀음에도 레이들로 보고서가 여전히 협동조합인들에게 회자되는 것은, 그것이 정체성 위기를 극복할 수 있는 전환의 방향을 제시했기 때문이다.

보고서를 집필한 레이들로 박사Alexander Frawer Laidlaw, 1907-1980는 캐나다 노바스코시아 주에서 태어나 세비아 대학과 토론토 대학을 다녔다. 졸업 후 교육계에 몸담으며 교사, 학교 교장, 장학관으로 교육청에 근무하다 1944년 안티고니시 운동의 근거지였던 세비아 대학 농촌교도부 부주임으로 부임하여 14년 동안 캐나다 동해안 지역에서 성인교육과 협동조합운동을 실천하였다. 그가 협동조합의 진정한 가치와 의미를 질문할 수 있었던 것은, 무너져 가는 지역사회를 일으켜 세웠던 안티고니시 협동조합운동의 현장경험 때문이었다. 특히 대공황으로 고통받고 있던 농어민과 노동자 구제에 일생을 바쳐 교육계몽운동을 했던 모제스 코디M.M. Cosdy 주교와의 만남과 대화는 협동조합운동에 대해 확신을 심어주는 계기가 되었다. 또한 1956년부터 1958년까지 인도에서의 협동조합 교육과 연수는 그에게 제3세계의 사회개발, 기아와 식량에 대한 이해를 넓힐 수 있는 경험이 되었다.

1958년 캐나다 협동조합중앙회 회장에 취임하면서 국제 협동조합운동에도 관여하여 인도뿐만 아니라 나이지리아를 비롯한 아프리카

지역 및 동남아시아로 활동의 폭을 넓혔다. 1968년 스리랑카 정부는 그에게 개발계획 및 기본적 소비물자배급 기구의 협동조합적 추진을 위한 특별위원회 위원장을 맡겼다.

1960년대에는 ICA 중앙위원으로, 1964년~1965년 2년간은 ICA 집행위원으로 활동하였고, 1970년대에는 협동조합 사상 및 경영에 대해 연구하면서 레이들로 보고서 집필의 기반을 마련할 수 있었다. 1977년 6월 영국 라프바라의 협동조합대학에서 개최한 모임에서 그가 발표한 〈협동조합과 빈곤층〉은 ICA 보고서 중에서 가장 중요한 문헌 중 하나로 평가된다. 그는 1980년 10월 세계대회에서 협동조합 사상 가장 탁월한 문건인 레이들로 보고서를 발표하고 과로로 인해 한 달 뒤 세상을 떠났다.

'격변하는 시대의 문턱'에 선 협동조합

레이들로 보고서는 새로운 협동조합의 등장을 알리는 신호탄이었다. 레이들로는 기존 협동조합의 단편적 시야와 범위의 한계를 넘어 68혁명과 1970년대 등장한 다양한 시대정신의 흐름을 아우르는 폭넓은 관점을 가지고 세계 협동조합운동의 문제를 평가하고 해결방안을 제시하였다.

"지금 우리는 확실히 격변하는 시대의 문턱에 서 있다."(8쪽) 과학기술의 발달에 따른 생산력 증대와 시장경제의 성장은 1970년대 오일쇼크를 기점으로 파국을 맞았다. 그동안 성장의 그늘에 숨겨져 왔던 자본주의의 오류, 산업문명의 모순이 드러나기 시작했다. 경제성장의 신화는 서서히 무너지기 시작했다. 물질적 성장 뒤편의 환경파괴와 석유 자원의 고갈은 인류의 미래에 먹구름을 드리우고 있었다.

"1980년의 세계는 위기와 고난의 문턱에 서 있다는 견해가 지배적이다… 1990년대는 불확실성과 불안의 먹구름으로 덮인 10년이 될 것으로 보인다… 우리를 가장 슬프게 하는 것은 급속한 경제회복의 희망이 전쟁의 위협에 의해서만 가능하다는 논평이다… 우리는 천재지변 같은 세계경제의 침체를 슬퍼하는 동시에 인류의 대다수는 불경기, 굶주림 그리고 약탈을 지겨울 정도로 체험해 왔다."(25~26쪽)

"에너지 자원 하나만 보더라도… 우리들은 생활양식에 큰 변화를 경험하게 될 것이다. 인류는 아무 생각 없이 사용과 폐기를 되풀이할 수는 없다. 그리고 이와 같은 일은 단지 석유나 에너지에만 국한되지 않고 지구상의 모든 자원, 특히 물, 광물, 산림자원에도 해당된다."(31쪽)

자본주의 체제는 위기를 돌파할 카드로 신자유주의 세계화를 꺼내들었다. 워싱턴 컨센서스Washington consensus를 통해 무역자유화, 해외 직접 투자, 사유화, 규제 완화, 금융 자유화, 변동 환율제, 규제 개혁, 복지비 삭감, 긴축 재정 등을 제시하고 모든 나라에 이를 이행할 것을 강요했다. 대처와 레이건의 등장을 신호탄으로 국제화, 세계화의 담론이 전 세계를 휘몰아쳤다. 그리고 이어진 무역자유화와 시장

개방의 압박은 우루과이라운드를 시작으로 세계무역기구^{WTO}의 출현으로 이어졌다. 하지만 신자유주의 세계화는 위기를 미래로 유보하면서 자본주의의 모순을 격화시키는 것일 뿐이었다. 빈곤과 양극화가 세계적으로 구조화되고, 한 사회 안에서도 양극화는 심화되었다. 복지국가의 지향은 후퇴하고 빈곤계층에 대한 사회서비스는 축소되었고 사회적 약자들에 대한 사회적 배제는 더욱 기승을 부렸다.

협동조합, 21세기를 향한 전환의 길

레이들로는 자본주의와 산업문명의 이와 같은 미래를 예견하면서 1980년 ICA 세계대회를 계기로 협동조합이 정의에 입각한 새로운 세계, 사회질서를 만들어나가는 데 앞장서야 한다고 주장한다.

"1980년 대회야말로 세계 협동조합운동의 새로운 시대를 예고하며 협동조합인이 전 인류를 위해 정의에 입각한 새로운 세계와 사회질서를 건설하기 위해 노력해 온 시대의 선구자로 기억되는 계기가 되기를 희망한다. 그리고 이와 같이 기대한다고 해도 결코 무리는 아닐 것이다. 20세기의 남은 20년은 협동조합 사상에 담겨 있는 도덕적 교의教義를 특히 필요로 할 것이다."(9쪽)

"세계의 많은 사람들이 힘든 시대에 어떤 대안을 찾아 나설 것이고 그들 중 다수는 1930년대의 대공황 때처럼 협동조합적 방법으로 전환하게 될 것이다. 앞으로 20년간은 참여하는 인원수에 협동조합의 전례 없는 성장기가 될 가능성이 충분히 있다."(40쪽)

레이들로는 자본주의의 모순이 심화되는 시기에 협동조합이 정의가 실현되는 새로운 세계와 사회질서를 건설하는 대안이 되기 위해서 우선적으로 노력해야 할 네 가지 분야를 제시한다.

① 세계적 기아의 극복

"향후 세계의 협동조합은 특히 세계의 식량 문제 해결을 위해 생산에서 소비까지 전 과정에 걸쳐서 노력을 기울여야 한다. 이 영역은 인류에게 매우 필요한 분야로서 협동조합은 여기서 세계적인 지도력을 발휘할 수 있다."(106쪽)

레이들로는 "협동조합이 인류를 위해 최대한 가치롭게 공헌할 수 있는 것은 식량 분야이며, 세계의 기아를 극복하는 것이라고 예언할 수 있다"고 말한다. "다양한 단계에 있는 모든 종류의 협동조합 조직은 생산자와 소비자 사이의 가교 역할을 주도적으로 수행해야 한다. 도시인과 농민들의 협동조합 공동협의회는 솔선하여 식량의 생산과 유통에 관련된 광범한 문제를 다루어야 한다. 이를테면 판매비용, 가격 차이, 가공 과정에 발생하는 식품가치의 파괴, 과대포장, 낭비, 상품 연구, 식품산업의 광고 기준, 위험한 농약의 사용, 잉여식량의 처리와 저장 등 농장에서 식탁까지의 식품에 관한 문제는 어떤 것이라도 다루어야 한다. 또한 농민의 협동조합과 소비자협동조합 양측은 도시화에 의해 잠식되는 농지의 보호에서부터 장기적인 식량공급 계획에 이르기까지 모든 사항에 관하여 종합적인 식량정책을 세워야 할 것이다. 그리고 제3세계의 소작농과 소농 조직을 원조하는 개발계획에 착수해야 할 것이다."(95쪽)

② 인간적이고 생산적인 일자리 마련

"노동자생산협동조합은 노동자와 작업장 간에 새로운 관계를 구축하며 또 다른 산업혁명을 일으킬 수 있는 최선의 수단이다."(106쪽) 레이들로는, 로치데일의 생산공장이 실패로 끝나고 생산자협동조합에 대한 베아트리스의 단죄로 사실상 그 자취를 찾아보기 어려웠던 노동자생산협동조합의 부활을 선언하고, 스페인의 몬드라곤 협동조합을 세상에 소개한다. 그리고 노동자생산협동조합이 노동이 자본을 고용하는 제2의 산업혁명을 가져올 것이라고 주장한다.

"노동자협동조합의 부활은 제2차 산업혁명의 시작을 의미한다고 예상할 수 있다. 제1차 산업혁명에서는 노동자와 직공은 생산수단의 관리권을 상실한 반면, 그 소유권과 통제는 기업가와 투자가의 손으로 넘어갔다. 자본이 노동을 고용하게 된 것이다. 그러나 노동자협동조합은 그 관계를 역전시킨다. 이제는 노동이 자본을 고용하게 된 것이다. 만약 이것이 대규모로 발전하면, 노동자협동조합은 정말 새로운 산업혁명을 안내하게 될 것이다."(96~97쪽) 레이들로의 선언에 힘입어 노동자생산협동조합은 21세기에 접어들면서 자본주의의 대안으로 전 세계의 주목을 받고 찬란한 부활을 알린다.

③ 사회의 보호자^{Conserver Society}로서 협동조합

"종래의 소비자협동조합은 단지 자본주의 기업과 경쟁하는 것 이상의 활동을 하는 방향으로 전환해야 한다. 그렇게 하면 독특하고 차별성 있는 사업체로서 인정받게 될 것이고 조합원에게만 봉사하게 될 것이다."(106쪽)

로치데일 선구자조합에서 출발한 소비자협동조합은 "구매와 판매의 사업방식을 바꿈으로써 사회를 개혁하는 것이고, 사기업의 판매력과 이윤을 소비자의 구매력과 저축으로 대치하는 것이었다. 소비자운동 형성기에 영국 노동자계급에 보낸 호소는 로치데일의 철학을 다음과 같이 요약한다. '당신들의 가장 강력한 무기는 당신들의 조직화된 구매력이다. 만약 조직화되지 못한다면 그 무기는 당신들을 예속시킬 무기가 될 뿐이다.' 그런 소비자협동조합은 차별적인 소비자운동이기보다는 시장 점유율을 확대하려고 안간힘을 쓰며, 고객의 관심을 끌기 위하여 사기업과 똑같은 방법을 동원하는 또 하나의 거대한 사업체에 불과하다고 인식되고 있다."

레이들로는 구매력과 저축을 조직하는 소비자협동조합의 사회 개혁적 성격이 시장 속에 묻혀 버렸다고 지적하면서 이제 소비자협동조합이 '사회의 보호자^{Conserver Society}'로서 새롭게 거듭날 것을 주장한다. "만약 세계가 빈약한 자원으로 살아가야 한다면 소비자협동조

합은 경제성과 검약을 강조함으로써 후기산업시대의 소비자 사회의 거품과 낭비를 추방하도록 해야 한다. 소비자가 언제나 옳은 것은 아니다. 소비자가 응석을 부리거나 방종하려는 잘못된 습관과 욕구로부터 소비자를 보호해 주어야 한다. 풍요롭고 포식하는 사회에서 소비자협동조합은 놀라운 판매 기록에 의하여 평가될 수 있다. 그러나 그렇게 방종하지 않는 건실한 사회에서는 어떤 것을 팔지 않는가에 의하여 소비자협동조합이 평가될 것이다."

'사회의 보호자'라는 표현은 1992년 리우 환경회의에서 '생태적으로 지속가능한 사회'로 정리되어 21세기 인류의 시대정신이 되었다. 레이들로의 당시 사회상황과 미래를 읽는 혜안을 살필 수 있는 대목이다. 더욱이 이 항목은 1995년 '지역사회에 대한 기여'라는 협동조합 기본원칙으로 채택되어 협동조합의 사회적 역할로 공식화된다.

④ 협동조합 지역사회의 건설

"우리가 추구해야 하는 것은 소비자 또는 생산자로서 사람들이 어디서나 일상적으로 필요로 하는 많은 분야에서 협동조합이 주는 혜택을 누릴 수 있도록 협동조합의 유형을 복합화하는 것이다. 협동조합 공화국co-operative commonwealth의 비전은 적어도 금세기 말까지 거시적 규모로 이루어지는 일은 아마 없을 것이다. 그러나 무수히 많은 지역사회에서 다수가 참여하는 다양한 종류의 협동조합이 존재함으로써 미시적 차원에서는 실현될 수 있을 것이다. 실제 이러한 현상은

협동조합의 오래된 미래, 선구자들

이미 세계 곳곳에서 일어나고 있다."(63~64쪽)

　레이들로 보고서가 21세기를 향한 협동조합의 목표로 제시한 가장 중요한 지점은 네 번째 우선 분야, 바로 '협동조합 지역사회의 건설'이었다. 레이들로는, 협동조합이 사람들의 필요를 충족하면서 동시에 인간의 삶을 의미 있게 만드는 거점이 '지역'이어야 한다고 주장한다. "협동조합의 위대한 목표는 드넓은 도시 내에 수많은 지역사회를 세우고 마을을 창조하는 것이어야 한다. 많은 사회적 경제적 필요와 접목하여 지역사회 창조라는 종합적인 효과를 발휘할 협동조합 조직을 만들 수 있을 것이다. 모든 종류의 협동조합은 이웃사람들이 안으로 눈을 돌려 자신들이 가지고 있는 자원을 발견하고 요구되는 서비스 활동을 시작하도록 하는 효과를 발휘할 것이다. 공통의 이해와 필요를 가진 사람들의 자조自助라는 협동조합의 이념은 도시 지역을 함께 결속해 지역사회로 탈바꿈하는 사회적 접착제 역할을 할 수 있을 것이다."(105쪽)

협동조합의 생존 전략 - 경영과 윤리 사이에서

　　　　　　　　　　　레이들로는 당시 거대화하고 기업화한 기존의 협동조합에도 조합원들의 민주적 참여를 강화하고 윤리적 가치를 추구하여 새로운 시대에 대비할 것을 제안한다.
　"협동조합과 다른 종류의 경제조직의 차이는 전자가 사업경영의 기술을 윤리적 사고에 바탕을 두고 있다는 데 있다. 이 변별점을 제외하면 협동조합운동은 궁극적으로 만족할 만한 존재 이유를 갖지 못한다." "효율을 극대화하고 비용을 절약하기 위하여 경영이 집중되어야 하는 경우에도 민주적 관리를 위하여 의사결정은 분권화 되어야 한다. 큰 조직은 교육과 조합원과의 의사소통에 한층 더 관심을 기울여야 한다. 협동조합과 조합원 사이의 유대가 사업의 성장이라는 이유로 약화되어서는 안 된다. 그리고 합병이 힘을 강화하기 위하여 필요한 것처럼 대규모 조합을 작은 단위로 나누는 것이 민주적 참여와 개인의 결합을 위한 유일한 대안인지도 모른다. 여기서는 합병이 힘을 강화하기 위한 유일한 대안은 아니며, 2차 조직으로의 자발적인 연합이 '협동조합간 협동' 원칙의 훌륭한 예라는 사실이 지적되어야 한다." (65쪽)

또한 사회적 지향이 강한 협동조합에 대해서도 협동조합이 경제조직으로서, 기업으로서 성공하지 않으면 안 된다는 현실적인 제언도 잊지 않았다.

"그러나 협동조합이 경제 및 사회적 목적을 모두 갖고 있지만 일차적으로 경제조직이며, 또한 존속하기 위해서 기업으로서 성공하지 않으면 안 된다.

대부분의 협동조합인은 그들의 협동조합이 차별성을 가진 사업체이고 이러한 특성이 조합원의 충성심과 지지를 정당화하기 위하여 유지되어야 한다는 믿음을 갖고 있으면서도 경제적 목표와 사회적 이상 간의 균형을 확보하는 것이 결코 쉽지 않다는 사실을 인정할 것이다… 이상주의와 사업 경영은 때때로 기이하고 불편한 파트너십을 형성하기도 한다. 실제 협동조합 조직 내부에는 엄밀하게 사업과 경제적 이익을 지지하는 사람들과 사회 개혁에 보다 깊이 개입하기를 바라는 두 진영 사이에 항상 어떤 긴장이 감돌기 마련이며, 때때로 공개적으로 갈등이 나타나기도 한다.

일부 서유럽 국가에서는 지금 두 가지 확실히 구별되는 운동이 전개되고 있다. 하나는 더 규모가 크고 탄탄한 구조로 조직화된 협동조합으로서 자본주의 기업과 경쟁에서 이기는 것을 목적으로 한다. 다른 그룹은 상대적으로 작은 협동조합으로 상당히 느슨하고 비공식적인 네트워크를 가지며 자본주의적 방법을 다소 무시하고 사회적 혹은 지역사회 차원의 목표를 달성하는 것을 목적으로 한다.

이 두 가지 극단적인 견해 사이에서 선택은 결코 쉽지 않다. 전적으로 기업적 활동에 전념하고 사회적 목적을 갖지 않는 협동조합은 다른 협동조합보다 오래 존속할지 모르나 점차 약화되어 장기적으로는 해체되고 말 것이다. 한편, 사회적 임무에 역점을 두고 건실한 사업을 위한 실천을 소홀히 하는 협동조합은 아마도 머지않아 파산하고 말 것이다. 물론 여기서 필요한 것은 조직 전체에 상식적인 균형을 유지하는 것이며, 경제와 사회, 사업과 이상, 실용주의적 경영자와 비전을 가진 일반 지도자의 결합이다."(69~70쪽)

레이들로 보고서와 1995년 협동조합의 기본원칙

이런 관점을 가지고 레이들로는 1966년 개정된 협동조합 원칙의 문제도 지적한다. "많은 협동조합인은 이러한 규정이 완전히 만족스러운 수준은 아니라고 느낀다. 원칙에 관한 많은 진술이 지니고 있는 문제점은 주로 다음 두 가지 결함에 기인한다. 첫째, 그것은 원칙 자체를 정확히 밝히는 대신 현재의 관행을 원칙의 수준으로 끌어올리려고 하였다는 점이다. 둘째, 그것은 주로 소비자협동조합에 치우쳐 있어 농업협동조합, 노동자협동조합, 주택협동조합 등 다른 종류의 협동조합에 똑같이 적용할 수 없다는 점이다. 현행의 문구를 개선하기 위하여 많은 시도가 이루어졌으나 협동조합 조직의 기본적인 도덕적·이념적 기둥이 세워질 때까지 지속적인 노력이 요망된다."(61~62쪽)

협동조합운동의 정체성과 관행적으로 마련된 협동조합 원칙에 대해 정면으로 문제를 제기한 레이들로 보고서가 발표된 이후 ICA에서도 협동조합의 정체성, 기본적 가치에 대한 논의가 시작되었다. 1984년 세계대회에서는 '세계가 당면한 여러 문제와 협동조합'에 대해, 1988년에는 '협동조합의 기본적 가치'에 대해 그리고 1992년에는 '변화하는 세계에서의 협동조합의 기본적 가치'와 '환경과 지속가능한 발전'에 대해 논의되었다. 협동조합의 의미, 가치, 역할에 대한 논의는, 로치데일 공정선구자조합 탄생 150주년을 기리며 맨체스터에서 열린 1995년 ICA 대회에서 〈협동조합의 정체성에 관한 ICA 성명〉이 채택되면서 협동조합 원칙의 개정으로 이어졌다.

① 자발적 공개적 조합원 제도 (정치, 종교 이외에 성, 인종 차별 금지 추가)

② 조합원에 의한 민주적 관리 (정책수립과 의사결정에 조합원의 적극적 참여)

③ 조합원의 경제적 참여

　가) 준비금 적립을 통한 협동조합의 발전

　나) 조합원의 사업이용 실적에 비례한 편익 제공

　다) 조합원 동의를 얻은 활동 지원

④ 자율과 독립 (정치적 간섭의 배제)

⑤ 교육, 훈련 및 홍보 (홍보 부분 추가)

⑥ 협동조합 간 협동

⑦ 지역사회에 대한 기여

비로소 협동조합의 기본적 가치와 정체성 회복을 강조하여 조합원에 의한 조합 운영을 중시하고, 협동조합이 국가의 통제에서 벗어나야 한다는 사실을 확인하면서, 생태적 지속가능성과 같은 시대정신을 담아내고 협동조합의 사회적 역할을 강조하는 협동조합 원칙이 마련되었다. 1995년 원칙의 개정은, 협동조합 조직의 도덕적·이념적 기둥을 세워야 한다는 레이들로의 문제의식을 협동조합의 기본원칙으로 정식화한 것이다.

레이들로 이후, 제3세대 협동조합운동

　　　　　　　　　"현재 예견되는 불황이 깊어지면
자발적 노동과 무보수 노동이 경제에서 차지하는 비율이 비교적 높
아질 것이다. 이 비율은 우리가 예상했던 수치를 벌써 웃돌고 있다.
어린이의 콧물을 닦아주는 어머니의 노동으로부터 거동이 불편한 연
금생활자를 돕는 지역의 자원봉사자 노동에 이르기까지 무보수 노동
은 공식통계에 반영은 되나 수치로 표시되지 않는 중요한 요소이다.
GNP는 하락해도 실질 생활수준은 향상될 수도 있다."(40쪽)

　레이들로 보고서는, 협동조합이 자본주의 산업문명이 초래한 모순
들을 극복하고 인류의 미래를 열어갈 대안으로 자리매김할 수 있는
길을 제시하였다. 레이들로의 예견은 적중했다. 오늘날 세계가 협동
조합을 주목하게 된 것은, 협동조합운동이 레이들로 박사가 권고한
대로 전환에 성공했기 때문일 것이다.

　1980년대를 거쳐 21세기에 들어서면서 인간 소외의 사회 시스템
에 대한 저항으로 대안문화counter-culture운동, 뉴에이지운동, 히피공
동체운동 등의 문제의식과 자연환경 파괴의 사회체제에 대한 비판을
토대로 생태주의운동, 공동체운동, 영성운동이 상호 결합하면서 각
지역에 새로운 유형의 협동조합운동이 등장하였다.

1990년대를 전후하여 본격적으로 등장하기 시작한 사회적 경제, 사회적 협동조합도 '보편적 가치'를 지향하는 새로운 협동조합운동의 맥락에서 등장하여 자본주의 진행 과정에서 파괴된 지역사회의 재구성을 통해 공동체적 유대, 호혜의 관계망을 확장하고 있다. 노동자생산협동조합, 농업협동조합, 소비자협동조합, 신용협동조합 등 기존의 협동조합들도 레이들로의 권고대로 지역사회를 중심으로 지역의 생산, 소비 시스템을 재구성하고 있다.

프랑스의 릴 시에서, 이탈리아의 볼로냐에서, 일본의 가나가와에서 그리고 한국의 원주에서 고령자나 장애자, 육아와 보육, 직업훈련, 교육, 고용 창출 등 '주민들의 삶의 질', 호혜적 관계, 지역성 그리고 민주주의로 구성되는 '지역공동체의 질'을 향상시키는 것과 연관된 새로운 모습의 호혜시장, 지역시장의 실험이 시작되었다.

인류 공통의 보편적 가치를 지향하면서 동시에 커뮤니티의 창조와 재구성을 지향하는 21세기 새로운 협동조합운동은 레이들로 보고서에서 출발할 수 있었다.

한살림, 원주 그리고
무위당 장일순

한국의 협동조합운동은 1907년 일본의 산업조합법을 근거로 만

들어진 금융조합의 설립에서 출발했다. 자주적이어야 할 협동

조합운동이 제국주의에 의해 이식되어 시작되었다는 사실은 이

후 한반도에서 전개될 굴절된 협동조합 역사의 전조 같은 것이

었다.

협동조합의 오래된 미래, 선구자들

질곡의 한국 협동조합운동사

　　　　　　　　뿌리를 거슬러 올라가면, 전통사회의 계
나 두레, 품앗이 등 민중들의 협동적 삶은 한반도에 이미 보편화되어
있었다. 일본 제국주의의 식민지 수탈에 대응하여 민중들의 자구적이
고 자주적인 소비조합이 1920년대, 1930년대 활발히 전개될 수 있었
던 것도 이런 역사적 뿌리가 있었기에 가능했을 것이다. 천도교와 좌
파의 농민조합, YMCA 등 기독교 계통의 소비조합뿐만 아니라 목포,
서울, 원산 등 지역의 소비조합이 설립되어 식민지 민중들의 어려운
삶과 함께했다. 원불교는 간척사업 등을 통해 경제적 기반을 마련하
는 과정에서 저축조합을 조직하는 등 민중들의 자구적이고 대안적인
삶의 공동체를 이루어나갔다. 하지만 일본 제국주의의 전시동원 체
제가 강화되면서 민중들의 자발적인 움직임들은 탄압받고, 조합들은

강제 해산되거나 지도자들의 체포로 사라져 버렸다.

　해방 전후 협동조합운동 부활의 움직임이 없던 건 아니었으나 사실상 한국사회 협동조합을 대표한 것은 관제 협동조합이었다. 농협법 제정이 난관에 부딪치자 1950년 중반 농림부에서 직원들을 파견하여 각 지역에 農協들을 조직하였고, 1956년 농업은행이 설립되었다. 법적 제도적 장치 없이 전개되던 농협 조직은 5.16 군사쿠데타 이후 농협법 제정으로 새로운 시대를 맞는다. 군부에서 강제로 각 지역의 농업협동조합과 농업은행을 합병하여 1961년 농협중앙회가 탄생했던 것이다. 하지만 농협중앙회 산하 농협은 이름만 협동조합이었지, 조합장을 관에서 임명할 정도로 사실상 관의 하부조직이나 다름없었다. 사회주의 국가나 제3세계 협동조합들과 유사하게 우리의 협동조합도 태생적으로 관제 조합의 한계를 간직하고 있었다.

　해방 이후 민간에서 자주적으로 만든 첫 협동조합은 1959년 풀무학교에 설치된 구판장 형태의 풀무협동조합이었다. 한국의 협동조합운동을 이야기할 때, 풀무학교를 중심으로 현재도 진행 중인 충남 홍성군 홍동면의 협동경제 모델을 빼놓을 수 없다. 풀무학교 설립자의 한 사람인 이찬갑은 평북 정주 오산학교를 다니며 남강 이승훈의 '이상촌 건설'의 이상을 계승하고 일제 때는 오산소비조합 전무를 지냈다. 이후 풀무학교를 설립하면서 바로 소비조합을 만들었다. 풀무학교가 모태가 된 홍성군 홍동면의 협동경제 모델은 남강 이승훈, 오산학교, 김교신, 유영모, 함석헌의 천안 씨알농장, 이찬갑과 주옥로의 풀무학교, 거창고등학교 등 기독교운동과 이상촌 건설운동의 맥락에서 나온 것이었다.

민간의 자주적인 협동조합운동이 조직적으로 불붙게 한 출발점이 된 것은 1960년 부산에서 만들어진 성가신용협동조합이었다. 그 영향으로 다른 여러 지역에서도 신협들이 조직되어 1963년에는 협동조합 교육을 맡아하는 협동교육원이 생겨나고, 1964년 신용협동조합연합회가 생겨 민간의 자발적인 협동조합운동의 토대를 구축할 수 있었다. 한편 소비조합도 명맥을 이어 각 은행의 노동조합에서 구판장 형태로 그 불씨를 살려놓고 있었다.

원주 협동조합운동의 출발

각 지역의 움직임, 분야별 기능별 협동조합이 생겨나 나름의 역할을 해나갔지만, 한국 협동조합운동의 큰 전기를 마련한 곳은 원주였다. 원주의 협동조합운동이 시작된 때는 1960년대 가톨릭 원주교구가 만들어지고, 지학순 주교가 초대 교구장으로 부임하면서부터였다. 교회의 사회 참여를 공표한 제2바티칸 공의회의 교회 쇄신운동을 적극적으로 받아들였던 지학순 주교는 부임하자마자 교육자이자 사회운동가였던 장일순과 함께 지역사회 발전을 위한 교육사업과 사회활동을 열정적으로 펼쳐 나갔다. 그 중심에 협동조합운동이 있었다. 1966년 원동성당을 중심으로 원주신협이 만들어지고, 이어 문막, 단구, 주문진 등에도 신협이 설립되었다. 또한 천주교가 인수한 진광중학교에 협동교육연구원을 설치하여 협동조합 교육의 거점을 마련하였다. 현재 원주 협동사회경제네트워크의 중추적 역할을 하고 있는 밝음신협이 1972년 10월 설립되는 등 1960년대 말, 70년 초 원주에서는 다수의 신협들이 연이어 생겨나 원주는 군사정권에 대항한 정치 민주화운동의 중심이면서 동시에 협동조합 운동의 산실이 되어갔다.

협동운동이 원주 지역사회에 더 확실하게 자리 잡게 된 것은 1972년 남한강 유역의 대홍수 때문이었다. 천주교 원주교구가 창구가 되어 독일의 제3세계 구호자금을 지원받자 장일순, 김영주, 박재일 등의 활동가들은 재해대책사업위원회를 구성하였다. 그리고 남한강 유역의 대홍수로 삶의 터전이 황폐해진 강원도, 충북, 경기 일원에서 본격적으로 지역사회 복원운동을 펼치기 시작하였다. 그들이 추진한 재해 복구는 긴급 구호자금을 피해자들에게 나눠주고 소진하는 방식이 아니었다. 구호에 참여하여 노동을 하는 사람들에게 대가를 줌으로써 자조와 자립의 정신을 일깨우고, 협동을 통해 폐허가 된 마을공동체를 복원하는 활동이었다. 1단계 긴급 구호사업, 2단계 작목반별 협동과 민주의식 고취를 통한 부락개발, 3단계 생산, 구판, 신용 등 부락 단위 협동을 통한 종합개발, 4단계 지역 단위 협동을 통한 지역개발, 5단계 사업별 연합조직 건설과 연합조직 간 협동을 통한 지역사회개발운동 전체의 체계화를 단계적으로 추진해 나갔다.

협동조합의 오래된 미래, 선구자들

구체적으로는 동네 사람들과 공동으로 일을 하는 생산협동, 어려운 여건에서도 이웃들과 함께 저축하고 필요한 자금을 빌리는 신용협동, 생산에 필요한 기계 등을 공동으로 이용하는 이용협동, 나아가 생활물자를 공동으로 구입하는 소비협동 등의 다양한 협동운동과 마을 민주화운동을 통해 삶의 터전을 회복하고 마을공동체를 이루기 위한 노력을 전개해 갔다. 1979년 신리조합을 필두로 강원도 지역에 설립된 소비조합들은 지역사회 개발운동의 연장선상에 있었다. 소비조합들뿐만 아니라 농촌이나 광산지역에 설립된 신용협동조합은 당시 고리채로 고통 받던 농민과 광부들의 삶을 보호함으로써 1960년대, 70년대 군사정권 하에서 한국의 경제민주화운동의 중심 역할을 담당하였다.

공생과 협동의 생명공동체

1960~70년대 추진된 경제개발은 우리 사회에 근대화, 산업화, 도시화를 가져오면서 물질적 성장을 이룩했지만, 인간 소외, 환경오염, 전통적 공동체 해체, 농촌사회 붕괴 등의 심각한 사회 문제를 만들어낸다. 지역사회 개발운동을 전개하던 장일순을 비롯한 원주의 협동운동가들은 이런 문제들이 산업문명이 가져올 전 지구적인 위기의 징후로 앞으로 그 위기가 더욱더 증폭될 것을 우려하면서 '인간과 자연이 하나로 연결되어 있다'는 생태적인 사

고를 바탕으로 기존의 사회운동이 목표로 삼았던 '도시적 풍요'에 대해 반성하고, 검소하고 소박한 농적農的 삶, 공동체적 삶을 새로운 사회운동의 목표로 제시한다.

"땅이 죽어가고 생산을 하는 농사꾼들이 농약 중독에 의해서 쓰러져 가고, 이렇게 됐을 적에는 근본적인 문제에서부터 다시 봐야지. 산업사회에서 이윤을 공평분배하자고 하는 그런 차원만 가지고는 풀릴 문제가 아닌데. 그래서 나는 방향을 바꿔야 되겠구나, 인간만의 공생이 아니라 자연과도 공생을 하는 시대가 이제 바로 왔구나.*"

장일순을 비롯한 원주의 협동운동가들은 협동하면 이익이 된다거나 풍요를 누릴 수 있다는 협동조합이 가지고 있던 기존의 생각을 뒤집었다. 인간은 생명공동체의 일원이고, 생명공동체는 공생과 협동을 통해 진화해 왔다는 생각을 토대로 발상을 전환한다. 물질적 풍요나 경제적 이익이 아니라 공생과 협동이 인간의 기본 도리이며 인간의 삶을 윤택하게 하며 행복을 가져다 준다는 것이었다. 동일한 협동운동이었지만 그 접근법과 지향점을 전혀 다르게 설정했던 것이다.

즉, 원주의 운동가들은 사회적 약자들의 정치 경제적 대항수단이 아니라 우주 생명의 공생과 협동을 위한 새로운 방향의 운동이 필요

---

* 장일순, 〈나락 한 알 속의 우주〉(녹색평론사, 1997) 이 책은 장일순의 강연 모음집이다. 장일순은 엄혹한 시대, 글이 타인에게 피해를 줄 수 있다는 생각에 글을 남기지 않았다. 생명사상을 글로 정리하고 체계화한 것은 시인 김지하였다. 이하 인용은 별도의 표시가 없으면 이 책에서 한 것이다.

하다는 데 공감하고, 사회민주화운동과 협동운동의 경험을 계승하면서도 산업문명이 초래하는 생명 위기에 대응할 "생명의 세계관 확립과 이에 입각한 새로운 생활양식 창조"를 목표로 운동의 방향을 전환한다.

무위당 장일순과 한살림의 탄생

그 전환의 중심에 무위당 장일순이 있었다. 장일순은 1928년 태어나 1994년 세상을 떠날 때까지 원주를 떠난 적이 없는 지역사회운동가, 정치가, 협동조합운동가, 서예가, 교육자였다. 서울대 문리대를 다니면서 원월드운동을 주창하고, 한국전쟁 후 약관의 나이에 원주 대성학교를 설립하고 초대 이사장을 지냈다. 4.19 이후 사회대중당 후보로 국회의원에 출마했다 정치적 탄압으로 낙선했는데, 이때 주창했던 중립화평화통일론이 빌미가 되어 5.16 군사쿠데타 직후 3년의 옥고를 치렀다. 출옥 후 지학순 주교와 함께 반독재 민주화투쟁을 촉발하며, 원주 중심의 협동조합운동, 남한강 대홍수 이후 전개된 재해대책사업위원회에서도 주도적인 역할을 하였다. 할아버지로부터 한학을 익히고, 우국지사 차강此江 박기정에게 서화를 배워 서예가로도 이름을 날렸다.

지역사회 개발운동, 협동운동을 전개하던 장일순이 동학사상을 배경으로 생명운동으로 사고를 전환하기 시작한 때는 1977년 무렵이었다. "종래의 방향만으로는 안 되겠다고 깨닫고" 본격적으로 새로운 운동의 방향을 모색한다. "본래 유럽으로부터 온 소비조합이나 신용조합, 생산조합이란 압정에 시달림을 받아오던 사람들이 산업혁명 이후 자신을 지키기 위해 시작한 것입니다만, 지금은 대기업의 하청업과 같은 것이 되어버렸습니다. 지구가 위험해지는 상황에서 '신용'도 '협동'도 다른 개념이 되지 않으면 안 됩니다."

"물론 인간이 인간을 착취하거나 억압하는 것은 당연히 종식되어야 합니다. 그러나 오늘날의 자본주의 사회나 공산주의 사회를 막론하고 이 산업사회가 자연을 약탈하고 파괴시키며 생산해 낸 그 결과를 공평하게 나눠먹자고 투쟁하는 것만으로는 부족합니다. 아니, 오늘날의 핵 문제, 공해 문제, 자원보전 문제 등 지구가 죽어가고 있는 이 세계의 문제는 해결되지 않습니다."

장일순이 제시한 새로운 출발은 "천지여아동근天地與我同根이요, 만물여아일체萬物與我一體, 하늘과 땅은 나와 한 뿌리요, 만물은 나와 한 몸"이라는 생각에 담겨 있었다. 그리고 "밥 한 그릇을 알면 만사를 안다食一碗 萬事知"는 해월 최시형의 이야기를 토대로 생명의 근원인 밥을 온전히 먹는 것에서부터 새로운 협동운동을 실천하는 출발로 삼는다. 한살림이 바로 그것이었다. 원주의 협동운동은 그간의 경험을 바탕으로 새로운 모습인 한살림으로 변신한 것이었다.

협동조합의 오래된 미래, 선구자들

생명운동으로서 한살림

한살림운동은 1970년대 운동에 대한 반성을 통해 "생명을 억압하고 소외시키며 분열시키고 죽이는 문명의 질서에 대항하여 살아있는 생명으로서 인간의 생명을 회복하는 광범위한 운동"을 전개하기로 하면서 출발했다. 그것은 유기농업운동, 직거래운동, 생활협동운동뿐만 아니라 "인간과 자연의 생명을 소외 · 분열시키고 억압 · 파괴하는 '죽임의 질서'인 산업문명 전반에 대항하여" 생명을 살리는 총체적인 사회운동, 즉 인간과 자아, 인간과 자연, 인간과 사회 사이의 전면적인 관계 변화를 지향하는 생명운동을 표방하였다.

특히 한살림에는 세상 만물이 우주를 품고 있고, 그 우주가 서로를 의지한다는 동학사상, 해월 최시형의 사상을 재조명한 장일순의 모심侍의 철학이 기본 바탕이 되었다. 장일순은 "천지만물 가운데 하늘을 모시지 않은 것이 없다는 막비시천주야天地萬物 莫非侍天主也"라는 말씀을 받아서 "생명운동이란 어차피 모든 문제가 생명 속에 하나 둘 살아나는 것인데… 그것이 뭐냐 하면 원래가 전체를 모시고 갈 수 있는 하나의 생활태도 아닌가, 저는 그렇게 생각해보는 거예요. 그러니까 이 구석을 봐도 시侍고 저 구석을 봐도 시侍고 시侍 아닌 게 없는데 그것을 모신다고 하고, 함께 사는 관계를 키워간다는 자세를 가지고 있다면 시侍 아닌 것이 없지요." "한살림운동, 생명운동, 이 모임 이것이 어렵게 이야기가 되지 않고 쉽게 이야기가 되고 또 서로 모시는 입장으로 되고 일체를 모시는 입장"이 되어야 한다고 하면서 "혁명이라고 하는 것은 때리는 것이 아니라 어루만지는 것이라고 생각합니다. 본래 만물이 위대한 것입니다. 풀 한 포기에 대한 존경심이란 마음에 들지 않는 사람을 만나면 사라져 버리는 그러한 것으로는 곤란합니다. 잘못된 생각을 가지고 있는 사람도 또한 한 포기의 풀과 같이 존경하지 않으면 안 됩니다. 본래 전부 위대한 것입니다"라고 말하면서 사회운동의 전면적인 시각 전환이 필요함을 주장하였다.

1982년경부터 원주의 신협과 농협을 중심으로 근대화의 대량생산을 위한 화학비료, 농약, 제초제 등 독성물질로 인해 죽어가는 모든 생명의 뿌리인 땅을 되살리려는 유기농업이 시작되고, 이렇게 생산된 농산물을 소비해 줄 도시 소비자와 직거래를 시작한다. 그리고 1985년 유기농산물 직거래를 하는 원주소비자협동조합이 공식 창립되면서 운동의 새로운 형태를 본격적으로 실험하게 되고, 1986년 경제개발이 가져온 물질적 성장의 상징이며 동시에 반생명적 생활양식의 표상인 수도 서울에 '한살림' 이름을 내건 농산물 판매점을 내면서 세상에 알려지기 시작한다. 그리고 그후 십여 차례 공부모임을 통해 다양한 공동체운동에 대해 검토하고 1989년 10월 '한살림모임'을 창립하면서 〈한살림선언〉을 세상에 내놓는다. 〈한살림선언〉은 원주의 협동운동의 맥을 잇고 있으면서 장일순과 시인 김지하에 의해 재해석된 동학사상 그리고 서구의 녹색운동과 신과학운동의 성과를 한국적 맥락에서 수용하여 새로운 인간 이해와 사회운동의 새로운 지평을 열어놓는다.

　앞에서도 말했듯이, 한살림은 자연과 인간이 유기적으로 연결되어 있다는 생태적인 세계 이해와 서구 근대의 이성적 인간을 넘어서는 인간의 몸과 이성, 감성을 포함한 영성적이고 전인적인 인간 이해를 바탕으로 생명에 대한 우주적 각성, 자연에 대한 생태적 각성 그리고 사회에 대한 공동체적 각성을 촉구하고, 그에 맞는 생명의 질서가 실현되는 세상을 만들어 가야 한다고 주장한다.

　한살림이 무엇보다 획기적인 것은, 이런 거대담론의 세계에 대한 이해에도 불구하고 우리 일상의 구체적인 생활, 삶의 문제인 '밥'을 실천의 매개로 하는 생활협동운동을 통해 세계를 바꾸어나가는 운동 방식을 설정하고 있었다는 점이다. 또한 자본주의 사회의 주변인이면서도 생명을 기르는 주체인 농민과 여성들을 운동의 주체로 등장시켜 기존 사회에서 폄하되던 여성들의 '살림'을 운동의 중심으로 부각시켰다는 점이다.

　특히 한살림은 농민운동과 협동조합운동을 사회적 약자들의 권익운동에서 문명 전환을 준비하는 가치 변혁운동으로 전환시켰다.

농민운동의 전환과 생명공동체

　　　　　　　　농업은 역사 이래로 자연과 인간, 인간과 인간을 공생과 협동으로 잇는 생명공동체의 기반이었다. 그런 농업이 경제개발과 근대화의 과정에서 송두리째 뿌리뽑히고 있다는 자각에서 한살림은 출발하였다. 즉, 농민들이 소득을 위해 농약과 제초제, 화학비료를 남용하는 것은, 설혹 그것이 의도적인 것이 아니라 자본주의 발전과정의 필연적인 산물이라 하더라도, 우리 삶의 토대인 생명공동체를 파괴하는 결과를 낳는다는 자기비판을 근거로, 생명공동체의 회복을 새로운 농민운동의 방향으로 삼았다.

새로운 운동은 유기농업을 통한 자연과 인간 사이의 공생의 실천 그리고 인간과 인간 사이의 협동적 삶의 실천으로 표현되었다. 또한 그것은 도시적 풍요가 아니라 물질 순환이 완결되는 생태지역의 형성과 농업을 바탕으로 한 소박한 공동체적 삶의 회복을 지향하고 있었다.

한살림이 제기한 새로운 방향의 농민운동은, 1980년대 중반 이후 급속하게 고조된 생태환경 위기에 대한 자각과 맞물려 중요한 사회적 의미를 갖게 되었고, 농업이 지니는 자연과의 공생共生, 농업을 기반으로 한 협동적 삶의 실천을 신자유주의 세계화의 경쟁 이데올로기에 대한 대안으로서 부각시킬 수 있었다. 또한 세계화에 따른 대농大農 중심의 농업 정책, 농업 개방에 따른 수입 농산물 오염에 대한 대안으로 소농을 통한 유기농업과 생태적 지역농업의 구상, 건강한 먹을거리의 생산·유통·소비의 신뢰 시스템을 사회적으로 제시할 수 있었다. 즉, 한살림운동은 생명공동체에 대한 문제제기를 통해 민주화운동 이후 농민운동이 새로운 사회적 공공성을 획득할 수 있는 기

협동조합의 오래된 미래, 선구자들

초를 마련했던 것이다.

   이런 농민운동의 방향 전환이 의미를 갖는 것은, 권익 중심의 사회운동은 그 주체가 사회적 약자였을 때는 사회적 공공성이 부여되지만, 최근 대기업 노조처럼 주체의 조건이 변화되었을 때는 집단이기주의로 전락해 버리기 때문이다. 자본주의 시장경제에서 농민들은 늘 사회적 약자일 수밖에 없지만, 시장경제에 포섭된 농업, 그 담당자인 농민은 이미 이 조건을 벗어나 있는 경우를 흔히 볼 수 있다. 따라서 사회적 약자로서 권익보다는 사회 변혁의 공공적인 가치를 농민운동의 기반으로 삼아야 한다. 이 점은 협동조합운동에도 똑같이 적용되는 원칙이다.

협동조합운동의 차원 변화

　　　　　　　　　　한국 사회에 전개되었던 소비조합운동은 1970년대, 1980년대 급속히 확산되어 1989년에는 전체 조합 수가 90개에 이른다. 하지만 이후 급속히 퇴조를 보이다가 결국 1997년에 이르러 모두 파산해 버린다. 우선 농촌, 광산촌에 설립된 소비조합은 조합원들의 요구를 반영하지 못하고 마을 구판장 수준으로 전락하고, 그마저도 교통수단의 발달과 농촌 인구의 감소로 그 존재의미를 잃게 되었다. 또한 도시지역의 소비조합은 슈퍼 체인, 대형 할인매장 등 대자본의 유통 현대화로 인해 가격경쟁력을 잃었고, 조합원이 아닌 일반인을 대상으로 하였기 때문에 일반 슈퍼마켓과 다를 바 없어 협동조합의 의미도 없었을 뿐만 아니라 그마저도 매출 부진으로 파산에 이를 수밖에 없었다.

한살림운동은 소비조합이 갖는 한계를 직시하고 생활협동운동의 새로운 차원을 기획하고 그것을 실천해 나간다. 물론 한살림도 원주의 협동운동과 지역사회 개발운동 맥락에서 탄생하였기 때문에 소비조합이 갖는 협동의 힘을 직시하였고, 또 충분히 계승하였다. 하지만 한살림운동은 거기에 머물지 않고 소비 영역이 갖는 국소적 한계를 직시하고 자연의 물질순환 과정 전체를 운동 속으로 담아낸다. 즉, 생산자 농민과 도시 소비자가 계약을 통해 생산된 물품을 전량 소비하는 신뢰의 관계망을 형성하고 동시에 이 생활협동운동을 근거로 환경운동을 전개함으로써 인간이 살아가는 터전인 자연의 물질순환 과정, 생산에서 폐기, 분해에 이르는 전 과정을 한살림운동 안에 조직해 냈다.

한살림은 대량생산-대량소비의 자본주의 사회가 지니는 공급자 중심 시스템에 대하여 소비자 주권을 내건 소비조합의 의미를 넘어서 '농업'이 지니는 가치를 부각하고 생산-유통-소비-분해(폐기)의 전 과정을 하나로 잇는 생태 사회의 전망을 제시한다.

또한 유통경로를 단축함으로써 경비를 절약한다는 경제적 의미를 뛰어넘어 직거래를 새로운 차원으로 도약시킨 점도 한살림의 빼놓을 수 없는 공로다. 즉, 익명성을 전제로 한 현대사회의 대량생산, 대량

소비 구조에서 농산물의 생산과정을 확인할 수 있는 생산자와 소비자의 신뢰의 관계망을 구축함으로써 "생산자는 소비자의 생명을 책임지고, 소비자는 생산자의 생활을 책임진다"는 도농공동체, 도시─농촌 연계의 생명공동체가 가능하다는 것을 사회적으로 보여주었다.

다시 말해, 농민운동에 대한 한살림운동의 문제 제기와 마찬가지로 경제 가치를 중시하는 권익 위주의 소비조합운동이나 직거래운동을 가치 변혁 중심으로 전환함으로써 거기에 사회적 가치와 공공성을 부여할 수 있었다. 이런 여러 가지 지점들이, 한살림운동이 현재 유기농산물 직거래를 중심으로 정착된 생활협동조합운동을 선도할 수 있었던 배경이 되었다. 현재 한국의 생활협동조합은 의료생협, 대학생협 등을 제외한 모든 구매생협이 친환경유기농산물을 직거래하는 생활협동운동을 전개한다. 이것은 처음부터 '농업 살림'을 내걸고 유기농산물 직거래를 통한 생활협동조합운동을 전개한 한살림의 영향에 따른 것이고, 한살림이 쌓은 신뢰를 기반으로 성장했다고 해도 지나치지 않다.

한살림은 그간 쌓아온 활동 역량과 조직력을 바탕으로 현재 제3세계와 지구를 생각하는 착한 소비, 지역순환농업에 대한 지원, '밥상 위의 지구 살림'을 슬로건으로 탄소 배출을 줄이는 가까운 먹을거리 운동, 사료자급축산 등 식량자립과 지속가능한 농업에 대한 노력, 생활공동체 형성과 마을 만들기에도 적극 나서고 있다.

한살림은 소비자를 중심으로 한 공동구매의 생활협동조합이란 특성을 가지면서도 보기 드문, 기존 농민들의 생산조합, 소비자들의 소비조합을 넘어 생산과 소비, 인간의 삶 전체를 포괄하는 '다중이해관계자 협동조합'의 가능성을 보여준다. 또한 레이들로가 새로운 시대 협동조합의 우선 분야로 제시한 식량과 기아 문제를 사회 의제화하고, 사회의 보호자로서 역할도 선도적으로 수행하고 있다. 가공 영역의 생산자협동조합 그리고 지역에 따라서는 협동조합 지역사회를 실현할 수 있는 실천들도 구체화되고 있다. 2012년 말 현재 34만 명의 조합원과 2천여 명의 생산자로 구성된 한살림이 생활협동조합을 기반으로 탄생할 때 선언했던 문명 전환의 꿈을 어떤 사회적 실천으로 전개해 나갈지 귀추가 주목된다.

호혜와 돌봄의 관계망 – 원주협동사회경제네트워크

지학순 주교와 장일순에 의해 1960년대 중반 촉발된 원주의 협동조합운동이 시작된 지 반세기의 세월이 흘러, 그동안 신협과 한살림, 호저생협(현재 원주생협) 등을 중심으로 움직이던 원주의 협동조합운동은 2000년 들어서면서 새로운 부흥기를 맞는다.

신협운동이 1997년 IMF사태 전후로 금융감독원의 통제를 받는 금융기관으로 전락하여 지역사회에서의 역할이 축소되고, 한살림원주

협동조합의 오래된 미래, 선구자들

와 원주생협의 심리적 경쟁 관계가 드러나면서 원주의 활동가들에게 위기의식이 생겨났다. 활동가들은 이런 위기를 극복하고자 2001년 한 달에 한 번 세미나를 열면서 원주의 협동정신을 되새기게 된다. 그 공부의 성과로 이듬해 2002년 원주의료생협이 만들어졌다. 장일순의 생명사상이 그 중심을 잡아주었고, 생명의 다른 표현인 '건강'을 모토로 내건 의료생협을 창립하면서 원주의 협동운동이 재구성되었다. 의료생협에는 한살림, 원주생협, 밝음신협이 기관출자를 통해 참여하여 협동조합의 협동을 통해 새로운 협동조합을 탄생시켰다. 원주의 한 활동가는, "우리는 성장주의를 버리고 다원주의를 택했어요. 내가 크는 게 중요한데, 내가 크는 방법으로 친구를 키우는 길을 택한 거야. 혼자서 위로 크는 게 아니고 손잡고 옆으로 커 나가는 거지. 경쟁을 넘어서 소통과 교류로 나갈 수 있는 길을 이때 닦은 거요"라고 말한다.

2003년, 나중에 원주협동사회경제네트워크로 이름을 바꾼 원주협동조합운동협의회가 구성되어 원주 협동운동들의 연대가 더욱 공고해졌다. 네트워크에서는 참여단체들의 활동 방향과 협력과제를 논의하면서, 우선 학교급식과 지역농업을 거점으로 친환경농업을 통한 로컬푸드운동, 지역농산물 자급률 향상 운동 등을 추진했다. 친환경농업 지원 육성을 위한 조례, 학교급식 조례 등을 제정하고, 공동의 가을걷이 행사를 하면서 결속을 다지고, 시민사회단체와 지역적 이슈에 대해 공동대응하며 지역에서 신뢰를 쌓아나갔다.

네트워크 차원의 협동조합 방식의 사회적 기업 만들기와 노동부 사회적 일자리 창출사업을 연계, 친환경급식사업단을 출범시키고, 문화협동조합에서 협동조합 공동소식지 〈원주에 사는 즐거움〉을 발행하고, 역량 강화를 위한 공동의 교육, 훈련 프로그램을 만들고 일본 오사카의 한 생협과 연대하여 GMO 프리존 선언을 하는 등 해외 단체들과 교류도 적극 추진하였다. 지역사회 빈곤가정 아동들을 지원하면서 건강한 지역사회를 만들어가는 위스타트 운동에도 참여하고 지역복지 차원에서 노인생협이나 노숙자들의 자구적인 갈거리협동조합이 탄생하는 데도 지원을 아끼지 않았다.

원주의 협동운동은 장일순을 비롯한 운동 1세대들이 남긴 탄탄한 사상적, 문화적 자산을 활용하여 밑에서부터 사회적 경제 영역인 협동조합의 물적 토대를 구축해 왔으며, 그 성과를 기반으로 1차 산업인 농업 생산에서 학교급식이나 참기름 공장과 같은 2차 가공, 유통 영역 그리고 3차 산업에 해당하는 의료 및 복지 서비스의 영역 등으로 활동을 확대하였다. 여기에는 풀뿌리 협동경제 거버넌스로서 협동사회경제네트워크의 역할이 매우 크다. 네트워크는 협동운동을 '심화'함으로써 지역 내의 다양한 인적, 물적 자원들을 우선적으로 연계, 소통시키면서 활동의 토대와 조직적 역량을 강화해 왔으며, 그 성공의 경험들을 토대로 한 '확장' 역할을 통해 개별 단체 또는 조직의 틀을 넘어선 다양한 연대 활동과 파트너십 체계의 구축을 통

협동조합의 오래된 미래, 선구자들

해 지역 전체 차원의 발전적 전망을 구체화했다. 특히 주목할 것은, 상지대 협동사회경제연구원이나 사회적기업지원센터와 협약을 맺어 전문가들과 협동운동의 방향을 논의하는 구조를 확립하고 매년 협동 기금을 모아 새로 설립되는 협동조합들이 자리 잡을 수 있도록 지원하고 있다는 점이다. 몬드라곤이나 이탈리아의 협동조합들이 연합조직, 연구소, 인민금고 등의 기반을 마련하여 협동의 네트워크를 확장해 온 것처럼 원주도 그에 상응하는 체계를 점차 갖추어가고 있는 것이다. 젊은 활동가들을 중심으로 매년 원주 협동운동의 방향을 토론하는 모임도 지속하고 있다.

원주협동사회경제네트워크에는 현재는 밝음신협, 원주생협, 한살림원주생협, 남한강 삼도생협, 원주의료생협뿐만 아니라 성공회 원주 나눔의 집, 원주자활센터, 공동육아협동조합 소꿉마당, 원주가농영농조합법인, 원주노인생협, 상지대생협, 참꽃어린이교육협동조합, 문화생협, 노숙인들이 만든 갈거리협동조합, 한살림에 참기름을 공급하는 (주)살림농산 등이 참여하여 원주를 자치와 협동의 도시로 재구성해 나가고 있다.

1960년대부터 이어져 온 원주 협동운동의 네트워크가 기반이 되어 교육과 문화, 의료, 복지, 생태, 환경, 자치, 공동체 지향의 협동조합, 사회단체들, 경제조직들이 '지역'에 살림의 그물을 넓혀가고 있다. 신자유주의 세계화로 인해 질곡을 겪고 있는 지역사회에 호혜와 돌봄의 관계망을 넓혀감으로써 원주는 한국사회의 새로운 대안으로 떠오른다. 장일순이 가장 소중한 삶의 모습으로 이야기했던 "자식새끼 데리고 이웃과 친화하면서 사는" 지역적 삶을 원주의 협동운동이 구체적으로 실현해 나가고 있는 것이다.

'생명'이란 시대정신을 가지고 협동조합을 가치 변혁 운동으로 승화한 한살림 그리고 자치와 협동의 그물을 통해 지역적 삶을 재구성해 낸 원주 협동조합 지역사회의 뿌리에는 장일순과 그의 제자, 후학들이 있었다.

다시 협동촌으로
21세기 협동과 공생의 지역 네트워크

지금까지 우리는 협동조합운동 선구자들의 생애와 사상을 추적하면서 협동조합의 역사를 살펴보았다. 이 과정을 통해 협동조합이 인간의 역사에 왜 등장했고, 어떻게 정착할 수 있었는지 알 수 있었다. 200여 년의 세월, 시대의 흐름과 함께 협동조합도 숱한 변화를 거쳐 왔다.

새로운 삶의 위기 – 21세기 문명의 디스토피아

산업혁명 초창기 자본주의의 모순을 극복하기 위해 등장한 초기의 협동조합운동이 가졌던 문제의식은 여전히 유효할까. 내부의 모순으로 붕괴하리라던 자본주의는 스스로 시스템을 보완해 가면서 여전히 세계를 지배하고 있다. 오히려 자본주의의 모순을 극복할 수 있다던 사회주의는 성공과 실패를 거듭하다 역사 속으로 사라져 버렸다.

그렇다고 프란시스 후쿠야마의 말처럼, 역사가 종언을 고한 것 같지도 않다. 자기 조절 능력을 가지고 보완장치를 마련했다고는 하지만, 자본주의 세계 체제는 모순을 해결한 것이 아니라 문제를 끊임없이 미래로 유보해 왔다. 이제 최후의 지점에 왔다는 지적들조차 심심치 않게 나온다.

특히 1980년대 이후 신자유주의 세계화가 전 지구를 휩쓸면서 자본주의의 문제가 더욱 선명해졌다. 자유무역 체제와 금융 자본주의는 승자 독식을 더욱 공고히 하면서 부익부 빈익빈의 사회체제를 강력하게 정착시켜 버렸다. 산업혁명과 자본주의가 가져다 줬다는 풍요는 일부 국가, 일부 계층에 한정된 것이었다. 그것마저 실상 다른 여러 나라와 다른 계층, 더 나아가서는 미래 세대의 희생 위에 이룩된 것이었다. 부국과 빈국의 국가 간 양극화는 물론이고, 세계의 가장 부유한 나라들 내부의 양극화도 심화되어 간다. 게다가 주기적으로 반복되는 경제위기의 강도도 더해간다. 2008년 미국의 금융 위

협동조합의 오래된 미래, 선구자들

기는 유럽의 재정 위기로 확대되어 세계의 미래를 가늠하기 어렵게 하고 있다.

뿐만 아니라 식량 위기로 세계 10억 인구가 기아에 허덕인다. 배고픔을 달래기 위해 진흙으로 과자를 빚어 먹는 아이티 사람들의 가난이 상징하듯 식량 위기는 세계의 양극화를 더욱 비극적으로 만든다. 또한 자본주의의 엄청난 생산력 발달은 생산의 기반인 자연을 파괴하여 전 지구적인 기후변화를 초래하였다. 폭우, 폭설, 이상 기온 등 기상이변이 세계 곳곳을 습격한다. 그것은 양극화, 식량 위기와 맞물려 인간의 삶을 위협한다. 인류가 탄산가스 배출을 극적으로 줄이지 않으면, 또한 자연과 공존할 방법을 찾지 못한다면, 이 행성에서 인류의 생존이 위태롭다고들 말한다.

문제는 인간의 삶이다. 자본주의의 모순은 삶의 위기로 드러난다. 산업혁명 초기 맨체스터의 뿌연 하늘처럼 자본주의의 미래는 잿빛이다. 가난과 질병, 악덕과 무기력이 200년 전 영국만의 일은 아니다. 한국 사회만 보아도 양극화로 인한 가난의 심화와 세계 최고의 자살률, 늘어만 가는 청년 실업과 병든 노인들, 양산되고 있는 신용불량자들과 1960년대 고리채와 별반 다를 바 없는 대부회사들의 악덕, 묻지마 범죄가 만연하고 구제금융 이후 정리해고가 시행되면서 사회 시스템으로부터 낙오에 대한 공포가 사회를 움직이는 동력이 되었다. 21세기가 약속하던 장밋빛 미래는 현대 문명의 디스토피아로 귀결되었다.

협동조합의 첫 출발이 산업혁명이 초래한 '문명화된 야만'을 극복하는 것이었듯이, 21세기 양극화, 식량위기, 기후변화가 초래한 삶의 위기, 문명의 디스토피아 속에서 협동조합은 유토피아의 희망의 메시지를 던질 수 있을까?

산업문명에 대한 통찰과 협동조합의 가능성

다음과 같은 이유 때문에 산업문명이 진전할수록, 자본주의 시장경제 체제가 심화될수록 삶의 무게에 짓눌리는 현대인들에게 협동조합은 희망의 가능성일 수 있다. 다만, 그것이 가능해지려면, 협동조합운동이 산업문명, 자본주의 시장경제에 대한 통찰을 바탕으로 사람들의 필요와 열망이라는 시대정신을 운동의 내용으로 담아내는 각고의 노력이 필요할 것이다.

첫째, 산업혁명이 가져온 전 세계적인 근대화 과정은 상품화를 통해 사람들의 삶의 터전이자 이웃관계를 기본으로 하던 농촌공동체, 지역공동체를 해체하면서 인간과 인간 사이를 재화와 서비스로 메워버렸다. 물질적 풍요 대신 관계의 빈곤이 심화되면서 대인적 결속원리는 사라지고 인간소외가 가속화되었다. 물질적인 가치관의 심화와 인간소외는 사람들로 하여금 공동체적인 인간관계의 회복을 갈망하게 만들었다. 칼 폴라니의 지적처럼, 경제가 사회관계를 지배하는 시장시스템을 대신하여 사회관계가 경제를 포섭하는 사회의 필요성이 대두되었다. 인간을 중심에 두는 경제조직, 협동조합이 떠오른다.

둘째, 산업문명은 과학기술의 발달이란 기반 위에 성립된다. 산업화를 추구하는 국가들에는 과학기술을 장악하고 있는 테크노크라트, 즉 기술 관료가 중심이 되는 중앙집권형 사회체계가 정착된다. 사람들은 자기 선택보다 기계의 부속품처럼 생활을 통제받고 노동을 강요받는다. 삶의 주인으로서 자기를 실현하고 싶어하는 욕구, 지역분권, 자주관리, 자치, 직접민주주의에 대한 기대와 열망이 높아질 수밖에 없다. 자주관리, 분권과 자치 중심의 민주적 의사결정 시스템을 가진 협동조합이 주목받게 된 것이다.

셋째, 1973년 석유파동은 세계경제를 뿌리째 흔들어 놓았다. 소비를 미덕으로 권장하며 대량생산, 대량소비를 구가하는 경제성장을 제1의 목표로 삼았던 경제적 가치관이 흔들리기 시작했다. 무분별한 개발과 성장에 대한 맹신이 가져온 자연생태계 파괴는 전 지구적인 기후변화를 초래했다. 자연과 인간의 관계를 새롭게 정립하려는 환경운동, 유기농업운동, 반핵운동, 자연보호, 여성운동, 녹색운동 등이 활발하게 전개되는 등 경제적 가치관을 대신할 새로운 가치관과 생활양식을 모색하는 노력들이 세계 곳곳에서 나타났다. 1991년에는 리우 세계환경회의가 열려 지속가능한 발전이 세계적인 화두가 되었다. 인간의 욕망을 조작하여 개발과 성장을 부추기는 자본주의 기업에 대해 사람들의 필요를 조직하는 협동조합이 주목받고, 생태적 사고와 결합된 협동조합의 새로운 흐름들이 등장했다.

넷째, 산업화는 국가를 중심으로 진행되다 이제 국경을 넘어 세계화되고 있다. 신자유주의 세계화는 금융의 세계화, 자본의 세계화이다. 인간의 노동으로 자연을 변형하여 창출된 부가 다국적 자본의 블랙홀로 빨려 들어간다. 다자간의 세계무역기구^{WTO} 체제에 이어 양국간 자유무역협정^{FTA}으로 이어지면서 골목 상권마저 장악한 대기업, 다국적 기업들이 국가를 넘어서 권력을 행사한다. 국경을 넘어선 자본의 세계화가 진행되면서 풍요 속의 빈곤이 본격화되었다. 이에 삶의 문제를 풀 해법, 더 나아가 인간의 행복은 지역에 있다는 사람들의 자각이 시작되었다. 지역 사람들이 지역에서 고용되고, 지역의 돈이 지역에서 순환하고, 지역의 자원이 지역을 위해 쓰이는 지역자립의 경제 시스템 중심에 협동조합이 있다는 증거들이 나타나고 있다.

변화하는 시대, 협동조합의 자기 성찰

200여 년 전 영국의 노동자들이 자신의 삶을 개선하고자 시작했던 협동조합은 현재 전 세계 10억 인구가 참여하고 있는 세계 최대의 비정부기구, 경제조직으로 성장하였다. 그렇다고 협동조합운동이 본래 꿈꾸던 이상을 선명하게 실현하거나 사회적 요구에 전적으로 부응했던 것은 아니었다. 다국적 기업, 자본주의 기업들과 경쟁이 본격화되면서 1950년대부터 1990년대까지 유럽을 중심으로 세계의 협동조합들은 도산하거나 주식회

협동조합의 오래된 미래, 선구자들

사로 전환하는 등 존립의 위기를 맞았다. 한편 우리의 관제 협동조합들처럼 제3세계나 사회주의 국가들의 협동조합은 국가의 하부기관으로 전락하여 그 의미에 의문이 제기되었다.

그 원인은, 농협이나 소비자협동조합에서 흔히 볼 수 있었던 것처럼, 협동조합들이 생산에서 소비, 폐기에 이르는 인간의 전 생활을 협동 속에 집약시키지 못하고, 생산이면 생산만을, 유통이면 유통만을, 소비면 소비만을 부문별로 또한 기능적으로 전문화해 사업화한 데 있었다. 또한 협동조합들이 공리적인 경제주의에만 파묻혀 규모만 비대해지고, 규모에 따르는 다양한 활동을 개발하지 못하고 체제화하여 사업에만 매몰되었다. 조합원의 참가는 축소되고 협동조합이 가진 민주적 조직으로서의 특징은 사라졌다. 운동의 주체인 조합원은 고객으로 전락하고, 조합관료만 양산했다. 협동조합이 자본주의 기업과 국가기관을 닮아갔다. 즉, 협동조합의 선구자들이 꿈꾸었던 협동사회의 이상을 잃어버린 것이다.

이런 현실에 대해 반성하면서 협동조합이 시대의 변화와 사람들의 희망과 요구에 대응해야 한다는 목소리가 터져 나왔다. 1980년 세계협동조합연맹 모스크바 대회 레이들로 보고서에서 시작한 논의는 1995년 세계협동조합연맹 100주년 기념 맨체스터 대회에 이르러 협동조합의 정체성과 기본적 가치에 대한 성찰을 통해 협동조합 간 협동과 협동조합의 사회적 역할을 강조한 지역사회에 대한 기여 항목을 추가한 새로운 협동조합 원칙을 내놓았다.

이런 성찰과 자기 갱신의 노력으로 현재 협동조합운동은 전 세계의 주목을 받고 있다. 2011년 반 월가 시위 당시 자본의 탐욕에서 벗어나기 위해 신협, 협동조합은행으로 계좌전환하자는 운동이 바람을 불러일으키고, 2012년에는 유엔이 나서서 '세계 협동조합의 해'를 선포하고 전 세계 여러 나라에서 각종 기념행사가 추진되었다. 한국에서는 2011년 협동조합기본법이 제정되어 2012년 말 시행에 들어갔다. 앞으로 5년 안에 3만 개 이상의 협동조합이 만들어질 것이라고 추정하기도 한다. 협동조합에 대한 세계적 관심은 아마도 인류가 맞고 있는 삶의 위기, 경제 위기 해결의 실마리가 협동조합에 있지 않을까, 하는 세계인들의 기대 때문일 것이다.

협동조합의 꿈 – 협동촌에서 다시 협동촌으로

산업혁명이 초래한 삶의 위기를 선구자들은 협동촌으로 극복하려 했다. 하지만 생산과 소비를 망라하여 인간의 삶 전체를 협동으로 조직해 내려는 이 실험은 실패로 끝났다. 경쟁을 원리로 하는 자본주의 체제에서 인간의 삶 전체를 협동으로 엮어내는 일은 너무 낭만적이었던 것일까.

이용고 배당이라는 현실에 천착한 대안을 가지고 로치데일의 선구자들이 소비 분야의 협동을 조직해 냈다. 소비자협동조합을 필두로 농협, 수협, 신협, 주택협동조합, 중소기업협동조합 등 분야별, 기능

협동조합의 오래된 미래, 선구자들

별 협동조합들은 자본주의의 틈새에서도 살아남을 수 있었다. 자본주의의 경쟁구도 안에서도 협동이 가능하다는 경영의 기술과 노하우를 찾았다.

하지만 그것은 선구자들이 꿈꾸던 이상은 아니었다. 인간의 삶은 분할할 수 없는 총체이고, 부분적 필요의 충족만으로 삶의 문제가 해결될 수 없기 때문이다. 지역에서 살아가는 사람들은 삶의 총체적인 대안을 희망한다.

그런데 어느 사이 선구자들이 꿈꾸던 협동촌이 부활했다. 지역을 기반으로 하는 다양한 협동조합들의 네트워크가 선구자들이 꿈꾸던 협동촌을 현실화했다. 생산과 소비, 의료, 육아, 복지, 문화, 교육, 주택 등 다양한 분야의 삶의 필요를 조직하면서 종으로 횡으로 엮여 있는 협동조합들이 공생과 협동의 생태계를 형성하여 선구자들이 꿈꾸던 협동촌을 21세기 삶의 현장에서 실현한 것이다.

새롭게 부활한 협동촌은 선구자들이 시도한 초창기 협동촌과는 다른 모습을 갖고 있었다. 가장 중요한 점은, 사람들이 살아가는 데 필요로 하는 모든 문제를 한 조직 안에서 모두 해결하려는 의도적인 공동체intentional community 방식에서 벗어났다는 것이다. 생활의 요소 요소 필요에 따라 분야별, 기능별 협동조합들이 개별적으로 조직되어 자기 역할들을 충실히 수행하면서, 동시에 그 개별 협동조합들이 지역사회의 망網, 네트워크를 통해 사람들 전체 삶을 협동으로 조직한다.

자본주의의 경쟁 체제에서 터득한, 분야별, 기능별 협동조합들이 가진 경영 기술과 노하우라는 장점을 살리면서 동시에 네트워크를 통해 선구자들이 꿈꾸던 협동촌의 이상을 실현한 것이다.

개별 협동조합들의 성공에서 출발하여 지역의 종합적인 협동조합 시스템을 정착시키는 데서 협동촌은 부활할 수 있었다. 자기 조직을 넘어서 지역의 이종 협동조합들이 함께 협동조합연합회를 구성하여 지역사회기금을 마련하거나 캐나다 퀘벡처럼 협동조합들이 함께 지역개발협동조합을 만들어 새로운 협동조합의 설립, 기존 협동조합의 유지와 운영을 도우며 지역 협동조합 생태계를 만들어간다.

이 과정에서 소비자면 소비자, 생산자 농민이면 농민, 동질의 공동유대를 가진 사람들만으로 구성되었던 기존의 협동조합들과는 다른 모습의 협동조합도 등장했다. 아예 지역 공통의 필요, 즉 주류사회로부터 배제된 사회적 약자들에게 복지, 보건의료, 문화와 교육 서비스를 제공하거나 그들을 고용하는 등 지역사회가 공동으로 해결해야 하는 사회적 목적을 위해 동질의 사람들만이 아니라 지역의 다양한 이해관계자들이 함께 만드는 사회적 협동조합이 바로 그것이다. 이탈리아에서 처음 시작된 사회적 협동조합은 현재 협동조합운동이 지향하는 협동촌의 이상 −돌봄과 나눔의 커뮤니티− 을 자신의 모습으로 담아내고 있다.

다시 말해, 협동조합의 네트워크를 통한 커뮤니티의 재구성이 공생과 협동의 새로운 사회시스템의 가능성을 열고 있다. 하나의 협

협동조합의 오래된 미래, 선구자들

동체가 아닌 네트워크를 통한 협동체 형성은 권력을 분산하는 효과를 가져올 뿐만 아니라 사회주의나 관료주의가 빠질 수 있는 나태함을 극복할 수 있었다. 하나의 협동조합이 사람들의 필요에서 벗어난 비민주적 운영이나 경영의 어려움으로 도태되더라도 거기서 일하던 사람들을 받아 안을 수 있는 고용의 안전망을 마련하였다. 몬드라곤을 예로 들자면, 금융위기로 감축된 노동자들이 실업연금을 받으면서 새로운 일자리를 위해 재교육을 받을 수 있는 시스템을 구축하고 있다. 또한 새로운 협동조합의 설립을 지원하면서 또 다른 고용을 창출한다.

협동조합의 생태계, 협동조합 지역공동체를 통해 협동조합의 선구자들이 처음 꿈꾸었던 인간 전체 삶의 협동이라는 협동촌의 이상에 가까이 갈 수 있게 된 것이다. 그것이 노동자 자주관리 협동조합을 부활시킨 몬드라곤의 실험, 반班 조직을 통해 조합원들의 참여를 시스템화하는 소비자협동조합의 새로운 길을 제시하여 또 하나의 노벨상을 수상한 일본의 생활클럽생협, 협동조합의 연대를 통해 지역개발을 주도하는 캐나다 퀘벡, 지역의 생산과 소비를 직결하며 협동조합 지역사회를 형성하고 있는 이탈리아 볼로냐와 트렌토, 생명의 세계관을 바탕으로 공생과 나눔의 모델을 제시한 한살림과 원주의 협동사회경제네크워크 그리고 풀무학교를 중심으로 농촌 지역의 협동 네트워크를 구축하고 있는 홍성, 공동육아 협동조합을 시작으로 도시 마을의 협동 모델을 정착해 나가고 있는 성미산에서 현실화되고 있다. 물론 그 어디에도 완벽한 완성체는 존재하지 않는다. 끊임없이 요동치며 현실 내지는 환경과 줄다리기를 하면서 사람들이 더불어 살아가는 협동과 나눔, 호혜와 공생의 사회 시스템을 향해 나아가고 있는 것이다.

거기, 무한경쟁의 자본주의 시장경제의 정글을 벗어나 돈이 아니라 '공동체적 유대와 호혜의 사회관계'를 통해 행복을 추구하는 사람들이 있다. 사람들의 삶의 터전인 지역에서 협동조합이 부활하고 있다.

참고문헌

- 가가와 도요히코, 《우애의 경제학》, 홍순명 옮김, 그물코, 2009

- 곽창렬, 《신용협동조합운동》, 가톨릭출판사, 1982

- 그레그 맥레오드, 《지역을 살리는 협동조합 만들기》, 이인우 옮김, 한살림, 2012

- 그레그 맥레오드, 《협동조합으로 지역개발하라》, 한국협동조합연구소, 2012

- 김기섭, 《깨어나라 협동조합》, 들녘, 2012

- 김성오, 《몬드라곤의 기적》, 역사비평사, 2012

- 김성환 편, 《세계의 협동운동》, 신협중앙회, 1991

- 김용한 외, 《새로운 대안경제 협동조합 시대》, 지식공감, 2012

- 김이현, 《협동운동의 뿌리》, 신협연합회, 1981

- 김창진, 《사회주의와 협동조합운동》, 한울아카데미, 2008

- 김현대 외, 《협동조합 참 좋다》, 푸른지식, 2012

- 김형미 외, 《한국생활협동조합운동의 기원과 전개》, 푸른나무, 2012

- 로버트 오언, 《사회에 대한 신견해 외》, 이문창 옮김, 형성출판사, 1983

- 살림이야기 편, 《계간 살림이야기》 협동조합 특집호, 2012 여름

- 신협중앙회, 《미국 신협운동의 전개와 구조》, 신협중앙회, 1991

- 아르네스트 포아슨, 《협동조합공화국》, 진흥복 옮김, 선진문화사, 1985

- 에드가 파넬, 《협동조합, 그 아름다운 구상》, 염찬희 옮김, 그물코, 2012

- 에드가 파넬, 《협동조합의 재창조》, 축협중앙회 조사부 옮김, 축협중앙회, 1997

- 와카츠키 다케유키, 《꺼지지 않는 협동조합의 불꽃》, 이은선 옮김, 그물코, 2012

- 요코다 카쓰미, 《어리석은 나라의 부드러우면서도 강한 시민》, 나일경 옮김, 논형, 2004

- 우미숙 외, 《협동조합도시 볼로냐를 가다》, 그물코, 2010

- 유시민, 《부자의 경제학, 빈민의 경제학》, 푸른나무, 1992

- 이와미 다카시, 《제3세대 협동조합과 사회운동》, 모심과 살림연구소 소책자, 2003

■ 정태인, 〈착한 것이 살아남는 경제의 숨겨진 법칙〉, 상상너머, 1911

■ 존스턴 버첼, 〈협동조합운동〉, 장종익 옮김, 들녘, 2003

■ 진흥복, 〈협동조합원론〉, 선진문화사, 1991

■ 최종식, 〈서양경제사론〉, 서문당, 1978

■ 쿠리모토 아키라, 〈21세기의 새로운 협동조합원칙〉, 주영덕 외 옮김, 생협전국연합회, 2009

■ 한살림모임, 비디오 내레이션 〈몬드라곤의 실험〉, 한살림모임, 1991

■ 히라타 기요아키(平田淸明), 〈사회사상사〉, 장하진 옮김, 한울, 1982

■ A.F. 레이들로, 〈서기 2000년의 협동조합〉, 김동희 역, (사)협동조합연구소 출판부, 2000

■ A.F. 레이들로, 〈풍요로운 삶을 향하여〉, 신협연합회, 1988

■ C.D.H. 코올, 〈사회주의사상사 1〉, 이방석 역, 신서원, 1987

■ G. 아쉬호프, 〈독일 협동조합 제도〉, 구정옥 옮김, 신협중앙회, 1993

■ G.R..메르니크(Melnyk), 〈공동체탐구 상, 하〉, 김기섭 옮김, 신협중앙회, 1992

■ M.M. 코디, 〈그들 운명의 주인공들〉, 정건일 외 옮김, 신협중앙회, 1992

■ R. 막사이너 외, 〈라이파이젠 상, 하〉, 안문영 외 옮김, 신협중앙회, 1990

■ S. 세라예프, 〈협동조합에 관하여〉, 정재걸 옮김, 한울림, 1990

■ S. 자마니 외, 〈협동조합으로 기업하라〉, 송성호 옮김, 북돋움, 2012

■ S.A. 베크, 〈변화하는 세계, 협동조합의 기본적 가치〉, 정해일 외 옮김, 신협중앙회, 1993

■ W.F. 화이트 외, 〈몬드라곤에서 배우자〉, 김성오 옮김, 나라사랑, 1993

■ ジョージ ヤゴブ ホリヨーク, 〈ローチデールの先駆者たち〉, 協同組合経営研究所 訳, 協同組合経営研究所, 1982

■ ホセ アスルメンデ―, 〈アリスメンデ―アリエタの協同組合哲学〉, 石塚秀雄 訳, ミンケン出版, 1990

■ 家の光協会, 〈協同組合の役割と未来〉, 家の光協会, 2011

■ 農林中金研究センター 編, 〈協同組合論の新地平〉, 日本経済評論社, 1987

■ 社会運動研究センター 編, 〈協同組合運動の新しい波〉, 三一書房, 1983

- 石見尚, 〈第3世代の協同組合論〉, 論創社, 1988

- 石塚秀雄, 〈バスク モンドラゴン〉, 彩流社, 1991

- 松村善四郎 外, 〈協同組合の思想と理論〉, 日本経済評論社, 1985

- 野村秀和, 〈生協 21世紀への挑戦〉, 大月書店, 1992

- 日本生協連合会 編, 〈生協の歴史と協同組合原則〉, 日本生協連合会, 1989

- 田中浩, 〈社会思想辞典〉, 中央大学出版部, 1982

- 佐藤紘毅/伊藤由理子 編, 〈イタリア社会協同組合B型をたずねて〉, 同時代社, 2006

- 中川雄一郎, 〈イギリス協同組合思想研究〉, 日本経済評論社, 1984

- 協同組合辞典編集委員会 編, 〈協同組合辞典〉, 家の光協会, 1987

윤형근

1963년 전남 강진에서 태어났다. 시대가 스승이었던 1980년대 초 연세대학교에 입학하여 문학을 전공했다. 졸업 후 첫 직장으로 생명 있는 것들의 새로운 문명을 꿈꾼 한살림모임에서 일했다. 이후 소비자협동조합중앙회를 거쳐 (재)대화문화아카데미에서 프로그램부 간사, 계간 〈대화〉 편집장, 바람과물연구소 선임연구원으로 활동했고, 2002년 한살림으로 돌아와 공생과 협동, 나눔의 연대를 화두 삼아 일하고 있다.

협동조합의 오래된 미래
선구자들

1판 1쇄 펴낸날 2013년 5월 30일
1판 3쇄 펴낸날 2021년 3월 30일

엮고쓴이 윤형근
펴낸이 장은성
만든이 김수진
인쇄와 제본 호성인쇄

출판등록일 2001.5.29(제10-2156호)
주소 (350-811) 충남 홍성군 홍동면 광금남로 658-8
전화 041-631-3914 전송 041-631-3924
전자우편 network7@naver.com 누리집 cafe.naver.com/gmulko

ISBN 978-89-90090-83-6 03300 값 15,000원